모든 또는 것들의 비밀

모든 뜨는 것들의 비밀

비밀

엔터테인먼트의 탄생과 진화

나카야마 아쓰오 지음

김지영, 김유선, 심지애 옮김

사회평론

차례

9장　**스포츠** 로컬과 글로벌의 갈림길

에필로그　엔터테인먼트는 늙지 않는다

일러두기

1. 외국 인명과 지명은 국립국어원 어문 규정의 외래어 표기법에 따라 표기했습니다.
   다만 관용적으로 굳어진 일부 용어는 예외를 두었습니다.
2. 저자주는 ( )로, 옮긴이주는 아래 첨자로 정리했습니다.
3. 단행본과 보고서, 책자, 잡지는 『 』, 논문이나 신문 기사, 웹사이트 수록 글, 잡지 수록
   글, 만화는 「 」으로 표기했습니다.
4. 신문과 영화, 연극, 방송 프로그램, 애니메이션, 게임 소프트웨어는 〈 〉로 표기했습니다.

프롤로그

제로에서 창출된 비즈니스

'놀이는 어린이를 위한 것'이라는 거짓말

애니메이션과 게임에서부터 장난감에 이르기까지 '엔터테인먼트', '콘텐츠', '놀이'라고 불리는 영역은 '어른이 되기 전의 어린이가 사회성을 기르기 위한 놀이'로 인식되었다. 미숙한 어린이들은 싸움 놀이를 통해 사냥 연습을 하는 새끼 사자처럼 놀이를 통해 팀을 꾸리는 법과 승패를 배우며 차츰 어엿한 어른으로서 사회에 편입되기 위한 '노동'을 신체화해나간다. 놀이는 어른의 계단을 오르기 위한 도구이며, 국가와 어른들은 그것을 사회 구성원을 길러내는 한 요소로 취급해왔다······라는 말은 거짓이다. 엔터테인먼트·콘텐츠·놀이는 원래부터 어린이를 위한 것이 아니었다. 엔터테인먼트야말로 '어른'이 열광했던 영역이며, 사실상 '어린이'가 소비자가 된 것은 일본에서는 다이쇼 시대1912~1926, 유럽과 미국에서도 20세기에 들어선 이후의 이야기다. 어른이 즐기던 놀이가 사고 훈련과 사회생활의 예행연습으로 좋다는 점, 혹은 어린이를 대상으로 삼아야 소비가 늘어나고 시장이 커진다는 점에서 나중에야 어린이를 위해 다시 만들어진 것이다. 애당초 어린이를 교육해서 사회 전체의 생산성을 높이겠다는 것 자체가 근대 이후의 발상이다. 그 이전에는 어린이도 노동력으로 보았으며, '미숙한 어른' 취급하는 것이 일반적이었다.[1] 어린이가 노동력이었던 시대, 그들은 놀이나 교육이 주어져야 할 대상이 아니었다.

세계에서 가장 오래된 놀이로 기원전 3000년 무렵의 보드게임 '세네트Senet'를 꼽을 수 있다. 고대 이집트인들은 2인용 주사위 놀이와 비슷한 이 놀이를 즐겼다. 벽화에 놀이 장면이 남아 있으며 부장품으로 무덤에 함께 매장되기도 했다. 마찬가지로 주사위 놀이 형식의 '백개먼Backgammon'은 기원전 2000년경의 보드게임인데, 1960년대에 다시 인기를 끌면서 국제백개먼협회까지 설립되었다. 이러한 놀이가 7세기 일본에 전해지며 '쌍륙雙六'이라는 이름으로 소개되어 인기를 끌었다. 지토 천황이 "쌍륙을 금지한다"고 금지령을 내렸다는 사실이 『일본서기』에 언급되어 있을 정도다.

놀이가 지닌 강렬한 매력은 '도박'으로 이어지기 십상인데, 지배층은 도박을 늘 규제의 대상으로 경계해왔다. 8세기에 반포한

다이호 율령에도 나오는데, 도박 패거리를 붙잡은 관리에게는 "벌금의 절반을 취해도 좋다"는 엄청난 인센티브가 주어졌다. 도박에 대해 항시 포박·밀고·자수를 장려했다는 것은 그만큼 금지령이 효과가 없었으며 민중의 곁에 늘 도박이 있었음을 반증한다.

놀이가 돈이 되다

노동은 빛이며, 놀이는 그림자다. 이 말은 누가 한 것일까. 국민국가 시대가 된 이후 '국민'은 관리 대상이 되어 노동하는 것이 '친사회적'이라고 일컬어지기 시작했다. 이런 상황에서 가족이라는 집단은 교육 시스템에 편입되는 시기부터 생산 인구의 증가를 위해 출산하는 시기까지 생애의 모든 단계에 통계의 대상이 되었다. 최근 400여 년간 엔터테인먼트는 친사회적인 것(합법적 놀이)과 반사회적인 것(비합법적 놀이)으로 구분되었으며, 징세를 위해 '자극이 강한 도박은 비합법적이다'라는 식의 '놀이의 분할통치'가 이루어졌다.

하지만 노동뿐만 아니라 놀이 또한 경제를 돌아가게 하는 어엿한 요소 중 하나다. 20세기 들어 무대, 영화, TV, 출판 등 엔터테인먼트 분야에서 생산·공급량이 폭발적으로 증가한 것은 그것이 '돈이 되기 때문'이었다. 사람들이 티켓을 사서 관람하기 때문에 새로운 가부키가 창작되었고, 책과 잡지가 전국에 유통되기 시작하면서 비로소 나쓰메 소세키나 가와바타 야스나리 등 소위 '작가 선생'의 장사가 성립할 수 있었다. 사람들을 즐겁게 해주고 싶다는 '순수한' 마음의 이면에는 더 많은 사람에게 영향력을 행사하고 싶다는 욕구와 그 과정에서 자본이 점점 회전·증폭한다는 투자 인센티브가 존재한다. 이런 것들이 한데 어우러지면서 엔터테인먼트업계가 굴러온 것이다.

1990년부터 일본은 경쟁에서 밀려나 국내총생산GDP 성장 면에서 OECD 국가들과 비교해 혼자만 뒤떨어지는데, 그러한 상황을 '잃어버린 30년'이라며 자조하고 있다. 하지만 적어도 엔터테인먼트업계는 양상이 다르다. 출판, TV 같은 기존 매스미디어 콘텐츠는 20년 넘게 내리막길을 걷고 있지만, 게임과 애니메이션은 세계에서 으뜸가는 상품이 되었으며 전자만화, 실시간 스트리밍, 2.5차원 무대, 테마 카페, 애니메이션 이벤트, 브이튜버CG 등으로 만든 가상 캐릭터로 유튜브 등 인터넷 방송을 진행하는 1인 크리에이터 등 급성장하는 서브 장르가 무척 많은 산업이기도 하다.

무엇보다 이 분야의 경제 규모는 일찍이 우리가 놀이를 '어른으로의 계단을 오르기 위한 도구'로서 교육에 이용하던 때와 격세지감을 느끼게 한다. 일본의 민간 소비 총액은 연간 300조 엔 정도인데, 그중 의식주처럼 '생활필수품'이라 불리는 것을 제외한 이른바 '쓸데없는 것'에 소비되는 금액은 50조 엔으로 전체의 15퍼센

트에 달한다. 연수입이 300만 엔인 사람이라면, 그중 45만 엔 정도
는 친구와 술을 마시거나 영화를 보거나 콘서트를 가거나 캡슐 토
이를 뽑는 데 쓰는 셈이다. 상당한 금액이다.

엔터테인먼트라는 이상한 세계

이 책은 어른을 위한 엔터테인먼트 책이다. 장르별로 나눠 엔
터테인먼트 분야의 경제 규모, 사회적 의미, 개인적 의미를 역사적
으로 분석할 것이다. 이 책은 애니메이션, 게임, 만화를 사랑하는
사람들만을 위한 것은 아니다. 소설가 이나가키 다루호가 "꽃을 사
랑하는 데 식물학은 필요 없다"라고 말한 것처럼, 어떤 작품을 사
랑하는 데 있어서 그 작품을 속속들이 파헤치거나 탄생 과정을 샅
샅이 알 필요는 없다. 시계의 구조를 안다고 해서 우리가 시계에서
얻는 만족감이 반드시 커지는 것은 아니다. 하지만 생산 체계와
역사적 변화를 아는 것은 엔터테인먼트가 지닌 매력의 근원적 분
석으로 이어져 무엇보다 수많은 생산자가 만들어지는 데 도움이
될 것이다. 엔터테인먼트 전반의 산업 구조와 성립 과정을 체계적
으로 정리하는 일은 21세기 들어 주목받기 시작한 이 분야에 날개
를 달아줄 실마리가 될 수 있지 않을까? 그렇게 생각하며 펜을 들
었다.

이 책은 애니메이션, 게임, 만화를 '탄생시키는 사람들'을 사랑하기 위한 책이다. 그들은 어떻게 이 영역에서 '의미'를 발견했으며, 자신의 인생을 걸고 한 치 앞을 알 수 없는 이 업계에 뛰어든 것일까? 마치 인기 아이돌과 무명 아이돌이 처한 상황이 전혀 다른 것처럼 일단 사람들에게 주목받기 시작하면 싫든 좋든 시선과 관심이 통제할 수 없을 정도로 쏠리지만, 그렇게 되기까지는 아무리 홍보를 하고 프로모션을 벌여봤자 누구 하나 거들떠보지 않는다.

누구나 간절히 원하지만 100명 중 한 명, 아니 1,000명 중 한 명이 모든 것을 차지할 정도로 너무도 불평등하게 배분되는 성공과 한순간에 스러져가는 수없이 많은 무용한 산물에 둘러싸인 이상하고 불가해한 세계. 그것이 엔터테인먼트의 세계다. 이 세계에 잠재된 불합리성과 불가사의에 이론을 도입하고 설계도에 기반해 재현해내는 학문이 있으면 좋지 않을까. 내가 '엔터테인먼트 사회학자'를 자칭하며 10년 넘게 게임, 애니메이션, 연극 무대, 스포츠 등을 다루는 비즈니스를 해온 경험을 와세다대학, 싱가포르 난양공과대학, 게이오기주쿠대학 교단에 서서 나누고, 이 책에 그 과정을 정리한 것은 바로 그런 이유 때문이다. 물론 나 또한 엔터테인먼트 산업의 이상하고 불가해한 세계의 매력에 사로잡힌 사람 중하나다.

'잃어버린 30년'은 없다

이 책은 엔터테인먼트 영역이 어떻게 경제를 돌아가게 하고, 사회적 관계에 윤활유가 되고, 개개인이 긍정적으로 살아가기 위한 '바람직하게 순환하는 사회'에 공헌하는지 정면으로 파고든다.

이 책을 집필하는 데 참고한 책이 있다. 해럴드 L. 보겔Harold L. Vogel의 『엔터테인먼트 인더스트리 이코노믹스Entertainment Industry Economics』다. 미국에서 가장 중요한 산업으로 주목받는 미디어 엔터테인먼트업계를 폭넓게 다루며 영화, TV, 음악은 물론 게임과 뮤지컬, 나아가 스포츠에서 도박에 이르기까지 열 가지가 넘는 엔터테인먼트 분야의 산업 구조에 대해 해설한 명저다. 재무회계에서부터 개발과 마케팅 등 산업 기능까지 상세하게 설명했는데, 이만큼 엔터테인먼트 산업을 넓고 깊게 다룬 책을 나는 달리 알지 못한다. 메릴린치의 산업 애널리스트로서 이 책을 저술한 저자는 컬럼비아대학 등에서 강의하면서 그 내용을 계속 업데이트하고 있다. 1986년 발간된 이 책은 3~5년마다 개정판이 나왔으며, 35년째인 2020년에는 제10판이 출간되었다. 스티브 잡스와 함께 픽사를 세계적 기업으로 만든 최고재무책임자(CFO) 로런스 레비도 엔터테인먼트업계에 진입할 때 처음 읽은 것이 이 책이라고 한다.[2] 일본에는 왜 비슷한 책이 없을까, 하는 지점에서 내 의문은 시작됐다.

내가 『엔터테인먼트 인더스트리 이코노믹스』를 절실히 필요로

했던 시기가 있었다. 2017년 와세다대학과 난양공과대학에서 '엔터테인먼트 비즈니스 전략'이라는 강좌를 맡아 엔터테인먼트업계를 주제로 강의하게 되었는데, 참으로 난처했다. 영어로 엔터테인먼트를 전부 설명해야만 했다! 그때 '영어로 쓰인 엔터테인먼트 전반에 관한 산업론'으로서는 유일무이한 이 책을 만났다. 하지만 이 책은 북미를 중심으로 다룬 터라 지브리나 도에이 애니메이션東映アニメーション에 대해선 나오지 않았으며 닌텐도나 소니에 관한 내용도 적었다. 〈건담〉이나 〈드래곤볼〉에 관한 언급은 전혀 없었다.

내가 '엔터테인먼트 사회학자'라고 스스로 소개하기 시작한 것은 바로 이 시기부터다. 2017년 당시 나는 〈카드파이트!! 뱅가드〉, 〈뱅 드림!〉, 신일본프로레슬링 같은 엔터테인먼트 콘텐츠를 운영하는 부시로드의 해외 담당 임원으로서 사업을 진행하면서 동시에 학자로서 연구에 매진하고 있었다.

엔터테인먼트 사회학이란 무엇인가? 내가 정의한 바에 따르면, 인간 집단이나 가치관, 문화 형성의 구조를 밝히는 모든 일이 여기 포함된다. 사회학의 관점에서 볼 때 애니메이션과 게임을 만들고 팬이 형성되는 과정 그 자체가 최고의 분석 재료다. 리크루트 스태핑과 DeNA, 반다이남코 스튜디오, 부시로드 같은 회사를 거치면서, 또 사업가로서 이익 최대화를 가장 중요한 목표로 삼아 일하면서, 한편으로는 학자답게 그 현상 자체를 누구나 이해할 수 있도록 분석하고자 시도하는 또 다른 나의 모습을 간직해왔다.

사업가이자 학자로서 10년 넘게 엔터테인먼트 사업을 해오면서 취미 삼아 이 분야와 관련된 역사서부터 해설서까지 가리지 않고 읽었다. 대충 헤아려도 1,000권 정도는 되는 것 같다. 21세기 들어 '쿨 재팬Cool Japan'이라는 구호 아래 해외 시장을 사로잡으려는 움직임에 행정부까지 합세해서 일본 콘텐츠가 퍼져나가던 과정도 지켜봤다. 이는 소련 붕괴 이후 음악 그룹 타투t.A.T.u.를 세계로 진출시킨 러시아나 외환위기 이후 드라마를 수출한 한국이 그러했듯 '꺾인 자존심을 소프트 상품의 문화 침투력으로 회복하려는 시도'였다.

자신들의 문화가 다른 나라에 수용된다는 것은 아이덴티티를 확인하는 과정이기도 하다. 일본도 예외는 아니었다. 세계 2위의 경제대국이면서 '잃어버린 30년'을 거치며 다양한 경제 지표에서 타국에 끊임없이 추월당했던 일본에 엔터테인먼트는 비록 경제 규모야 한정적이지만 해외에서 존재감을 되찾을 수 있는 도구 중 하나 아니었을까.

2014년 반다이남코 스튜디오의 캐나다 개발 거점 부사장으로서 처음으로 해외에 부임했을 때 비디오 게임 〈팩맨〉의 영향력이 생각보다 크다는 데 놀랐다. 밴쿠버에 있는 개발사 50여 곳을 거의 다 방문했는데, 누구 하나 〈팩맨〉에 영향을 받지 않은 리더가 없었다. 당시 30~50대였던 경영자들은 〈팩맨〉에 열광했던 20년 전 추억을 마치 어제 일처럼 떠올리면서, 반다이남코가 '또다시'

그때와 같이 빛나기를 기대한다고 말했다.

그렇다. 일본 게임 소프트는 1990년대 세계 시장의 70~80%를 점했지만, 2000년대 들어서는 북미에서 상당히 존재감을 잃은 상태였다. 대신 EA나 액티비전 블리자드 같은 로컬 게임 회사의 소프트가 새로운 패자로 떠올랐다. 반면 일본 소프트의 존재감은 시장의 20~30% 정도로 떨어져 있었다. 일본이 세계의 게임 산업을 만들었다고 해도 과언이 아닌데, 상황이 왜 이렇게 반전된 것일까?

괴짜들의 리그

일본에서 엔터테인먼트 산업을 제대로 분석하는 학문적인 움직임이 있었을까? 대학에 게임학과가 생긴 것은 2003년 오사카전기통신대학이 최초다. 더 역사가 깊으며 게임과 마찬가지로 일본에서 시작된 산업이라 할 수 있는 만화 역시 학부가 설립된 것은 2006년 교토세이카대학에서였다. 국립대학에서는 2022년 현재까지 게임과 만화에 관련된 학부 및 학과가 신설되지 않았다. 한편 미국에서는 아이비리그에 속하는 서던캘리포니아대학이 2002년 인터랙티브 미디어&게임학부를 설립했다. 게임에 관해서는 '차기 영화 산업'이라며 많은 대학이 2000년대에 차례차례 공식 학과를 만들었고, 2010년을 전후해서는 미국 전역에서 250개가 넘는 대학이 게임 커리큘럼을 마련했다.

미국 역시 1990년대까지만 해도 게임 교육을 '고등교육'이 아닌 '직업훈련'으로만 인식했다. 하지만 1999년 첨단 사례로 엔터테인먼트 전문대학원ETC이 설립된 이후, 게임 산업의 진흥을 열망하던 랜디 포시가 디즈니와 EA에서 일한 경험을 논문으로 정리하면서 차츰 학문으로 정립해나갔다.[3] 정부 기관에 의한 하향식이 아니라 풀뿌리 연구자에 의한 상향식 정열과 연구에서 출발했음에도 불구하고 많은 대학이 이를 도입하는 개방적인 태도를 보였다.

이에 반해 일본에서 엔터테인먼트는 '방치된 서브 컬처(하위 문화) 영역'에 불과했다. '제대로 된 어른들'은 이 업계에 눈길도 주지 않았다. '패밀리 컴퓨터'닌텐도에서 출시한 카트리지 교환 방식의 가정용 게임기의 엄청난 인기에 힘입어 놀라울 정도로 높은 수익을 올린 닌텐도는 주식시장과 기업연구가 등 일부에서는 주목을 받았으나, 그 성공은 50억~60억 달러 규모의 북미 게임 시장에 한정되어 있었을 뿐이다. 1조 2,000억 달러 규모의 미국 자동차업계에서 GM에 맞서는 토요타자동차와 혼다, 1,000억 달러 규모의 가정용 가전업계에서 GE에 맞서는 소니와 마쓰시타전기산업(현 파나소닉) 같은 '주요 산업의 공방'이야말로 일본 경제의 핵심이라고 여겨졌다. 게임도 이럴진대, 하물며 애니메이션이나 만화 같은 장르는 산업으로서 분석할 대상으로 언급조차 되지 않았다. 고유 영역을 제대로 구조화하고 해당 산업에 진입할 인재를 길러내고 생태계를 회전시키는 흐름을 만들지 못한 채, 게임이나 만화, 애니메이션을 좋아하는 크리에이터들이나 괴짜들만 관심을 보였을 뿐이다.

미국이 산·관·학(기업·정부·학교) 3극 체제를 형성해 영화 분야에서 '할리우드'를 만들어낸 것 같은 기회는 일본에도 있었다. 이를테면 게임업계에서 도쿄와 교토, 오사카는 세계적으로 좋은 위치였다. 하지만 엔터테인먼트 산업이 더욱 비약해나갈 기회를 일본은 빤히 보면서도 놓치고 말았다.

이와 관련, 참고해볼 만한 좋은 사례로 실리콘밸리가 있다. 하나의 산업, 하나의 지역, 하나의 클러스터가 기업의 힘만으로 빛을 발하는 경우는 거의 없다. 이에 더해 인재를 육성하는 대학이 있고, 스타트업을 길러내는 벤처 캐피털과 신흥 기업을 환영하는 문화가 있고, 변화하는 사용자의 기호에 맞춰 발전하는 다양성 넘치는 작품군이 있고, 수익화 과정의 시행착오를 허용할 수 있는 자본력이 있어야 한다. 하나의 산업이 육성되는 데는 이렇게 여러 요소가 어우러진 '경제권經濟圈'이 필요하다. 개별 부문의 시행착오를 통해 갑자기 완성되는 것이 아니다.

엔터테인먼트 사회학자로서 내가 하고 싶은 일은 독자적인 일본 엔터테인먼트의 산업적 강점을 제대로 구조화하는 것이다. 게임, 애니메이션, 음악, 영화, 무대연극, 스포츠 등의 역사, 현재의 모습, 미래를 위해 참고할 만한 성공 사례를 살펴보면서 일본의 아이덴티티를 회복하는 데 기여하는 것이다.

IP, 권리의 탄생

본격적인 논의에 앞서 우선 엔터테인먼트 산업의 전체적인 모습을 그림으로 살펴보자(도표 0-1).

콘텐츠는 텍스트, 음악, 영상, 게임 등 '매개되는 정보'만으로는 정의할 수 없다. 콘텐츠란 본질적으로 크리에이터 개인 혹은 크리에이터 팀에 의해 만들어져 사용자에게 전달되어 즐기도록 하기 위한 것이다. 블록버스터 영화든 전 세계적으로 인기몰이를 하는 게임이든, 우선 그 근원인 크리에이터가 존재해야 한다. 그리고 모든 미디어의 끝에는 그것을 수용하는 사용자가 있어야 한다. 작품을 통해 소통한다는 간접적인 형식을 취하기는 하지만, 엔터테인먼트 산업은 일종의 커뮤니케이션 산업이라 할 수 있다.

엔터테인먼트의 굉장한 점은, 크리에이터의 역할이 너무나 두드러진 나머지 IPIntellectual Property, 지식재산권라고 불리는 '권리'가 발생한다는 것이다. '헬로키티'임을 누구나 알아볼 수 있는 것은 지난 50년 동안 인형부터 그리팅 카드, 애니메이션, 애플리케이션, 컬래버레이션 기획에 이르기까지 우리가 다양한 미디어에서 이 캐릭터를 봐왔기 때문이다. 따라서 헬로키티와 관련된 작은 아이콘만 삽입되어도 세계관부터 사회적 메시지까지 모두 전달돼 상품의 가치가 높아진다. 이는 헬로키티 같은 캐릭터에만 국한되지

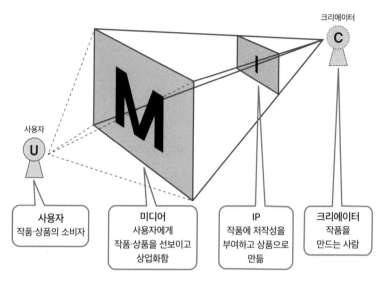

크리에이터

C

사용자

U

사용자	미디어	IP	크리에이터
작품·상품의 소비자	사용자에게 작품·상품을 선보이고 상업화함	작품에 저작성을 부여하고 상품으로 만듦	작품을 만드는 사람

출처) 저자 작성.

않는다. 오타니 쇼헤이大谷翔平 같은 운동선수, Ado 같은 뮤지션에 게도 적용된다. 브랜드가 IP화되면서 오리지널 크리에이터가 부 재하더라도 똑같은 세계가 재현된 것처럼 상품은 '아우라'를 띠게 된다. 그래서 헬로키티 관련 상품이 과거 50년의 역사 동안 10조 엔 가까이 판매되고, 현재도 매년 1,000억 엔 이상 판매되고 있으 며, 앞으로도 계속 판매되리라 전망되는 것이다. 이 모든 것은 한 마디로 그 상품과 체험에 대한 만족도가 브랜드화되었기 때문에 가능하다.

미디어 갈아타기

크리에이터는 시대에 맞춰 미디어를 고른다. 이를테면 영화관은 예전에 대표적인 오락거리로 꼽혔다. 다이쇼 시대에 이미 100만 부가 팔린 밀리언셀러로 기록된 서적·잡지가 존재했다. 이런 상품을 전국 어디에서나 판매할 수 있도록 한 서점 유통의 세계도 마찬가지다. 이들 '미디어'는 매개자일 뿐이지만, 콘텐츠의 힘 덕분에 미디어 자체에도 브랜드가 따라온다. 1970년대는 질 좋은 손수건이나 필기도구를 소매점에 진열하기만 해도 충분히 '미디어'로서 작동했다. 일례로, 헬로키티 상품이 진열된 산리오 숍은 모두가 동경하는 장소였다. 일부러 밤을 새워 도쿄까지 와서 산리오 숍에서 물품을 사 가는 열성 팬이 있을 정도였다.

한편, TV는 인류가 최초로 만난 '1억 명이 동시에 똑같은 것을 보고 들을 수 있는 미디어'로, 콘텐츠와 사용자를 두고 치열한 쟁탈전이 벌어졌다. 후지TV는 1980년대에 어느 시간대든지 재미있는 프로그램을 송출해 시청률 1위를 유지했지만, 1990년대 들어 그 왕좌를 니혼TV에 빼앗기고 만다. 2000년대 들어서는 2채널과 니코니코동화에서 해당 채널을 통해서만 볼 수 있는 콘텐츠를 선보이며 도전장을 내밀었다. 2010년대 들어서는 다양한 동영상이 끊임없이 업로드되는 유튜브가 꿈의 미디어로 떠올랐다. 2020년대에는 또 다른 흐름이 시작됐다. 틱톡에서 5~10초짜리 콘텐츠를

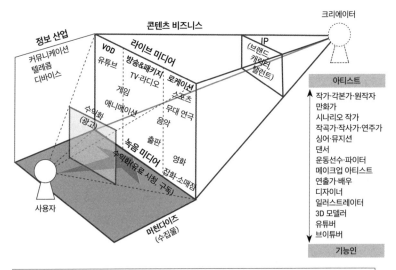

도표 0-2 엔터테인먼트 산업의 참가자와 구성 요소

크리에이터

콘텐츠 비즈니스

정보 산업
커뮤니케이션
텔레콤
디바이스

VOD
유튜브

라이브 미디어
방송&패키지
TV·라디오
게임
애니메이션

로케이션
스포츠
무대 연극
음악
출판

IP
(브랜드
캐릭터,
탤런트)

수익화
(광고)

녹음 미디어
수익화(유료 시청 구독)

영화
잡화·소매점

아티스트

작가·각본가·원작자
만화가
시나리오 작가
작곡가·작사가·연주가
싱어·뮤지션
댄서
운동선수·파이터
메이크업 아티스트
연출가·배우
디자이너
일러스트레이터
3D 모델러
유튜버
브이튜버

사용자

머천다이즈
(수집물)

기능인

미디어가 있기에 콘텐츠가 존재했던 20세기→콘텐츠가 미디어를 고르는 21세기

출처) 저자 작성.

보다 보면 어느새 한 시간이 훌쩍 지나가버린다. 넷플릭스가 연간 2조 엔 가까운 자금을 들여 콘텐츠를 양산해내는 것도 넷플릭스라는 미디어 자체의 로열티를 확보하기 위함이다.

크리에이터들은 '그 시대', '그 장소'에 맞춰 다양하게 미디어를 갈아탔다. 순수문학 작가, 영화 각본가, 만화가, 방송 작가, 작곡가, 작사가 모두가 그랬다. 무예가, 픽시브Pixiv, 일본의 회원제 창작 그림 커뮤니티의 일러스트레이터, 브이튜버 역시 마찬가지로 크리에이터이기에 사용자가 그때그때 가장 원하는 미디어를 이용해서 자기 자신이 엔터테인먼트라고 생각하는 것을 전달하고 있다.

제로에서 거대 산업이 되기까지

이 책이 다루려는 대상은 콘텐츠 시장(12조 엔), 스포츠 시장(10 조 엔), 콘서트·연극 등 라이브 시장(6,000억 엔)을 모두 아우른다. 연간 합계 20조 엔이 넘는 일본 소비 시장을 공연예술, 영화, 음악, 출판, 만화, TV, 애니메이션, 게임, 스포츠 아홉 가지 분야로 나누 어 그 역사부터 이야기를 풀어나가고자 한다. 각각의 산업이 어떤 환경에서 누구의 손에 의해 탄생했고, 어떤 수단으로 비즈니스 모 델을 구축했는지 그 기원을 파악해나갈 것이다.

이 책은 엔터테인먼트 산업의 교과서를 표방하지만, 그렇다고 해서 엔터테인먼트에만 머무르는 이야기는 아니다. 이 아홉 가지 분야는 모두 제로에서 출발해 시장을 만들어냈다. 사람들을 즐겁게 만들고 싶다는 순수한 발상에서 시작돼 그 가능성을 발견한 투자자 등의 지지를 얻고, 콘텐츠를 공급하는 크리에이터가 기업에 들어가 고, 사용자가 정기적으로 돈을 내는 시장을 만들기까지 모두 만만 치 않은 과정을 거쳤다. 이는 제로 상태에서 비즈니스를 창출해내 기까지의 과정에 대한 교과서적 이야기이기도 하다.

도표 0-3 일본 국내 엔터테인먼트 관련 산업 규모

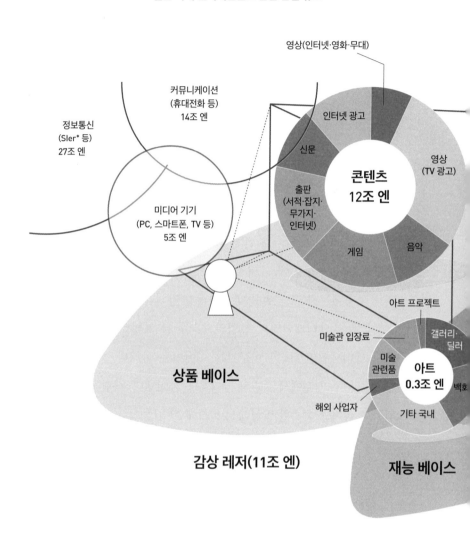

커뮤니케이션
(휴대전화 등)
14조 엔

정보통신
(Sler* 등)
27조 엔

영상(인터넷·영화·무대)

인터넷 광고

신문

콘텐츠
12조 엔

영상
(TV 광고)

출판
(서적·잡지·
무가지·
인터넷)

미디어 기기
(PC, 스마트폰, TV 등)
5조 엔

게임

음악

아트 프로젝트

미술관 입장료

갤러리·
딜러

미술
관련품

아트
0.3조 엔

백호

상품 베이스

해외 사업자

기타 국내

감상 레저(11조 엔)

재능 베이스

* Sler: System Integrator. 시스템 개발에 관련된 전반적인 업무를 담당하는 회사.
출처) 각종 자료를 바탕으로 저자 작성. 코로나 이전의 대략적인 수준.

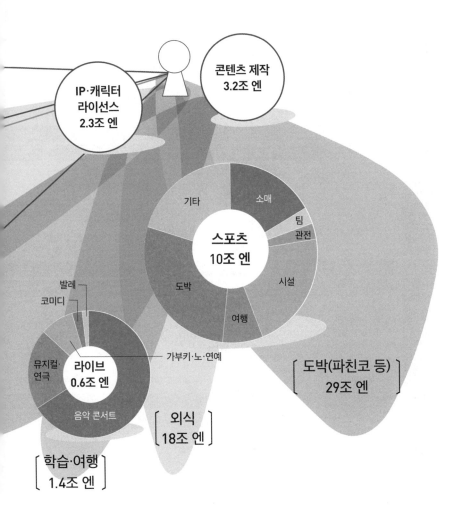

IP·캐릭터
라이선스
2.3조 엔

콘텐츠 제작
3.2조 엔

기타

소매

팀
관전

스포츠
10조 엔

도박

시설

여행

가부키·노·연예

발레

코미디

뮤지컬·
연극

라이브
0.6조 엔

음악 콘서트

도박(파친코 등)
29조 엔

외식
18조 엔

학습·여행
1.4조 엔

도표 0-4 일본 엔터테인먼트 산업 연표 1

	1940년대 이전	1950년대	1960년대	1970년대
공연예술	극장 전성기			음악·무대 카운터 컬처
	• 요시모토흥업(1912) • 다카라즈카 가극단(1914) • 도호(1932) • 극단시키(1953)	• 제국극장 뮤지컬(1950) • 신주쿠 코마극장(1956) • 닛세이 극장(1963)		• 다카라즈카의 〈베르사유의 장미〉(1974)
		• 기무라 마사히코 vs. 그레이시(1951) • 역도산·기무라 vs. 샤프 형제(1954)	• 비틀스의 무도관 공연(1966) • 신주쿠 포크 게릴라(1969) • 라이브하우스 난립(1970년대)	
TV	vs. 영화			
	노래·드라마·스포츠		특촬·개그·시대극	
		• 〈홍백가합전〉(1951) • 〈더 히트 퍼레이드〉(1959) • 〈스타 탄생!〉(1971)	• 〈울트라맨〉(1966) • 〈가면 라이더〉(1971)	
			• 〈오하나한〉(1966) • 〈금요 드라마〉(1972)	• 〈자토이치〉(197) • 〈미토코몬〉(197)
		• 첫 민영 TV 방송 개시(1953) • 〈가두 TV〉(1953)	• 〈8시다! 전원 집합〉(1969) • 〈와랏테이이토모!〉(1982)	
음악	스타 시대			
	음향 메이커·레코드 회사		예능사무소 설립	기타·록 붐
	• 일본컬럼비아(1910) • 일본빅터(1927) • 킹레코드(1931) • 데이치쿠(1934)	• 도시바음악공업(1960) • CBS소니(1968)	• 비틀스 방일(1966) • 요시다 다쿠로(1970) • 사잔(1977) • 옐로 매직 오케스트라YMO(1978)	
	• 도쿄 행진곡(1929) • 도쿄 부기우기(1947)	• 와타나베 프로덕션(1955) • 호리프로(1960) • 쟈니스 사무소(1962)		• 꽃의 중3 트리오(1973) • 마쓰다 세이코(1979)
			• 〈위를 보고 걷자〉(1961)	
스포츠	프로 탄생과 TV 방송			TV 방송 확충
		프로레슬링·야구·복싱 인기		야구·스모 인기 전성
	• 요미우리 자이언츠(1934) • 한신 타이거스(1935)	• 역도산 vs. 디스트로이어(1963) • 세계 밴텀급 하라다(1965)		• 펠레 은퇴 경기(1977) • 도쿄국제여자마라톤(1979)
	• 아디다스(1934) • 아식스(1949) • 나이키(1964)	• 프로야구 중계(1953) • 요미우리 vs. 한신 천람시합 (1959)	• 도쿄 올림픽(1964) • 멕시코 올림픽(1968) • 뮌헨 올림픽(1972) • 삿포로 동계올림픽(1972)	

1980년대	1990년대	2000년대	2010년대	2020년대

V 연동 / 음악 라이브·2.5차원

격투기 붐 · 극장 재편 · VOD

- 슈퍼 가부키(1986)
- 극단시키 극장(1998)
- 시부야 라쿠고(2014)
- 간다 하쿠잔 TV(2020)
- 디즈니랜드(1983)
- K-1(1993)
- PRIDE(1997)
- 이노키 은퇴 시합(1998)
- 사쿠라바 vs. 호이스(2000)
- 〈테니스의 왕자〉(2003)
- 〈도검난무〉(2015)
- 유튜브 슈퍼챗(2017)
- 브이튜버 니지산지 상장(2022)
- UWF(1984)
- UWF 인터내셔널(1991)
- UFC 제2회 대회(1994)

TV 보급·대중문화 성숙 / vs. VOD

드라마·뉴스·퀴즈 · 해외·애니메이션·버라이어티·리얼리티 · 장르 종합 격투

- 〈줌인!! 아침!〉(1979)
- 〈뉴스 스테이션〉(1985)
- 〈전파소년〉(1992)
- 〈아사얀〉(1995)
- 〈K-1〉(1996)
- 〈잇테Q!〉(2007)
- 넷플릭스 상륙(2015)
- 티바(2015)
- 〈화요 서스펜스 극장〉(1981)
- 후지TV 월요일 9시 드라마(1987)
- TV도쿄 심야 애니(1995)
- 〈노이타미나〉(2005)
- 〈72시간 본심 텔레비전〉(2017)
- 〈오징어 게임〉(2021)
- 나스카와 vs. 다케루전(2022)
- 〈과연! 더 월드〉(1981)
- 〈세계 신비 발견!〉(1986)
- 〈프로젝트 X〉(2000)
- 〈캄브리아 궁전〉(2006)

아이돌 시대 / 아이돌 그룹 시대

J-POP 확립 · 애니·게임 연동 · K-POP

- TM NETWORK(1983)
- 엑스 재팬(1989)
- 미야케 유지의 끝내주는 밴드 천국(1989)
- 가라오케(1990년대)
- 고무로 붐(1994)
- 잼 프로젝트(2000)
- Perfume(2005)
- 하츠네 미쿠(2007)
- 캬리 파뮤파뮤(2011)
- YOASOBI(2019)
- Ado(2020)
- 오냥코 클럽(1985)
- 아무로 나미에(1992)
- 하마사키 아유미(1993)
- 우타다 히카루(1998)
- SMAP(1991)
- 아라시(1999)
- 동방신기(2003)
- 트와이스(2015)
- 방탄소년단, BTS로 개칭(2017)
- 히카루GENJI(1987)
- 모닝구무스메(1997)
- AKB(2005)

스포츠 비즈니스화

J리그·월드컵 붐 · 프로야구 재편 · VOD

- 윔블던 마쓰오카(1995), 다테(1996)
- 라쿠텐 골든이글스(2004)
- 후쿠오카 소프트뱅크 호크스(2005)
- 요코하마 DeNA 베이스타스(2012)
- J리그와 DAZN 계약(2017)
- 복싱 이노우에전 아마존 프라임 방송(2022)
- 지요노후지 우승(1981)
- 토요타컵(1981)
- 와카노하나 다카노하나 형제 시대(1989)
- B리그(2015)
- LA 올림픽(1984)
- 서울 올림픽(1988)
- J리그(1993)
- 프랑스 월드컵(1998)
- 한일 월드컵(2002)
- 도쿄 올림픽 뇌물 사건(2021)
- 카타르 월드컵 아베마 방송(2022)

도표 0-5 일본 엔터테인먼트 산업 연표 2

	1940년대 이전	1950년대	1960년대	1970년대
만화	신문·그림연극	대여 만화	만화 주간지 전성기	
			열혈 스포츠·순정 만화	러브 코미디
	• 〈황금박쥐〉(1930) • 『노라쿠로』(1931) • 『사자에 씨』(1946) • 『마짱의 일기장』(1946)	• 『우주소년 아톰』(1952) • 『리본의 기사』(1953)	• 『거인의 별』(1966) • 『내일의 죠』(1967) • 『포의 일족』(1972) • 『베르사유의 장미』(1972) • 『바람과 나무의 시』(1976)	• 『시끌별 녀석들』(1 • 『터치』(1981)
애니메이션				어린이용 애니
		• 〈모모타로 바다의 신병〉(1945) • 〈백설공주〉(1950) • 〈백사전〉(1958)	• 〈우주소년 아톰〉(1963) • 〈오바케의 Q타로〉(1965) • 〈사자에 씨〉(1969) • 〈도라에몽〉(1973)	• 〈우주전함 야마토〉(1974) • 〈기동전사 건담〉(1979) • 〈초시공요새 마크로스〉(1982)
게임				• 〈퐁〉(1972) • 〈스페이스 인베이더〉(1978) • 〈팩맨〉(1980) • 〈동키콩〉(1981) • 〈마리오 브라더스〉(1983)
영화	영화 황금기			야쿠자·SF 인기
	전시 영화 통제			
	• 도호(1932) • 도에이(1942)	• 〈라쇼몽〉(1950) • 〈동경 이야기〉(1953) • 〈7인의 사무라이〉(1954) • 〈고질라〉(1954) • 〈요짐보〉(1961) • 〈자토이치〉(1962) • 〈아바시리 번외지〉(1965) • 〈쿠로베의 태양〉(1968)	• 〈붉은 모란〉(1968) • 〈남자는 괴로워〉(1969) • 〈의리 없는 전쟁〉(1973)	• 〈일본 침몰〉(1973) • 〈우주전함 야마토〉(1977) • 〈스타워즈〉(1978) • 〈E.T.〉(1982)

*왕도 만화: 모험과 우정, 성장 등을 소재로 삼는 정통 서사 만화 장르.

1980년대	1990년대	2010년대	2000년대	2020년대

미디어 믹스화

디지털 만화

왕도 만화*

웹툰

- 『캡틴 츠바사』(1981)
- 『드래곤볼』(1984)
- 『달려라 부메랑』(1987)
- 『슬램덩크』(1990)
- 『소년 탐정 김전일』(1992)
- 『세일러 문』(1991)

- 『유희왕』(1996)
- 『GTO』(1997)
- 『원피스』(1997)
- 『나루토』(1999)
- 『블리치』(2001)

- 『진격의 거인』(2009)
- 『귀멸의 칼날』(2016)
- 『이태원 클라쓰』(2016)
- 『나 혼자만 레벨업』(2018)
- 『스파이×패밀리』(2019)

완구 MD 애니

애니 위원회 & OVA 시대

VOD & 글로벌 시대

- 〈에반게리온〉(1995)
- 〈렛츠 앤 고 맥스〉(1996)
- 〈명탐정 코난〉(1996)

- 〈케이온!〉(2009)
- 〈소드 아트 온라인〉(2012)
- 〈진격의 거인〉(2013)
- 〈러브 라이브!〉(2013)

- 〈시끌별 녀석들〉(1981)
- 〈캡틴 츠바사〉(1983)
- 〈드래곤볼〉(1986)
- 〈세일러 문〉(1992)

- 〈강철의 연금술사〉(2003)
- 〈스즈미야 하루히의 우울〉(2006)
- 〈페이트/스테이 나이트〉(2006)
- 〈바케모노가타리〉(2009)

- 〈귀멸의 칼날〉(2019)
- 〈주술회전〉(2020)
- 〈스파이×패밀리〉(2022)

아케이드 게임

PC 게임

모바일 게임

가정용 게임

가정용 온라인

- 〈슈퍼 마리오〉(1985)
- 〈드래곤 퀘스트〉(1986)
- 〈스트리트 파이터 2〉(1991)
- 〈아랑전설〉(1991)
- 〈소닉〉(1991)
- 〈세가 랠리〉(1995)

- 〈버추어 파이터〉(1993)
- 〈두근두근 메모리얼〉(1994)
- 〈포켓몬스터〉(1996)
- 〈파이널 판타지 Ⅶ〉(1997)
- 〈비트마니아〉(1997)

- 〈몬스터 헌터〉(2004)
- 〈괴도 로열〉(2009)
- 〈탐험 드리랜드〉(2011)
- 〈퍼즐앤드래곤〉(2012)
- 〈몬스터 스트라이크〉(2013)

서양 블록버스터 인기

일본 영화의 재부상

가도카와·인디즈

지브리·TV 방송국 영화

애니 극장판

- 〈마녀 배달부 키키〉(1989)
- 〈붉은 돼지〉(1992)

- 〈모노노케 히메〉(1997)
- 〈센과 치히로의 행방불명〉(2001)
- 〈하울의 움직이는 성〉(2004)

- 〈너의 이름은〉(2016)
- 〈명탐정 코난: 제로의 일상〉
  (2018)
- 〈귀멸의 칼날〉(2020)
- 〈극장판 주술회전 0〉(2021)
- 〈원피스 필름 레드〉(2022)

〈이누가미 일족〉(1976)
〈마루사의 여자〉(1987)
〈돈황〉(1988)
〈쉘 위 댄스〉(1996)
〈링〉(1998)

- 〈타이타닉〉(1997)
- 〈해리 포터〉(2001)

- 〈밀로와 오티스의 모험〉(1986)
- 〈춤추는 대수사선〉(1998)
- 〈세상의 중심에서 사랑을 외치다〉(2004)
- 〈히어로〉(2007)

1장

공연예술 | 엔터테인먼트의 원형

1

쇼 비즈니스,
단 한 번의 순간

제작진과 관객의 반응이 '레전드 공연'을 만든다

공연예술은 게임과도 다르고 영화, 출판과도 다르다. 후자는 글
이나 영상 등 '표현 매체에 새겨진 것'으로, 어떻게 보면 평면적이
다. 시간이 지난 뒤에도 몇 번이고 소비할 수 있다. 인원 제한도 없
어 수십만 명, 수백만 명이 한꺼번에 즐기는 것도 가능하다. 그러
나 노能, 일본의 대표적인 전통 가면 악극, 가부키歌舞伎, 음악·무용·기예가 어우러진 일본
의 전통 연극, 연극, 만담, 뮤지컬, 스포츠 등 공연예술은 인간과 공간이
어우러지며 성립되는 입체적인 매체다. 이런 이유로 완벽하게 베

끼는 게 불가능하며, 봄철 벚꽃처럼 한순간 '사라져버리기에' 진정 아름답고 보는 사람들을 매혹한다.

공연예술은 위험부담이 매우 크다. 한두 시간짜리 공연을 무대에 올리기 위해 수많은 사람들이 애써야 한다. 음악 라이브 공연의 경우, 흥행을 기대하며 연출 등을 포함해 수억 엔의 거금을 투자하는 위험을 감행하기도 한다.

공연예술은 일차적으로 '입장료'를 받는 방식으로 수익을 올린다. 다시 말해, 공연예술은 기본적으로 입장료를 내고 보는 콘텐츠(전시회와 놀이공원 포함)다. 수만 명이 돈을 내고서라도 보고 싶은지에 성공 여부가 달려 있는 쇼 비즈니스로, 대부분 무대에 오르는 순간 이용자의 만족도가 결정된다.

제작 관점에서 봐도 공연예술은 특징적인 요소가 있다. 생산과 소비가 동시에 이루어지는 방식은 다른 엔터테인먼트에서는 찾아볼 수 없는, 유일무이한 특징이다. 이런 특징 덕분에 소비 상황에 따라 생산 상황이 바로바로 바뀌기도 한다. 쉽게 말해, 관객들의 반응이 기대한 바와 다르면 제작진은 즉석에서 관객의 반응에 맞춰 준비한 것과 전혀 다른 내용을 제공하기도 한다. 이렇게 관객의 반응이 즉시 반영되다 보니 이른바 '레전드 공연'이 탄생하기도 한다. 한마디로 공연예술은 즉석에서 콘텐츠를 만들고, 만들어진 '그 순간'을 소비한다.

600년을 이어온 가장 오래된 엔터테인먼트 '노', 망가와 애니메이션에도 영향

공연예술의 역사는 장구하다. 그 시작은 나라 시대710~794에 유행한 기가쿠伎樂, 익살스러운 가면 무곡으로 612년 백제의 미마지가 오나라에서 배워 일본에 전함로 알려져 있다. 이것이 궁중무용에 사용된 아악 부가쿠舞樂, 해학과 곡예의 총칭 산가쿠散樂, 농악에서 발달한 무용 덴가쿠田樂, 노와 교겐狂言의 근원이 된 사루가쿠猿樂 등으로 파생되었다가 헤이안 시대794~1185, 무로마치 시대1336~1573에 노와 교겐으로 발전해갔다. '좌座'라 부르는 전업 예능 집단도 이 시대에 등장했다. 가부키는 에도 시대1603~1867에 유행했다. 상설 공연을 위한 '막사', 즉 극장이 생긴 뒤의 일이다.

'노'는 현존하는 가장 오래된 연극이다. 1374년 17세의 아시카가 요시미쓰足利義滿, 1358~1408, 무로마치 막부 3대 쇼군와 12세의 제아미世阿彌, 1363~1443, 무로마치 시대 노가쿠 배우 겸 작가의 만남으로 시작되어 600년 동안 이어진 엔터테인먼트다. 무사 집안인 아시카가 가문이 후원자로 나서 귀족 문화의 대체제로 발전시킨 노는 '문화적 패권'을 쥐려는 쇼군 요시미쓰의 야망을 대변한 예능이기도 하다.

제아미는 당대 최고 스타였다. 배우로서 빼어난 미모를 갖춘 것은 물론 작사·작곡가로서 많은 작품을 남겼으며, 연출부터 이론까지 모든 단계를 섭렵했다.[1] 요시미쓰는 주변에서 분개할 정도로 제아미를 편애했다. 이 둘은 당시에는 '자연'스러웠던 남색 관계였다.

제아미가 저술한 노가쿠 이론서 『후시카덴風姿花傳』에는 자신을 객관적으로 바라보라는 뜻의 '리켄노켄離見の見', 초심을 잃지 말라는 뜻의 '쇼신 와스레루 베카라즈初心忘れるべからず', 감춰야만 꽃이 된다는 뜻의 '히스레바 하나나리秘すれば花なり'같이 현대 일본에서도 쓰이는 말이 많이 보인다. 오늘날 200가지가 넘는 노 공연 목록을 보면 제아미가 만든 작품이 다수를 차지한다.

배우 한 사람이 작사, 작곡, 각본, 연출까지 모두 소화하는 모습은 현대의 '망가漫畵, 일본풍 만화 작가'를 연상시킨다. 각 부분을 긴밀하게 연결해 만들어내는 빼어남과 독창적 해석, 그에 곁들여진 철학 등 집단 창작으로는 구현해낼 수 없는 특별함이 있다. 게다가 노는 저작권이 거의 없어서 다른 유파에서도 같은 공연을 아무렇지도 않게 무대에 올렸다. 이런 특징은 오늘날 (미국과는 달리) 일본 애니메이션이나 망가업계에서도 찾아볼 수 있는 부분이다.

종교와 유흥이 공존하는 곳에 공연예술이 꽃피다

공연예술 문화가 후세까지 전해질 수 있는가는 당대의 유력한 정치가를 후원자로 두었는지 여부가 관건이다. 가부키와 라쿠고落語,

공연자가 반주 없이 오로지 몸짓과 입담만으로 이야기를 풀어나가는 일본의 전통 공연가 오늘날까지 이어질 수 있었던 것은 '전통 예능'으로 공식 인정받은 점, 그리고 쇼치쿠松竹나 요시모토흥업吉本興業 같은 예능 기획사의 비즈니스 모델화, 이치카와 가문처럼 집안 대대로 계승되는 기예 등 조직적인 뒷받침이 있었기에 가능했다. 사실 이 모든 요소가 갖춰지는 것은 기적과도 같은 일이다.

노가 예능으로서 가부키나 라쿠고에 비해 부족한 부분은 계승자인 1,000여 명의 노가쿠시能樂師 집단이 단단히 결속되어 있다기보다는 '개인'을 주체로 삼고 있어 노의 후원자가 되어줄 조직이 없었다는 점이다. 이와 관련해 노에 권력자들의 비위를 맞추거나 종교색을 띠는 작품이 존재하지 않는 금욕적인 면모 때문에 돈과 사람을 끌어들이지 못했다고 보는 견해도 있다.

반대로 가부키는 에도 시대를 대표하는 서브 컬처였다. '기울다', '치우치다'를 뜻하는 '가부쿠かぶく'라는 일본 고어에서 그 명칭이 비롯된 가부키는 유행의 상식을 파괴하는 안티 컬처적인 면모를 지니고 있었다. 가부키의 시초는 일본 전국을 돌아다니던 매춘부 비슷한 유녀들이 유행시킨 오쿠니阿國 가부키(헤이안 시대 말기에서 가마쿠라 시대에 걸쳐 유행한 가무 시라뵤시白拍子 등도 같은 계통이다)다. 오쿠니 가부키는 지나치게 선정적이라는 이유로 곧 금지되었고, 뒤이어 등장한 미소년들로 구성된 와카슈若衆 가부키도 같은 이유로 금지되었다. 그러자 앞머리를 민 남

노가쿠의 역사
(노가쿠협회 홈페이지)

자가 여자 역할을 하는 야로野郎 가부키가 나타나는 등 변화를 거듭했다. 그러다가 1980년대 『서유기』 같은 중국 고전을 접목한 현대풍 슈퍼 가부키가 등장하더니 '원피스'1997년부터 『주간 소년 점프』에 오다 에이치로가 연재 중인 만화 가부키, '하츠네 미쿠'크립톤 퓨처 미디어가 2007년 출시한 야마하의 캐릭터 보컬 시리즈 가부키 등 시대의 흐름에 맞춘 새로운 주제를 선보이며 뛰어난 적응력을 과시하고 있다.

공연예술은 본질적으로 혼돈 속에서 태어난다. 공연예술이 종교, 유흥, 예능과 함께 번영해온 사실에서도 알 수 있는 대목이다. 일례로 옛 아사쿠사 거리는 유명한 사찰인 센소지浅草寺 뒤편에 극장과 관계자들이 살던 연극 마을이 있었으며 그 옆에는 요시와라 유곽이 있어 종교, 예능, 윤락이 삼위일체를 이루는 문화의 중심지였다.[2] 세계 각지에 있는 종교적인 장소들은 하나같이 모종의 치외법권적 분위기를 풍긴다. 거기에 예능까지 더해진 셈인데 이것이 야말로 공연예술, 라이브 세계의 본질로 보인다.

자, 그럼 지금부터 일본 엔터테인먼트의 역사를 살펴보자.

2

일본 첫 수출품,
세계일주하다

일본 최초로 여권을 발급받은 서커스단,
제대로 된 예능을 선보이다

일본에서 처음으로 여권을 발급받은 인물은 누굴까? 국경을 넘
는 행위를 공식적으로 인정하는 여권이 처음 발급된 것은 국가라
는 개념이 생기고 문호를 개방한 에도 시대 말기의 일이다. 1853
년 미국 페리 제독이 입항한 이래 문호를 개방하고, 1867년 대정
봉환大政奉還, 1867년 에도 막부가 천황에게 국가 통치권을 돌려준 사건으로 에도 막부
가 역사의 뒤안길로 사라지고, 1868년부터 '일본국'이라는 이름으

로 메이지 시대1867~1912가 시작되었다.

그사이인 1866년, 도호쿠 지방의 한적한 마을 출신인 다카노 히로하치高野廣八가 이끄는 18명이 일본 민간인 최초로 여권을 취득했다. 이들은 지금으로 말하면 서커스단이었다. 이들은 요코하마 영사관 직원이던 리처드 리즐리 칼라일에게 안내받아 미국으로 건너갔다. 배로 이동했는데, 총 28일이나 걸렸다. 이들이 받은 선급금은 1,000엔, 현재 가치로 환산하면 400만 엔 정도다. 나머지 반은 미국에 도착한 뒤 받기로 했으니 오늘날로 따지면 총 800만 엔짜리 순회공연이 시작된 것이다. 지금부터 약 150년 전 이야기다.

일본 서커스단은 줄타기, 그네 타기, 물을 이용한 곡예 등을 주로 선보였다. 당시 미국에서 유행하던 서커스는 동물이나 기인이 등장하는 '구경거리'에 불과했다. 다카노 서커스단은 이들과 달리 제대로 된 곡예단이라는 평가를 받았다. 사람들은 "곡예와 동양 마술에는 눈속임이 전혀 없다. 그들의 연기는 있는 그대로 훌륭하다. … 그야말로 진정한 일본의 예능으로, 보는 이는 누구나 만족스러워한다"라며 극찬했다.[3]

인구 700명에 불과하던 샌프란시스코가 골드러시의 영향으로 1~2년 사이에 인구 3만 5,000명의 대도시로 성장한 바로 그 시기에 다카노 서커스단은 샌프란시스코에서 60회도 넘게 공연했다. 공연이 열린 곳은 좌석 수가 400석이나 되는 오페라하우스로, 입장권 가격은 1달러(현재 시세로 약 4,000엔) 정도였는데 공연 때마다 거의 만석이었다. 현재 가치로 따지면 수천만 엔을 벌어들인 것이다. 반년 후에는 뉴욕에서 공연했는데, 17대 미국 대통령이던 앤드루 존슨도 이들의 공연을 관람할 정도로 유명세를 떨쳤다.

미국 공연을 마친 뒤 12일 정도 걸려 프랑스 파리로 넘어갔다. 그런 뒤에도 계속 영국, 스페인, 네덜란드 등 세계 각지를 순회하며 공연했다. 1869년 이들이 귀국했을 때 일본은 에도 막부가 끝나고 메이지라는 새로운 시대로 접어든 뒤였다.

『대세기말 서커스』에는 이 모든 이야기가 담겨 있다. 이 책에 따르면, 약 850일 동안 세계 순회공연을 하면서 현재 가치로 5억~6억 엔의 자금이 들었으며, 도중에 화재로 6,000만 엔 상당의 손실을 봤고, 매춘부가 200만 엔 상당을 훔쳐 가고, 2년 반 동안 함께한 공연업자가 돈을 들고뛰는 등 여러 사건이 있었다. 예나 지금이나 공연예술업계에서는 별의별 이야기가 흘러넘친다.

당시 기록을 통해 의외의 사실을 알 수 있다. 쇄국 정책이 해제된 후였음에도 불구하고 일본인들이 이런저런 수단을 써서 '해외로 나갔다'는 점이다. 그도 그럴 만한 것이 1867년 즈음은 '그럴 수도 있지 시대'에도 시대 말기 막부의 폭정에 대항해 나타난 민중운동. 여성은 남장을, 남성은 여장을 하고 '그럴 수도 있지'라는 뜻의 "에에자 나이카ええじゃないか"라는 말을 외치며 퍼레이드를 했다였다. 호기심 많고 도전 정신이 강한 일본인 특유의 성격은 폐쇄적이었던 에도 시대 말기에도 여전했다.

'유도 최강자' 기무라 마사히코,
세계 무대에서 영웅 그레이시를 무너뜨리다

공연예술은 자칫 잘못하면 '구경거리'라는 편견에 휘말리기 쉽다. 1878년 프랑스 파리 만국박람회에서 '흑인 마을'이라며 프랑스 식민지의 선주민을 우리 안에 전시했던 일은 인류의 흑역사로 남아 있다. 일본에서도 에도, 메이지, 다이쇼 시대에 선천적 장애인을 구경거리로 등장시킨 사례가 있다. 그러나 편견이나 차별 때문이 아니라 동등한 인간으로서 갈고닦은 기량과 예술을 선보이기 위해서라면 사람들의 구경거리가 된다 한들 아무런 문제도 없다. 오히려 바로 여기서 새로운 시장을 창출하는 이야깃거리가 만들어지기도 한다.

메이지유신 무렵 곡예단이 세계 각지를 순회한 것처럼 제2차 세계대전 후 '유도'로 일본과 해외에서 인기몰이를 한 전설적인 사례가 있다. '기무라 앞에 기무라 없고, 기무라 뒤에 기무라 없다'라며 유도 사상 최강자로 칭송받은 기무라 마사히코木村政彦가 바로 그 주인공이다. 기무라는 다쿠쇼쿠대학에 재학하던 중 전일본유도선수권 대회 3연패(당시에는 프로와 아마추어로 나뉘어 있었는데, 심지어 학생임에도 불구하고 프로 쪽에 포함되었다), 15년간 무패를 기록한 전무후무한 유도인이다. 기무라는 일본 유도계에서 활동하던 선수가 수백만 명에 이르던 유도 전성기인 1930~1940년대 유도인의 정점에 올랐던 인물이다.

기무라는 1950년 도쿄 시바공원에 있는 닛카쓰스포츠센터에서 열린 전일본프로유도선수권 대회에 참가했다. 일본 프로레슬링 및 격투기 비즈니스는 이때부터 시작되었다고 해도 과언이 아니다. 기무라는 그 후 하와이, 그리고 25만 명의 일본인 이민자가 거주해서 격투기가 성행했던 브라질에서 1951년에 열린 격투기 대회에서 대흥행을 기록했다. 이 대회는 후일 기무라와 역도산의 해후로 이어졌다. 역도산은 니혼TV의 후원을 받아 프로레슬링단을 설립하는데, 이는 자이언트 바바ジャイアント馬場가 전일본프로레슬링을, 안토니오 이노키アントニオ猪木가 신일본프로레슬링을 만들며 현재의 일본 프로레슬링계가 구축되는 데 밑거름이 되었다.

1993년, 400전 무패 행진을 달리던 힉슨 그레이시의 일본 방문은 1950년 '마라카낭의 굴욕'제2차 세계대전으로 12년 만에 다시 열린 월드컵 대회에서 우승을 바라보던 개최국 브라질이 최종전인 우루과이와의 경기에서 참패한 사건을 상기시켰다. 1951년 상파울루신문사의 초청으로 브라질을 방문한 기무라는 브라질 주짓수의 창시자인 엘리오 그레이시와 대결을 벌였다. 기무라는 브라질 대통령을 포함해 3만 명의 관객이 지켜보는 가운데 브라질 스포츠계의 영웅 엘리오를 2라운드에 무너뜨렸다. 힉슨은 그레이시 가문의 명예를 되찾기 위해 세대를 뛰어넘어 일본 격투기 선수들을 차례로 쓰러뜨리려고 일본에 온 셈이었다. 1990년대 일본을 떠들썩하게 만든 이 일련의 소동은 1951년 기무라가 개최한 월드 투어에서 시작되었던 것이다.

이때부터 일본 종합격투기계에서는 판타지 같은 이야기가 만들어지기 시작했다. 신일본프로레슬링에서 이탈한 선수들이 UWF Universal Wrestling Federation를 창립하고, 1993년 킥복싱·가라테 등을 포함한 K-1이 등장하고, 1997년 종합격투기 단체 프라이드 PRIDE가 출범하는 등 1990년대 후반부터 약 10년 동안 일본에는 유례없는 종합격투기 열풍이 불었다. 그 바탕에는 반세기 동안 '프로레슬링 최강'이었던 역사가 있다.

이 모든 과정은 그 자체로 하나의 흥미로운 이야깃거리다. 40년 전의 굴욕을 되갚기 위해 후세가 국경을 넘어 설욕에 나섰고, 당시 일본에서 격투가, 프로레슬러로서 정점에 있던 선수들이 차례로 쓰러져갔다. '대체 이 세계에는 대단한 선수가 얼마나 많이 있는 거냐?'며 사람들은 '최강자' 탄생 판타지에 열광했다.[4]

격투 만화 『바키バキ』의 원작자 이타가키 게이스케板垣惠介도 기무라 마사히코와 그레이시 일가 이야기에 크게 영향받은 사람 중 하나다. 이처럼 이야기는 또 다른 이야기를 만들어간다.

3

흥행 자본의 탄생

'판'에 브랜드 가치를 입히다

공연예술이란 한마디로 '관객을 모은 뒤 돈을 받고 보여주는 것'이 아니라 '기대치 높은 작품을 만들어 돈을 내고 볼 만한 값어치가 있다고 느끼는 팬을 모으는 일'이다. 이른바 창작 작업으로, 항상 공연장의 제약을 받게 마련이다. 극장 및 토지와 깊은 관계가 있는 공연예술은 판을 둘러싼 이권 다툼에 다름 아니었다.

1900년 도키와좌常盤座를 인수한 쇼치쿠의 창업자 형제는 에도 시대부터의 악습과 마주해야 했다. 극장 출입문에서 건달들이 어슬

렁거리며 손님들을 협박하고 우롱했다. 이를 막으려면 '두목'에게 부탁해야 했는데, 그 대가로 좌석 또는 입장료의 일정분을 줘야 했다. 이들 형제가 오사카에 있는 극장들을 사 모으는 과정은 그야말로 목숨을 건 모험이었다. 칼에 찔려 허겁지겁 도망가는 일도 종종 있었다. 이런 상황을 바로잡고자 분투했던 형제는 경찰에게 허가받아 호신용 권총을 항상 호주머니에 지니고 다녔다. 그런 시대였다.[5]

이런 모습은 최근에도 마찬가지다. 2015년을 전후해 요코하마 스타디움 운영권을 손에 넣고자 DeNA가 600명이 넘는 이권 당사자와 4년에 걸쳐 협상해야 했던 것처럼 '판에 모이는 이권 분쟁'은 지금도 여전히 계속되고 있다.[6]

토지 소유권을 가진 자가 판을 주도하는 것은 100년도 넘게 이어져온 모습이다. 작은 철도 회사의 창업자인 고바야시 이치조小林一三는 1912년 왜 다카라즈카 소녀가극단寶塚少女歌劇團, 이하 '다카라즈카 가극단'을 만들려고 한 것일까. 〈요미우리신문讀賣新聞〉은 아마추어가 더 잘나가던 시절에 왜 '돈만 밝히는 프로스포츠'라는 소리를 들으며 1934년 야구단 요미우리 자이언츠를 만든 것일까. 이유는 흥행에 성공하면 '판이 풍족해지기 때문'이다.

사람들은 콘텐츠의 힘에 따라 그 판(미디어)에 애착을 갖고 모여든다. 사람들이 모이면서 새로운 만남과 가치가 생겨나고, 브랜드가 만들어지면서 판 자체가 가치를 올린다. 히트작의

쇼치쿠의 역사
(쇼치쿠사 홈페이지)

탄생은 토지 소유권을 가진 이들에게 수확의 시기가 시작되었다는 의미나 다름없었다.

여기서 지속적으로 이익을 만들어낼 기반을 만들어내는 것이 최우선 사항이다. 이는 다시 말해 위험부담을 감수하고 극장을 만들어 매력적인 공연 작품을 유치하기 위해서는 가능성 있는 공연예술업자와 배우를 계속 발굴해야 한다는 의미다. 공연예술업자는 배우들을 모아 일본 전국을 순회하면서 공연해 받은 입장료를 반씩 나눠 생계를 꾸린다. 그러나 배우는 '재밌는 것을 보여주고 싶어 하는 연극'의 매력에 푹 빠진 사람들이라는 점에서 이익만 도모하는 공연예술업자와는 지향하는 바가 다르다. 후원자 또는 전주錢主라고 불리는 사람들은 미래의 이익을 기대하며 배우들을 지원한다. 쇼치쿠의 창업자인 시라이 마쓰지로白井松次郎, 오타니 다케지로大谷竹次郎 형제에게는 석유 사업가 오우라 신타로大浦新太郎라는 든든한 후원자가 있었고,[7] 요미우리 자이언츠와 기노시타 서커스단은 언론계의 거인 쇼리키 마쓰타로正力松太郎가 뒤를 받쳐주었다. 다카라즈카 가극단과 제국극장, 니치게키日劇 웨스턴 카니발은 고바야시 이치조가 지원했다. 이런 후원자들은 대부분 그 자신이 연극광이거나 콘텐츠의 열렬한 팬이었다.

이들은 입장료 수익을 뜯어가는 야쿠자들을 몰아내고 배우, 극장주, 공연예술업자 세 주체로만 돌아가도록 판을 정비해나갔다. 이런 점을 감안할 때 공연예술업자들의 세계는 어딘가 석연치 않은 구석이 있다. 이들은 생전에는 악평이 분분해 동시대에 좋은 평가를 받는 일이 드물었다. 그러나 후세에 가면 남긴 성과에 따라 칭송을 받기도 했다. 사람 일은 어떻게 될지 모른다는 뜻의 사자성어 '개관사정蓋棺事定'은 공연예술업자들을 위한 말이 아닌가 싶다.[8]

'약자'의 반란, 다카라즈카와 요시모토

공연예술의 역사는 3대 자본이라 불리는 쇼치쿠, 도호東寶, 요시모토가 이끌었다. 1895년 설립된 쇼치쿠는 오사카 출신 마쓰지로와 다케지로 형제가 교토 5좌를 인수하고, 염원하던 도쿄 가부키좌를 손에 넣은 뒤 전통 예능부터 영화까지 섭렵한 회사다.

도호는 고바야시 이치조가 철도 승객을 늘릴 목적으로 만든 다카라즈카 가극단이 그 기원이다. 고바야시가 34세 때 미쓰이 은행을 뛰쳐나와 오사카의 우메다와 효고현의 다카라즈카를 잇는 미노아리마전기궤도라는 신흥 철도회사로 이직했을 무렵, 오사카에서 교외로 빠지는 노선의 이용객은 절망적일 정도로 드물었다. 원래 아리마 온천까지 이어지는 노선을 만들 계획이었으나 자금이 없어 선로를 깔 수 없었다. 승객을 늘리기 위해 관광상품을 만들어야겠다는 생각에 서둘러 놀이공원 '파라다이스'에 수영장을 만들었으나, 햇빛이 들어오지 않는 실내 시설이었던 탓에 물이 너무 차

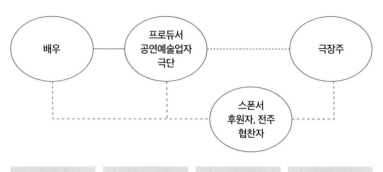

도표 1-1 일본 공연예술업계의 밸류체인

배우	프로듀서 공연예술업자 극단	극장주

스폰서
후원자, 전주
협찬자

출연료	제작 수입	스폰서	공연예술 수입
• 출연료 외에 스폰서, 후원자, 협찬자에게 받은 돈으로 생계를 꾸리는 대신 그들과 개인적인 친분을 맺음.	• 흥행 수입에서 배분됨. • 때로는 에이전트가 대리인 자격으로 제작에 관여하거나 통제.	• 극장, 공연예술업자, 배우를 개인적으로 지원. 관객이 공연을 보다가 무대에 던지는 돈도 포함.	• 극장주가 공연을 기획하고 관객을 모으고, 티켓을 판매하고, 물품을 판매해서 얻음.

출처) 저자 작성.

가워 인기를 얻지 못했다. 궁지에 몰린 고바야시는 수영장의 물을 빼고 객석으로 개조한 뒤 1909년 미쓰코시백화점이 만든 '미쓰코시 소년음악단'을 벤치마킹해 다카라즈카 가극단을 출범시켰다.

다카라즈카 가극단이 인기를 얻으면서 미노아리마전기궤도는 사두었던 토지를 주택용으로 비싸게 팔아 큰 이익을 볼 수 있었다. 이는 일본 최초의 '도시개발'로, 간토 지방의 도큐와 세이부도 벤치마킹했다. 다카라즈카 가극단을 성공시킨 고바야시는 1932년 연극과 영화 비즈니스를 목적으로 도쿄 다카라즈카극장을 개관했고, 도호는 엔터테인먼트 회사로 발전한다.

요시모토흥업은 예능에 너무 빠진 나머지 가업인 도매상을 파산시킨 남편을 돕기 위해 요세寄席, 사람을 모아 돈을 받고 만담·야담 등을 들려주는 공연 시설를 사서 공연예술 사업을 시작한 요시모토 세이吉本せい에게서 비롯됐다. 요시모토가 1912년 오사카의 공연장 덴마텐진 한조테이에 있던 제2문예관을 사들여 입장료 5센(라쿠고 입장료 15센에 비해 초저가였다)에 선보인 공연은 당시 전성기를 자랑하던 라쿠고가 아니라 기예는 약간 부족하지만 관객의 웃음을 자아낸다는 점에서는 똑같은 대화극 '만자이漫才'였다. 당시 만자이는 신작이 적은 라쿠고의 마쿠라枕, 본편이 시작되기 전에 관객의 주의를 집중시킬 목적으로 늘어놓는 잡담에서 시사에 관련된 화젯거리만 발췌한 것으로 곡예, 팽이 곡예, 기술奇術 등과 함께 '대중 예능'(라쿠고를 제외한 수준 낮은 공연예술을 일컬음)으로 분류됐다. 이런 점에서 라쿠고와는 다른 방향으로 웃음의 중심축을 쌓았다.

요시모토는 간사이와 도쿄를 중심으로 요세 극장을 확보하고 요미우리 자이언츠와 일본프로레슬링협회 설립에 관여하면서, 지금도 공연예술업자로서 TV라고 하는 '판'의 가치를 계속 높이고 있다.

다카라즈카 가극단의 역사(공식 홈페이지 「다카라즈카 가극단 100년의 발자취」)

요시모토흥업의 역사 (공식 홈페이지)

4

유럽에서 뉴욕으로,
뉴욕에서 도쿄로

열등감이 새로운 예능을 키우다

연극의 '본고장'이라고 하면 뉴욕의 브로드웨이가 떠오른다. 야구나 프로레슬링 관계자들이 미국 진출을 목표로 하는 것처럼 극단시키四季나 다카라즈카 가극단도 브로드웨이를 목표로 삼고 공연 수준을 계속 높여왔다. 그러나 본고장의 원류를 거슬러 올라가다 보면 미국은 미국대로 유럽이라는 본고장과 싸워온 역사가 있다.

원래 유럽에는 오페라가 있었다. 오페라는 가곡을 통해 양식에 맞춰 이야기를 전달하는 예술이다. 가수의 목소리가 악기처럼 울리고 사람들은 그 울림을 즐긴다. 뮤지컬도 출연자가 노래를 하지만 어디까지나 리얼리즘에 바탕을 둔 연극이 주를 이룬다. 한마디로 뮤지컬에서 가사는 대사인 셈이다. 리얼리티와 엔터테인먼트, 이것이 바로 유럽 문화에 미국이 추가한 향신료다.[9]

영국이라는 문화의 '최상류'(영국 또한 프랑스나 독일 등 문화적 경쟁자에게 열등감을 느끼는 '촌뜨기'에 불과했으나)에서 독립한 미국은 영국의 국기國伎인 크리켓과 축구, 럭비를 수용하는 대신 야구와 미식축구를 만들었다. 연극에서도 마찬가지였다. 오페라를 받아들이지 않고 '뮤지컬'이라는 단어를 정의한 것은 1893년으로, 130년 전 일이다. 브로드웨이가 '영국에 비해 질 낮은 대중 연극만 제공하던 상태'를 벗어난 것은 맨해튼이 발전하기 시작한 1900년대부터다. 미국이 영국의 1인당 GDP를 막 넘어선 무렵이었다.

뉴욕 도시재생이 만들어낸 흥행의 메카, 브로드웨이

뉴욕 연극 시장은 규모가 500석 이상 되는 극장 40여 개로 구성된 '브로드웨이 시장'과 500석 미만인 소극장 200개로 이루어진 '오프 브로드웨이 시장'으로 나뉜다. 브로드웨이 시장에서만 연간 2,000만 명의 관객이 동원되며, 이에 따른 수익은 연간 2,000억 엔이 넘는다. 오프 브로드웨이 시장의 관객 수 4,000만 명 이상과 수익 3,000억 엔은 일본 영화 시장의 2배에 달하는 규모다. 일본 뮤지컬 시장이 700억 엔, 연극 시장이 500억 엔 규모인 점을 고려하면 맨해튼이라는 작은 섬에서 공연예술이 얼마나 성행하고 있는지 새삼 놀라울 따름이다.

사실 브로드웨이가 이 정도 규모로 성장한 것은 2000년대 이후다. 최근 20년 동안 브로드웨이 시장은 4배 정도 성장했다. 입장료는 1만 5,000엔 정도로 영화나 스포츠 관람료와 비교하면 깜짝 놀랄 정도로 고가다.

브로드웨이는 1990년대 추진된 도시재개발과 외국인 관광객 유치 계획에 따라 고부가가치화에 성공했다. 1980~1990년대 뉴욕은 황폐하기 그지없었다. 이민자들이 대거 몰려들고, 행정 서비스는 빈약한 데다 살인사건 발생률은 제2차 세계대전 이후 최대치를 기록했다. 1993년에는 실업률이 10%를 넘어섰다. 폐허가 된 도시를 살린 이는 '깨진 유리창 이론'으로 유명한 루돌프 줄리아니 시장이다. 줄리아니 시장은 치안과 의료, 교육 등 서비스를 개선하는 동시에 문화 면에서는 타임스퀘어 재개발에 나서 대기업들의 투자를 적극 유치했다.[10]

그런 가운데 영화 산업에 밀려 쇠퇴했던 브로드웨이에 디즈니가 진출한 게 중요한 전환점이 되었다.[11] 디즈니는 뉴암스테르담 극장과 장기 계약을 체결하고, 극장 리모델링을 시작으로 브로드

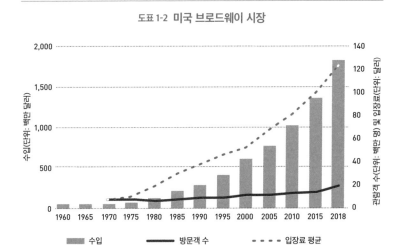

도표 1-2 미국 브로드웨이 시장

출처) The Broadway League와 Harold L. Vogel, 『Entertainment Industry Economics』에서 발췌하여 저자 작성.

웨이에 혁명을 일으켜나갔다. 많아야 수백만 달러를 투자해 연극 작품을 무대에 올리던 시대에 제작비 1,200만 달러의 〈미녀와 야수〉(1993), 제작비 2,000만 달러의 〈라이온 킹〉(1997) 등 엄청난 규모의 제작비를 투자해 당시의 상식을 뒤엎는 놀라운 뮤지컬 작품을 만들어낸 것이다. 이 작품들은 극단시키를 통해 수입되어 일본 연극계까지 바꿔놓았다. 조지 루카스 감독과 스티븐 스필버그 감독이 영화계를 구했다면 디즈니는 뮤지컬계를 구했다고 해도 과언이 아니다. 브로드웨이는 '적'이라 할 수 있는 미국 서부의 할리우드 세력을 끌어들임으로써 시장에 활기를 불어넣고 부활하는 데 성공했다.

문화가 가져온 경제 효과

요즘 뉴욕을 방문하는 관광객 세 명 중 한 명은 뮤지컬을 관람한다. 브로드웨이, 오프 브로드웨이를 포함해 뉴욕주 전체에는 2,000여 개의 극장이 있으며, 9만 명 정도가 고용되어 있고, 작품을 제작하는 데 연간 1,000억 엔 이상 투자되며, 관광객은 매해 5,000억 엔의 돈을 뿌린다. 뮤지컬로 총 1조 엔 이상 경제 효과를 낳는 세계 최대 규모의 연극 시장이 형성돼 있는 셈이다.

문화 침투력은 그 영향을 결코 무시할 수 없다. 전 세계 스포츠 시장은 영국이 대영제국 시절 보급한 축구가 여전히 주름잡고 있다. 미국에서 시작된 미식축구와 야구 모두 아직 전 세계에 침투하지 못했다.

세계적으로 자리 잡은 문화는 도시의 브랜드, 국가의 브랜드가 되어 많은 사람을 끌어모으는 경제권을 구축한다. 미국을 보면 영화나 뮤지컬이 그렇고, 일본에서는 애니메이션, 망가, 게임이 그 역할을 하고 있다.

5

인터넷 세상에서
유일하게 성장한 시장

매체 격변기에 공연예술은 어떻게 살아남았을까

팬을 열광하게 만드는 점만 놓고 보면 공연예술을 이길 만한
것이 없어 보인다. 집단의 열정과 광기를 극한까지 끌어올리는 장
치로서 라이브 공연을 뛰어넘는 것이 없다는 말이다. 사람은 같은
것을 같은 마음으로 보고 함께 감동하길 원한다. 라이브 공연이 지
닌 매력은 강한 '전염력'에 있다. 사람의 흥분은 쉽게 옮는 법이다.
사람들은 이런 분위기를 맛보기 위해 입장료뿐만 아니라 교통비,
숙박비를 기꺼이 들여 공연장을 찾는다.

라디오 무선 방송이 현실화되었을 때, TV 전국 방송이 지방까지 송출되었을 때, 모두가 인터넷에 연결되었을 때, 그 순간마다 '낡은 매체'인 공연예술은 쇠퇴하고 말 거라는 예측이 빗발쳤다. 100년도 넘는 세월 동안 계속해서 말이다. 그러나 음악 시장에서 차지하는 CD 매출 비중이 90%를 넘어도 뮤지션들은 라이브 공연을 그만두지 않았다. 뜨지 못한 애니메이션 캐릭터 코스프레로 시작된 2.5차원 뮤지컬 시장은 2021년 239억 엔으로 최고 매출을 올리는 등 20년 동안 크게 성장해왔다. 희한하게도 모든 대중매체가 부진을 면치 못한 1990년 후반부터 20년 동안, 인터넷이 주름잡는 세상에서 공연예술만은 계속 성장했다.

콘서트 비즈니스는 최근 20년 동안, 특히 2010년대 들어 1,500억 엔에서 4,000억 엔으로 2.7배 성장했다. 이 같은 성장에 기여한 것은 대부분 '팝뮤직'으로, CD 시장이 점점 쇠락하는 가운데 라이브 공연과 굿즈 판매라는 신구가 조화된 모델이 성장을 크게 이끌었다. 눈에 띄는 사례를 소개하면, 2003년 설립된 J-POP 그룹 EXILE의 소속사 LDH는 회사 규모가 0엔에서 500억 엔으로 눈부시게 성장했다. 이 또한 라이브 음악이라고 하는 공연예술의 성공 사례다. 무대 공연 시장도 최근 20년 동안 1,000억 엔에서 2,000억 엔 이상으로 성장했다. 뮤지컬, 연극, 가부키, 스탠드업 코미디까지 모두 성장세를 보였다.

도표 1-3 일본 라이브 엔터테인먼트 시장 규모

콘서트

(단위: 억 엔)

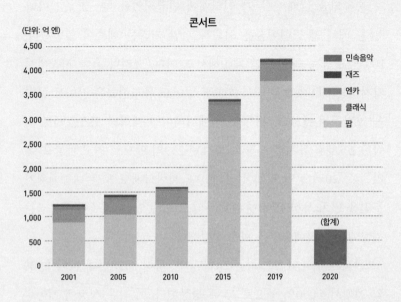

범례:
- 민속음악
- 재즈
- 엔카
- 클래식
- 팝

(합계)

2001 · 2005 · 2010 · 2015 · 2019 · 2020

무대 공연

(단위: 억 엔)

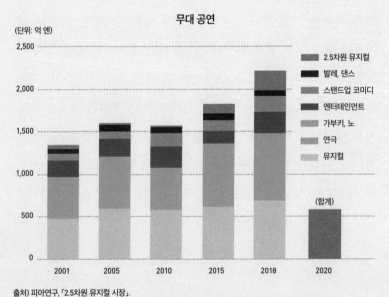

범례:
- 2.5차원 뮤지컬
- 발레, 댄스
- 스탠드업 코미디
- 엔터테인먼트
- 가부키, 노
- 연극
- 뮤지컬

(합계)

2001 · 2005 · 2010 · 2015 · 2018 · 2020

출처) 피아연구, 「2.5차원 뮤지컬 시장」.

극단시키와 쟈니스의 압도적 강세 속
선전하는 소규모 극단 강국

무대 공연 시장에서 성장세를 보인 대표적인 장르들은 신구가 조화된 모델을 따랐다. 뮤지컬과 연극 두 영역에서 성공한 기업, 공연 목록을 보면 놀라울 정도로 '그들만의 리그'임을 알 수 있다(도표 1-4). 뮤지컬은 상위 20개 작품 중 80%를 극단시키와 다카라즈카 가극단이 독점한 상태다. 연극 쪽은 분산되어 있긴 하나 쟈니스Johnny & Associates, Inc.가 상위 20개 작품 중 30%를 차지하고 있다. 도호, 메이지좌明治座, 네르케플래닝Nelke Planning이 뒤를 잇는다.

극단시키는 1970년대까지 적자에 허덕이면서 극장주와 전주 덕에 가까스로 버티다가 1980년대 들어 유럽과 미국의 히트작을 수입하면서 잇달아 흥행에 성공했다. 〈인어공주〉는 연간 561회 공연하며 67만 명의 관객을 동원해 50억 엔 가까이 벌어들였다. 도모토 고이치堂本光一가 주연한 〈엔드리스 쇼크Endless SHOCK〉는 쟈니스의 대표 히트작으로 마이클 잭슨의 안무가 출신 트래비스 페인을 영입해서 제작했다. 쟈니 기타가와 사장의 애정이 듬뿍 담긴 작품이기도 하다. '일본에서 브로드웨이를 재현하고 싶다'는 쟈니스의 염원을 담은 작품으로, 연간 138회 공연을 통해 약 25만 명의 관객을 동원했고 25억 엔의 수입(추

극단시키의 역사
(극단시키 홈페이지)

도표 1-4 일본 인기 공연 목록

뮤지컬

	주최	작품	관람객 수 (단위: 만 명)	연간 공연 횟수	추정 매출 (단위: 억 엔)
1	극단시키	인어공주	67.0	561	47
2	극단시키	라이온 킹	62.8	557	44
3	극단시키	캣츠	44.6	339	31
4	극단시키	알라딘	39.3	323	28
5	도호	레미제라블	28.3	155	20
6	극단시키	오페라의 유령	27.4	201	19
7	극단시키	스칼렛 핌퍼넬	25.4	110	18
8	다카라즈카 가극단	"D"ramatic S!	25.4	110	18
9	다카라즈카 가극단	클래시컬 비주	25.4	110	18
10	다카라즈카 가극단	Santé!!	23.3	100	16
11	다카라즈카 가극단	All for One	23.1	101	16
12	다카라즈카 가극단	Bonquet de TAKARAZUKA	23.1	99	16
13	극단시키	노트르담 드 파리	21.2	231	15
14	다카라즈카 가극단	그랜드 호텔	21.0	92	15
15	다카라즈카 가극단	왕비의 관 -Château de la Reine	21.0	91	15
16	네르케플래닝	도검난무	20.2	9	14
17	극단시키	안데르센	18.3	115	13
18	도호	빌리 엘리어트	17.5	121	12
19	소니	기관차 토마스	13.1	92	9
20	다카라즈카 가극단	SUPER VOYAGER !	13.0	51	9
		상위 20개 작품 합계	560	3,567	393
		전체	700	9,000	700

연극

	주최	작품	관람객 수 (단위: 만 명)	연간 공연 횟수	추정 매출 (단위: 억 엔)
1	쟈니스	Endless SHOCK	24.9	138	25
2	우메자와 도미오 극단	우메자와 도미오·겐 나오미 특별 공연	16.4	92	16
3	극단☆신칸센	촉루성의 7인·꽃	11.2	85	11
4	쟈니스	소년들~Born TOMORROW~	10.7	94	11
5	중국 국가경극원	경극	10.6	52	11
6	극단☆신칸센	촉루성의 7인·새	9.7	74	10
7	도호	세설	9.6	66	10
8	도호/TBS/네르케플래닝	하이큐!!	8.7	36	9
9	도호/TBS/네르케플래닝	하이큐!!	8.1	37	8
10	메이지좌	후쿠다 고헤이 특별 공연	7.5	50	8
11	극단☆신칸센	촉루성의 7인·바람	7.2	55	7
12	쟈니스	JOHNNYS' ALL STARS ISLAND	7.2	38	7
13	쟈니스	JOHNNYS' YOU & ME ISLAND	7.0	37	7
14	쟈니스	다키자와 가부키 2017	6.7	47	7
15	메이지좌	이쓰키 히로시 특별 공연	6.6	43	7
16	쟈니스	마리우스	6.4	53	6
17	메이지좌	히카와 키요시 특별 공연	6.2	43	6
18	메이지좌	후루아메리카니소데와누라사지	6.1	42	6
19	메이지좌	후지 아야코 특별 공연	5.9	41	6
20	쟈니스	오레부시	5.5	34	6
		상위 20개 작품 합계	182	1,157	184
		전체	600	35,000	500

출처) 피아연구, 『라이브 엔터테인먼트 백서』.

정치)을 올렸다.

이것만 가지고는 일본 무대예술 시장의 전모를 파악할 수 없다. 연극은 인원이 적어도 창작할 수 있고, 손익분기점도 낮아 고정 팬만 있으면 누구든지 마음만 먹으면 시작할 수 있다. 구성 인원이 몇 명 안 되는 소규모 극단이 몇만 개씩이나 존재하는 것은 바로 이런 이유에서다. 수년에 걸쳐 수만에서 수십만 명의 관객을 계속 동원하는 장기 히트작이 업계를 이끌고 있다고는 하나 중소규모의 극단이 지역별로 분산 발전한 것이 연극계의 특징이다.

일본 사람들은 연극을 좋아한다. 1935년 극장이 이미 2,400개나 있었다. 요즘으로 치면 휴대전화 판매점이나 유명 은행 지점 같은 수준이다. 지금도 일본 전역에서 2,000개가 넘는 공민관주민의 자치 능력 향상을 도모하는 일본의 평생교육 관련 시설이 무대 문화를 지원하고 있다. 프로 연극단체가 중심을 이루고 있는 영국과 미국에 비해 일본은 아마추어에게도 캐스팅 기회가 공평하게 주어지고 누구라도 연기할 수 있다는 점에서 독특한 나라다.[12] 프로와 아마추어의 경계가 명확하지 않고, 관객 스스로 연극을 체험하며, 비평 어린 시선 속에서 수준 높은 콘서트와 연극이 만들어지고 있다. 이런 점에서 일본은 선진국 중에서도 남다르다고 할 수 있다.

무대예술은 공동 창작물이기 때문에 완성된 작품이 제작진이 생각한 것과 전혀 다른 경우도 있다. '무대에는 마물魔物이 있다'는 말이 있다. 드라마나 영화는 감독의 것이지만 "막이 오르면 무대는 배우의 것이 된다"라는 배우이자 가수인 모리 미쓰코森光子의 말 처럼[13] 관객의 열의에 부응해 배우와 공연자들이 자신의 창의성을 발휘함으로써 다양한 부차적인 창작이 이루어진다. 영화나 스트리 밍에서는 '레전드 공연'이란 말이 성립할 수 없는 이유다. 콘서트 나 무대예술 같은 라이브 공연은 '그곳, 그 순간에만 느낄 수 있는 분위기'를 즐기기 위한 것으로, 같은 배우, 같은 공연을 보기 위해 열 번이고 스무 번이고 공연장을 찾는 열렬한 팬들과 함께 만들어 내는 작품이다.

6

공연예술 콘텐츠,
이제는 디지털이다

극장과 TV에서 유튜브로

1950년 이전에는 극장 주인들이 엔터테인먼트업계를 지배했다. 공연예술의 힘이 가장 강력했던 시절이었다. 그 뒤로 50년 동안은 TV에 얼마나 접근할 수 있는지가 엔터테인먼트의 성공을 가르는 요소가 되었다. 좋은 예로 스포츠가 있다. 일본에 TV 방송이 시작된 이후 1970년대까지는 올림픽과 프로 리그 모두 TV에 적극적으로 접근하지 않았다. 스포츠로 돈을 벌면 시합의 의미가 퇴색되기라도 한다는 듯, TV는 오히려 기피 대상이었다. 그러다가 TV

중계가 시작된 1980년대부터 40년 동안 스포츠는 하나의 비즈니스로 눈부시게 성장했다. 북미와 유럽의 프로스포츠 리그는 매출과 선수 급여가 모두 10배 이상 크게 늘어났다(「9장 스포츠」 참조).

애니메이션, 영화, 프로레슬링 모두 TV 콘텐츠에 포함되었는지 여부가 존속을 갈랐다. 라쿠고는 TV 여명기인 1966년 버라이어티 쇼 〈쇼텐笑点〉을 통해 콘텐츠를 제공하면서 교겐이나 가부키를 압도하는 대중적 예능의 지위를 확립했고, 1970년대에 황금기를 맞이했다. 1990년대 이후에는 요시모토흥업이 만자이 버라이어티 쇼를 들고 TV에 진출하면서 그 자리를 차지했다.

TV 황금기는 2000년대 들어 막을 내리는 조짐을 보이더니, 2010년대에 들어와 유튜브가 침투하면서 그러한 흐름이 좀 더 명확해졌다. 이런 분위기 속에서 코로나19 팬데믹은 결정타가 되었다. 그러나 모두가 예상했던 것보다 변화는 오히려 예상보다 천천히 진행되었다.

2013년 스마트폰이 일상화되면서 유튜브 시청률이 급격히 높아졌다. 2018년 프리미엄 서비스(월 정액제 유료 서비스) 도입으로 백그라운드 재생이 가능해졌으며, 2020년 코로나 팬데믹 이후 사람들은 TV보다 스마트폰에 붙어 있는 시간이 늘어났다.

유튜버와 브이튜버는 영화나 TV처럼 잘 만들어진 영상은 아니지만 이용자가 충분히 즐길 수 있는 '공간'을 제공한다. 이 무료 극장은 1960년대 사람들이 TV에 열광했듯, 언제 끝날지 모르는 코로나19 팬데믹으로 고립된 생활에 돌파구를 제공하면서 새로운 시간 때우기 시장을 만들었다. 이 시장은 최신 연예계뿐 아니라 전통 예능계에도 새로운 기회다. 야담가 간다 하쿠잔은 2020년 2월 유튜브 채널을 개설했는데 얼마 안 가 구독자 수가 10만 명이 되더니 2년 뒤에는 20만 명으로 늘어났고 매달 50만 회가 넘는 조회 수를 기록하고 있다. 요즘 TV에서 이 정도 되는 조회 수를 얻으려면 얼마나 열심히 노력해야 할지 가늠조차 되지 않는다.

유튜브 비즈니스, 이제 막 시작되었다

검색 시장이 주력 사업인 구글에서 '유튜브 광고 시장'이 차지하는 규모는 전체 매출의 10% 정도로 그리 크지 않다(도표 1-5). 일본에서는 유튜브 영상이 매달 100억 회 정도 재생되는데 회당 0.3엔, 총 30억 엔의 광고가 거래된다(일본 유명 유튜버 히카킨의 소속사 UUUM이 이를 거의 독차지하고 있다). 거기에 타이업 광고tie-up advertising, 두 사람 이상의 광고주가 공동으로 전개하는 광고 명목으로 기업으로부터 협찬받거나 이벤트 굿즈를 판매해 얻는 매출액이 연간 500억 엔 규모에 이른다. TV 지상파 광고비인 1조 7,000억 엔의 3%가 채 되지 않는 작은 시장이다. 이런 시장에서 수백만 개의 채널이 피 튀기는 경쟁을 벌이고 있다.

도표 1-5 **구글, 유튜브 광고 시장(세계 및 일본)과 유튜버/브이튜버 타깃 시장**

(단위: 백만 달러, 억 엔)

	2015	2016	2017	2018	2019	2020
세계 구글 광고	67,390	79,380	95,577	116,461	134,817	142,600
세계 유튜브 광고	5,309	6,700	8,150	11,155	15,149	19,772
유튜브 이용자(단위: 억 명)	12	14	15	18	20	23
일본 인터넷 광고	11,594	13,100	15,094	17,589	21,048	22,290
일본 동영상 광고	535	842	1,374	1,843	2,592	2,954
유튜버/브이튜버 시장	33	100	219	313	400	475
유튜브 광고	21	56	139	192	239	280
타이업 광고	10	40	63	95	123	150
이벤트 굿즈	2	4	17	26	38	45

출처) 유튜브 발표 자료, CA Young Lab/디지털 인풋 조사 발췌 후 저자 작성.

유튜브 방송에서 중요시되는 것은 '매출'보다 '인지도'다. 소비욕이 강한 30대 이하 이용자에게 주목받는 매체로 떠오른 유튜브는 더 이상 무시할 수 없는 존재다. 2020년, 인기 연예인들이 일제히 유튜브 채널을 개설하는 데 나선 것은 이 때문이다.

〈도표 1-6〉은 유튜브 후원금 기능인 '슈퍼챗'의 연간 수입 세계 순위를 나타낸 것이다. 한국 및 영미권 인기 유튜버를 제치고 상위 15위 중 12개 자리를 일본 브이튜버가 차지하고 있다. 그중 11명은 커버 주식회사가 운영하는 홀로라이브ホロライブ 소속 연예인이다 (참고로 상위 50위까지 봐도 비슷한 비율이다). 전체 시장이 수십억 엔

도표1-6 유튜브 슈퍼챗 연간 수입 순위

(단위: 만 엔)

	연예인(채널)	소속	2019	2020	2021
1	우루하 루시아	홀로라이브	1,632	14,614	19,449
2	기류 코코	홀로라이브		16,771	17,168
3	유키하나 라미	홀로라이브			11,441
4	우사다 페코라	홀로라이브	1,700	11,194	10,477
5	아마네 가나타	홀로라이브		7,238	10,385
6	호쇼 마린	홀로라이브	1,274	8,786	10,157
7	가로세로연구소	(한국)	3,606	7,691	
8	모리 칼리오페	홀로라이브EN			9,894
9	모모스즈 네네	홀로라이브			8,533
10	다카나시 키아라	홀로라이브EN			8,315
11	비스포 브루노 레오나르도	(스페인 음악가)			8,094
12	쓰노마키 와타메	홀로라이브		6,248	7,513
13	구즈하	니지산지	2,942	6,043	7,163
14	FreshandFit	(영어 팟캐스트)			7,152
15	가우루 구라	홀로라이브EN			7,034

출처) PLAYBOARD에서 발췌하여 저자 작성. 홀로라이브EN은 영어로 제공. 2022년 5월 1일 기준.

규모로 아직 큰 편은 아니지만 일본 브이튜버가 순위에 다수 올라 있는 이유는 무엇일까?

공연예술의 묘미는 '공연장의 한껏 달아오른 분위기'라고 할 수 있다. 음악 라이브 공연이든 게임 실황 중계든 컬래버레이션이나 기념일 등 '이벤트'를 통해 축제처럼 분위기가 한껏 무르익은 순간, 그 즐거움에 흠뻑 빠져 앞다퉈 후원금을 보내는 모습은 공연장에서의 함성이나 흩뿌려지는 꽃잎을 떠올리게 한다. 이들은 후원받은 돈으로 더욱 화려한 판을 연출한다. 엔터테이너와 관객의 상호작용과 공연장의 한껏 달아오른 분위기는 일본 공연예술업계가 오랫동안 갈고닦아온 것으로, 브이튜버들은 이를 애니메이션이나 게임 속에 제대로 녹여내고 있다.

영화와 공연예술, 출판의 역사를 거슬러 올라가면 1900년 전후에 오늘날 비즈니스의 원형을 찾아볼 수 있다. 「4장 출판」에서 설명하겠지만 대중이 탄생하고 소비자가 급격히 증가한 시대였다. 100년 후 대중을 위한 엔터테인먼트는 변혁기를 맞이했다. 유튜브로 알 수 있듯, 1인 크리에이터가 디지털의 힘을 빌려 대규모 이용자들을 열광시키는 시대가 된 것이다.

2장

영화 | 진화의 길을 걷다

1

할리우드 이전에
일본이 있었다

뒤처진 오락이었던 일본 영화는 어떻게 건재할 수 있었나

코로나19 팬데믹 이전에 2,600억 엔 규모였던 일본 영화 시장
은 TV 시장의 10분의 1, 게임 시장의 6분의 1 규모로 사실 그리
크다고는 할 수 없었다. 하지만 20세기 후반이 TV의 시대였다면,
20세기 전반은 확실히 영화의 시대였다. 특기할 점은 TV가 등장
하면서 맥을 못 추고 줄줄이 도산해 1970년대 이미 사양 산업으로
낙인찍혔던 영화가 지금도 작품의 '발신원'으로 기능하고 있다는
점이다. 당시 비관론이 거세게 제기되었던 것이 마치 거짓말인 것

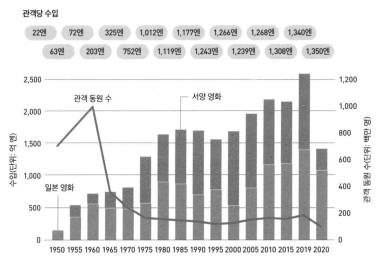

도표 2-1 일본 영화 시장

관객당 수입

| 22엔 | 72엔 | 325엔 | 1,012엔 | 1,177엔 | 1,266엔 | 1,268엔 | 1,340엔 |
| 63엔 | 203엔 | 752엔 | 1,119엔 | 1,243엔 | 1,239엔 | 1,308엔 | 1,350엔 |

관객 동원 수

서양 영화

일본 영화

1950 1955 1960 1965 1970 1975 1980 1985 1990 1995 2000 2005 2010 2015 2019 2020

수입(단위: 억 엔)

관객 동원 수(단위: 백만 명)

출처) 『정보 미디어 백서』 외. 1955~1995년은 일본 영화·서양 영화의 배급 수입 비율에서 추산했다.

처럼, 영화는 여전히 TV나 인터넷과 병존하고 있다.

일본 영화 시장의 관객 동원 수는 1960년 10억 명까지 치솟았다가 1965년 3억 7,000명으로 급감한 뒤 1975년 이후로는 2억 명을 밑돌았다(도표 2-1). 이 같은 '쇠퇴' 현상은 1995년 1억 2,700만 명으로 바닥을 쳤다. 이후 상황이 반전되어 1억 7,000명 선까지 회복했으나 그래 봤자 1975년 수준에 지나지 않았다. 영화관도 최근 10년 동안 7,500개에서 3,000개로 반감했다. 그러나 1975년 750엔이던 입장료가 2배로 뛴 덕분에 수입은 늘어났다. 사실 출판, 음악, 게임, TV 모두 1970~1980년대 급성장하는 모습을 보였으나 영화는 꼴찌를 면치 못했다. '뒤처진 오락'이었던 영화가 어떻게 혹한기를 견디고 21세기 들어 부활할 수 있었을까.

시곗바늘을 100년 정도 되돌려보자. 당시 세계 영화의 중심은 프랑스 파리였지만, 제1차 세계대전의 전화를 피한 영화계의 인재들이 미국 동해안으로 건너간 이후 서해안의 할리우드에 자리 잡았다. 1910~1920년대의 일이다. 당시 영화는 재능 있는 사람들이 모이는 산업이라고 말하기는 어려운 벤처 산업이었다. 파라마운트 픽처스(1912)의 아돌프 주커는 모피상이었고, 유니버설스튜디오(1912)의 칼 레믈리는 옷 가게를 운영했으며, 컬럼비아(1924)의 해리 콘은 길거리 연예인이었고, 워너브러더스(1923)의 잭 워너는 만담가였다. 이렇듯 소위 '낙오자'들이 세운 영화사들이 지금은 할리우드 메이저 스튜디오가 되었다.

이 여명기에 일본은 아시아 영화의 중심이었다. 토머스 에디슨이 키네토스코프의 초연을 한 것이 1893년, 프랑스의 뤼미에르 형제가 세계 최초로 영화를 촬영한 것은 1895년이다. 뤼미에르와 리옹에서 학교를 같이 다녔던 고베의 실업가가 일본에서 최초로 영화를 상영한 것은 1896년 3월이다. 그리고 1897년 일본 최초의 영화가 촬영됐다. 이처럼 일본에서 최초로 영화가 촬영된 시기가 세계 최첨단이라 일컬어지던 프랑스 파리와 그다지 차이 나지 않는 것은 놀랄 만한 일이다.[1]

다른 아시아 국가에서 최초로 영화가 촬영된 시기를 살펴보면 중국은 1905년, 한국은 1919년, 대만은 1925년이다. 심지어 할리우드에서 영화가 처음 촬영된 것은 1907년이니 일본이 상당히 앞서 있었다. 오사카만 봐도 영화 상영 횟수가 1901년 110회, 1903년 685회, 1905년 1,228회로 급격하게 증가했다.[2]

배우, 극장이라는 탄탄한 인프라

일본은 어떻게 할리우드를 제치고 프랑스 다음가는 영화 생산국이 될 수 있었을까. 사실 산업화가 이뤄지기 전인 '발명과 제품' 시대에 일본은 늘 최강의 자리를 차지했다. 메이지 시대, 완구나 예술업계에서 일본 제품은 파리 만국박람회에서 크게 호평을 얻으며 일본 미술을 대표하는 우키요에浮世繪, 일본 에도 시대에 당시 생활상이나 풍경 등을 그린 육필화 또는 판화처럼 독자적인 상품으로 거래됐다. 메이지 시대에서 다이쇼 시대에 걸쳐 세계가 국제화 시대를 맞이하면서 유럽·미국과 앞서거니 뒤서거니 하며 해외 제품을 재빨리 국산화하는 데 익숙했던 장인들이 타고난 호기심으로 영화를 순식간에 상품화해버리는 모습은 상상하기 어렵지 않다.

그리고 일본에는 표현의 자유를 인정하는 분위기가 존재했다. 당시 미국 동해안에는 영화 관련 기업들의 트러스트가 형성되었는데, 파리에서 유입되는 영화를 견제하기 위해 상영 시간을 10분으로 제한하거나 검열을 강제하는 등 표현의 자유가 없는 것이나 다름없었다. 그럼에도 영화 분야에선 프랑스가 전 세계를 석권해서 미국 영화는 영영 자리 잡지 못할 것처럼 보였다. 그 갑갑한 상황에서 벗어나고자 황무지나 다름없던 서부로 흘러들어온 사람들이 트러스트를 무시하고 영화를 만들기 시작했는데, 그것이 바로 할리우드의 시작이다. 미국에서 진정한 의미의 영화 산업이 시작된 것은 동해안의 트러스트가 위법화된 1915년부터다.[3]

에도 시대 일본에서 영화가 하나의 산업으로 성장할 수 있는 요건이 만들어졌다는 점도 일본 영화가 발전하는 데 한몫했다. 영화를 찍으려고 할 때 가장 먼저 필요한 것은 배우다. 예능계가 존재하지 않던 시대에 사람들 앞에서 나름대로 연기를 펼칠 수 있는 배우라고 하면 에도 시대를 주름잡았던 가부키나 기다유義太夫, 샤미센 반주에 맞춰 이야기의 줄거리와 대사를 읊는 일본의 전통 예능 등의 무대 배우가 떠오른다. 요세 등 극장 소유주들은 라쿠고, 고단講談, 주로 역사적 이야기를 공연자 혼자서 들려주는 일본의 전통 예능, 기다유, 산쿄쿠三曲, 샤미센, 고토, 호궁 세 가지 악기로 연주하는 일본의 전통 합주 등과 마찬가지로 내용을 다양하게 바꿔 상영할 수 있는 영화를 하나의 레퍼토리로 채택했다. '일본 영화의 아버지'라 불리는 마키노 쇼조牧野省三도 요세 극장을 경영하는 아버지 밑에서 예능 일을 배우며 자라 영화에 흥미를 갖게 되었다고 말한 바 있다. 배우와 공연장이 갖추어져 있던 일본은 1930년대만 해도 세계에서 제일가는 영화 생산국이었다.

2

일본 영화계
서바이벌 전쟁

연예는 낡았다, 이제는 영화다

전후 영화 산업 분야에는 5대 대기업이 군림했다. 창업 순서에 따라 나열하면 쇼치쿠(1895), 닛카쓰日活(1912), 도호(1932), 도에이 (1949) 순이다. 여기에 다이에이大映(1942)를 합쳐 모두 다섯 개 회사가 전후 대기업이라 불리던 기업들이다. 다이에이는 전시 체제에서 정리 통합을 위해 신코키네마, 다이토영화, 닛카쓰제작부문이 합병해 만들어진 회사인데, 전후에도 사업을 이어갔다.

다카라즈카 가극단을 소유한 한큐전철이 도호를 만들고 도큐

전철이 도에이를 만든 것처럼, 전쟁 전에는 토지의 가치를 높이기 위해 백화점, 극단, 스포츠 단체와 마찬가지로 철도 회사가 손님을 끌어모으려고 영화 사업을 시작한 사례가 많았다. 극장에서 파생된 쇼치쿠의 세력이 막강했던 것도 유통·소매가 발달하지 않은 시대에 사용자에게 도달하는 힘을 지녔다는 데 힘입은 바 크다.

영화업계의 기능은 크게 제작(프로덕션), 배급(유통), 흥행(영화관 운영) 세 가지로 나뉜다. 출판은 출판, 중개, 서점(소매)으로 구성된다. 게임은 개발, 퍼블리시, 소매점으로 나눠볼 수 있다. 라디오·TV는 제작, 방송(유통·소매를 겸한다) 가운데 방송 부문에 권력이 집중되어 있으며, 영화 역시 배급에 권력이 집중되어 있어 의외로 제작의 힘이 약한 게 특징이다. 어째서 그런 구조가 형성된 것일까.

'블록 부킹block-booking'이라는 말이 있다. 제작부터 흥행까지 한 회사가 총괄하는 형태여서 기업이 모든 것을 좌지우지하던 시대에 '도호의 극장은 도호의 작품만' 상영한다는 원칙으로 영화 제작 단계부터 극장 상영을 보증했다. 방송국에 따라 프로그램을 만들어 방송 여부가 보증되는 TV도 마찬가지 구조라고 할 수 있다. 그와 반대로 흥미 여부에 따라 소매점이 취급할지 여부를 결정하는 출판은 매우 리스크가 높다. 쟈니스나 아뮤즈ァﾐｭ-ｽ 등 연예기획사가 평소 관계가 돈독한 TV 음악 방송에 신인을 내보낼 힘이 있기에 탤런트를 보유할 수 있었던 것처럼, 성공 확률이 낮은 제로 상태에서 시작하는데도 불구하고 의욕적으로 투자에 나설 수 있

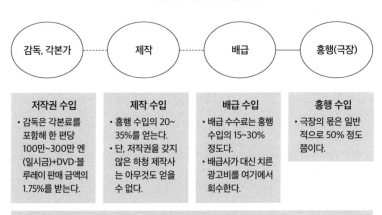

도표 2-2 **일본 영화업계의 밸류체인**

감독, 각본가	제작	배급	흥행(극장)
저작권 수입	**제작 수입**	**배급 수입**	**흥행 수입**
• 감독은 각본료를 포함해 한 편당 100만~300만 엔(일시금)+DVD·블루레이 판매 금액의 1.75%를 받는다.	• 흥행 수입의 20~35%를 얻는다. • 단, 저작권을 갖지 않은 하청 제작사는 아무것도 얻을 수 없다.	• 배급 수수료는 흥행 수입의 15~30% 정도다. • 배급사가 대신 치른 광고비를 여기에서 회수한다.	• 극장의 몫은 일반적으로 50% 정도 쯤이다.

이전
• 1930~1960년대 블록 부킹 제도가 성립하기 이전에는 제작·배급·흥행을 담당하는 영화사가 감독·각본가에게 들어가는 비용을 모두 부담하고 이들을 고용했다.

출처) 야마시타 마사루·야마다 진이치로, 『프로듀서의 캐리어 연대: 영화 산업에서 창조적 개인의 조직화 전략』, 하쿠토쇼보, 2010.

었던 데는 콘텐츠를 선보일 미디어 채널이 확보되었다는 점이 크게 작용했다. 이런 점에 주목해 영화사들은 사업의 성공률을 알 수 없는 초기 단계에서도 발굴과 육성에 투자할 수 있었다.

전쟁 전에는 극장들이 가부키나 라쿠고 등과 비교해서 영화를 선택하곤 했는데, 전쟁으로 극장이 대부분 소실되면서 영화 산업은 호기를 맞았다. 다수의 영화사가 전시 협력으로 통합되어 경쟁사가 줄어든 데다 오락거리가 적은 전쟁 후 연합국최고사령부GHQ가 3S(스포츠, 섹스, 스크린)를 장려한 데 힘입어 영화업계는 극장을 거침없이 인수·신설하며 성장했다. 쇼치쿠와 도호의 블록 부킹은 또 다른 성장 요인이었다. 당시 만담의 대표 주자이던 요시모토흥업조차 "연예는 이미 낡았다, 앞으로는 영화다"라며 거의 모든 예술인을 해고하고 영화로 완전히 노선을 바꾸려고 했다.

10억 관객 영화계, TV의 반격을 받다

1950~1960년대는 제작 중심의 시대였다. 전쟁 전에는 쇼치쿠가 선두를 차지했지만, 1950년대에 구로사와 아키라黑澤明의 영화부터 〈고질라〉까지 보유한 도호가 크게 성장하고, 약세였던 신흥 세력 도에이가 주목받기 시작했다. 당시 영화는 두 편 연속 상영하는 게 관례였는데, 도에이는 무조건 제작 편수를 늘려 자사 작품만으로 두 편 연속 상영했다. 또한 작품을 3부작으로 만드는 묘안을 내놓아 관객을 장기적으로 유인하는가 하면 무엇보다 세 편의 영화를 동시에 찍어서 제작비용을 획기적으로 절감했다. 도에이는 〈피리 부는 동자笛吹童子〉, 〈붉은 공작紅孔雀〉, 〈사토미 팔견전里見八犬傳〉 등 시대극이 연달아 히트하면서 대도시 중심으로 영업하던 쇼치쿠·도호와 달리 지방 영화관을 독점해나갔다. 한 해 200편 정도가 개봉되는 영화 시장에서 도에이는 절반에 가까운 100편 정도의 시대극을 만들어낼 정도로 영화를 마구 찍어냈다.[4]

1960년대 인구 8,000만 명이던 일본에서 영화는 연간 10억 명의 관객을 동원하는 막강한 콘텐츠 산업으로 자리매김한다. 당시 매스컴계의 서열을 보면, 신문·영화가 선두를 차지하고, 라디오가 뒤를 이었다. 정체성이 모호한 TV는 하위에 자리했다. 영화배우는 TV에 나오려고 하지 않았으며, 영화감독이 TV 프로그램을 제작하는 일도 없었다.[5] 영화업계가 이 정도로 많은 감독과 프로듀서를 탄생시킨 시대는 아마 두 번 다시 오지 않을 것이다. 도호는 구로사와 아키라 감독과 〈울트라맨〉을 제작한 쓰부라야프로덕션円谷プロ, 스타인 미후네 도시로三船敏郎를 보유하고 있었다. 도에이는 후카사쿠 긴지深作欣二 감독과 영화배우 나카무라 긴노스케中村錦之助, 닛카쓰는 배우 겸 가수인 이시하라 유지로石原裕次郎, 다이에이는 영화배우 가쓰 신타로勝新太郎를 내세우는 식으로, 각 회사가 저마다 감독과 스타를 앞세워 영화를 양산했다.

그러나 1960년대가 되자 TV의 약진이 시작됐다. TV는 2010년대의 스마트폰과 유튜브에 뒤지지 않는 속도로 순식간에 대중 깊숙이 침투했다. 위기를 맞은 영화사는 리스크가 높은 제작 부문을 분리함으로써 생존을 꾀했다. 미후네, 이시하라, 나카무라, 가쓰 등 지명도 있는 배우들은 하나같이 독립해서 프로덕션을 만들었고, 영화사는 배급과 흥행에만 집중했다. 1970년대 후반부터 도호가 독주하면서 고속 성장하기 시작

도호의 역사
(도호 홈페이지)

도표 2-3 **도호·도에이·쇼치쿠의 매출과 영업이익**

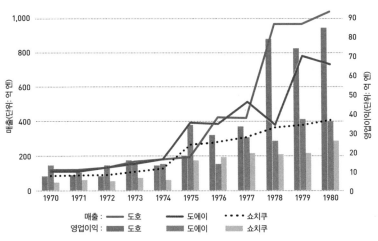

한 것은 그때까지도 촬영소를 소유한 채 내부 제작을 고집했던 도에이나 쇼치쿠와 달리 일찌감치 제작 부문을 분리하고 배급과 흥행만 담당하는 마케팅 회사로 선회해 서양 영화를 배급하는 데 적극 나서는 등 시의적절하게 대처한 덕분이었다.

5대 대기업 중 닛카쓰는 1993년 게임 회사인 남코(현 반다이남코)가 매수해서 2005년 인덱스에 매각했으며, 2009년 이후 니혼TV의 자회사가 되었다. 다이에이는 파산한 뒤 1974년 도쿠마쇼텐이 경영하다가 2002년 가도카와쇼텐에 매각된 뒤 가도카와그룹에 흡수됐다.

도에이의 역사
(도에이 홈페이지)

3

핑크 영화와
로망 포르노

제작하지 않는 영화 회사

영화사에서 분리된 제작 프로덕션은 1970년대 TV와 손을 잡으며 살아남았다. 5대 영화 대기업의 카르텔(경쟁사에서의 스카우트 금지, 배우의 TV 출연 금지)이 유명무실화되면서 미후네와 이시하라가 함께 영화를 제작하거나, 〈자토이치座頭市〉, 〈미토코몬水戶黃門〉 등이 TV 시대극 시리즈로 제작됐다. 일주일에 한 편씩 시대극을 촬영하는 양산 체제는 출판업계에서 만화 주간지가 생산 혁명을 일으킨 것처럼 촬영 방식에 혁신을 가져왔다. 영화와 달리 프로그램

틀이나 시간대에 따라 시청자가 다른 플랫폼 특성을 가미하는 제작 방식을 모색하게 된 것이다.

하지만 대작을 지향하는 영화계 스타일을 고수하던 미후네, 이시하라, 나카무라, 가쓰 등 배우 겸 프로듀서 겸 사장들은 흥행작을 만들면 수입이 폭발적으로 늘어나는 영화와 달리 시청률이라는 지표로 평가받기는 하지만 제한된 제작비 범위 내에서 싸게 만들수록 이익인 TV 프로그램의 제작 구조와 근본적으로 맞지 않았다. 미후네프로덕션, 가쓰프로덕션, 나카무라프로덕션 모두 결국 1980년대 전반에 차례차례 도산하고 말았다(이시하라프로모션은 2021년에 해산했다).

거장들이 사라진 공백 지대에는 인디 문화가 싹트기 시작했다. '제작하지 않는 영화 회사'가 일반화되는 가운데, 사실상 언더그라운드나 다름없던 시장에선 독창성이 주목받기 시작했다. 대표적인 것이 바로 '핑크 영화'다. 영화 제작 편수 추이를 보면(도표 2-4) 혹한기에 들어선 1960년대 영화 대기업의 제작 편수는 500편에서 200편으로 60%나 줄었으며, 1970년대에는 더욱 감소한다. 그사이를 메운 것이 핑크 영화로, 개인 사업주에 가까운 감독·프로듀서가 저예산으로 촬영해서 영화 회사에 팔았다. 대기업 중 하나였던 닛카쓰도 '로망 포르노'라는 이름으로 핑크 영화 시장에 뛰어들었다.

소위 '성인용 비디오'와 달리, 핑크 영화는 각본도 있고 줄거리도 있다. 여성 배우도 벗기는 하지만 연기가 요구됐다. 핑크 영화

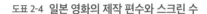

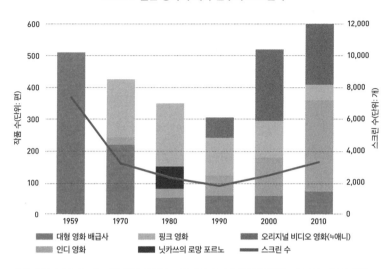

도표 2-4 **일본 영화의 제작 편수와 스크린 수**

■ 대형 영화 배급사 　　 ■ 핑크 영화 　　 ■ 오리지널 비디오 영화(≒애니)
■ 인디 영화 　　 ■ 닛카쓰의 로망 포르노 　　 ― 스크린 수

출처) 마에다 고사쿠·호소이 고이치, 「일본 영화에서 프로듀서 시스템의 역사적 변천에 관한 고찰」, 『리쓰메이칸 영상학』.

의 장점은 무엇보다 일상 속 생활 공간이라는 무대 설정과 남녀
두 명만 있으면 제작 가능한 간소한 촬영 방식이다. 보통 영화 한
편을 1년 동안 촬영·편집·납품하는 데 2억 5,000만 엔이 든다면,
핑크 영화는 그 모든 공정을 3일 만에 끝내는 게 가능한 데다 300
만 엔 정도면 제작할 수 있다. 그렇게 해서 (극장을 가리기는 하지만)
일반 영화와 똑같이 배급되고 똑같이 1,000엔의 관람료를 받는 비
즈니스가 성립하는 것이다.

　한편, 핑크 영화는 많은 인재를 길러냈다. 〈굿바이〉의 다키타 요
지로 감독, 〈쉘 위 댄스〉의 스오 마사유키 감독, 〈링〉의 나카타 히데

오 감독, 〈세상의 중심에서 사랑을 외치다〉의 유키사다 이사오 감독 등 현재 50~60대가 된 유명 영화감독들이 20~30대 때 핑크 영화로 실전 경험을 쌓았다. 만화업계에서는 만화 시장이나 픽시브 용으로 제작되었던 성인용 내지 2차 창작 작품이 이후 새로운 작품으로 이어지는 경우가 드물지 않다. 게임업계에서도 1990년대 후반부터 미소녀 성인 게임을 통해 수많은 작가가 성장했다. 이와 마찬가지로 영화업계에서도 대기업들이 잇달아 영화 제작에서 철수하는 가운데 싼값에 많은 경험을 쌓을 수 있는 핑크 영화 시장이 액셀러레이터 역할을 해주었다(안타깝게도 비디오가 보급되고 이후 인터넷이 등장하면서 1990년대 들어 핑크 영화는 영락의 길을 걸었다).

침체의 시기, 다양성에서 활로를 찾다

1980~1990년대 일본 영화 시장은 침체의 길을 걸었지만, 실험적인 작품이 양산된 시기이기도 하다. 할리우드가 완전히 블록버스터 위주로 치우친 가운데 "예술 영화로 자국 내에서 자금을 회수할 수 있는 것은 일본과 프랑스 정도"라고 이야기될 정도로, 일본 영화 산업은 어떻게 보면 갈라파고스섬처럼 독자적인 진화의 길을 걸었다.[6] 여기에는 연극계에서 신

닛카쓰의 역사
(닛카쓰 홈페이지)

극운동메이지 시대 말기 이후 일본에서 근대 연극을 확립하려던 운동이 벌어지고, 시모키타자와나 나카노 등에 소극장이 난립하면서 독특한 취향의 영화를 상영할 수 있는 장소가 늘어난 점도 큰 영향을 미쳤다. 제작이 작게 분산되고, 아마추어가 제작에 나서면서 표현의 다양성 면에서 일본 영화계는 타국에서 유례를 찾아볼 수 없을 정도로 성장했다.

한편, 일본 영화가 침체된 틈을 타 서양 영화의 점유율은 날로 늘어났다. 1960년대까지는 일본 영화가 전체 개봉 영화의 70~80%를 차지했지만 1980~1990년대에는 40~50% 이하로 떨어졌다. 전 세계적으로 서양 영화, 특히 할리우드 영화의 점유율이 크게 상승하면서 자국 영화, 즉 각국의 방화邦畫는 일제히 혹한기를 맞았다.

그러한 가운데 일본에서 새로운 영화 세력이 나타나 주목을 받았다. '읽고 나서 볼까, 보고 나서 읽을까'1977년 모리무라 세이이치의 소설을 영화화한 〈인간의 증명〉의 캐치프레이즈로 유명하다로 한 세기를 풍미한 가도카와 하루키角川春樹가 이끄는 가도카와쇼텐(현 KADOKAWA), 그리고 1974년 다이에이를 흡수하고 이후 지브리를 탄생시키는 도쿠마쇼텐이 바로 그들이다. 이들을 통해 출판사가 영화를 홍보에 이용하면서 문고본, 만화책을 파는 새로운 흐름이 시작되었다.

가도카와 영화
(국립 영화 아카이브
「가도카와 영화의 40년」)

92

4

소니,
할리우드 영화를
혁신하다

'할리우드의 황제'의 철학과 고집

할리우드는 소니 덕분에 부흥할 수 있었다. 비디오의 발명이
영화 산업을 근본부터 바꾼 것이다. 그러나 시작부터 좋았던 것은
아니다. 처음에 이들은 격렬하게 대립했다. 1975년 소니가 비디오
테이프 리코더 '베타맥스'를 할리우드에 출시했을 때, 유니버설스
튜디오의 회장이자 '할리우드의 황제'라고 불리던 루 와서먼이 이
를 제지하고 나서면서 대립축이 형성되었다.

옛날부터 영화업계는 보수적이어서 새로운 기술이 나오면 잇

따라 소송을 벌여 온 힘을 다해 자신들의 아카이브archive, 과거 작품의 권리를 지키려고 했다. 냅스터Napster나 유튜브, 넷플릭스 등 신흥 기업과 소송을 벌일 때도 이러한 점은 답습됐다. 그 원점이 된 것이 와서먼의 '손톱의 경영 철학'이다. 한마디로 정리하면 다음과 같다. "누군가 손톱 끝을 뜯어가려고 하면, 단호하고 혹독하게 제재하라. 방치하면 다음은 손가락, 그다음은 온몸을 뜯길 것이다."[7]

유니버설스튜디오와 디즈니가 공동으로 저작권 침해라며 벌인 비디오 배제 소송은 로널드 레이건 대통령까지 끌어들이는 대논쟁으로 발전했는데, 소송이 시작된 지 8년 후인 1984년에야 소니 측이 승소하면서 사용자의 사적 이용에 의한 비디오 녹화가 합법화되었다. 하지만 정작 이득을 취한 것은 장본인인 소니가 아니라 일본빅터가 개발한 VHS, 더 정확히 말하면 할리우드였다. 비디오로 생겨난 진정한 이익은 그 이용에 반대했던 할리우드 메이저 스튜디오가 차지했다. 덕분에 이들은 놀라운 규모로 발전했다.

영화업계는 비디오를 판매·대여함으로써 영화관뿐만 아니라 2차 이용 채널을 획득할 수 있었다. 할리우드 메이저 스튜디오의 수입은 1985년 130억 달러에서 20년 뒤인 2005년 3배가 넘는 460억 달러로 늘어났다. 영화 흥행 수입도 2배가 되었는데, VTR·DVD 시장은 그보다 크게 성장하며 규모가 200억 달러를 넘어섰다. 20년 사이에 할리우드는 전체 수익의 40%를 비디오에서 얻는 홈 엔터테인먼트 시장을 갖게 되었고, TV 방영권, 나아가

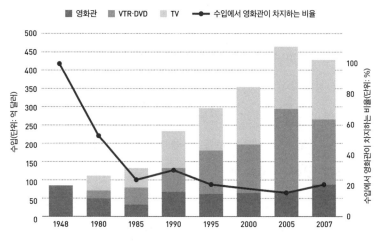

도표 2-5 **미국 영화사의 수입원**

■ 영화관 ■ VTR·DVD ■ TV ━●━ 수입에서 영화관이 차지하는 비율

출처) 해럴드 L. 보겔, 『엔터테인먼트 인더스트리 이코노믹스』.

TV 프로그램 제작으로 돈을 버는 미디어 그룹으로 변모했다. 과거부터 이어져온 극장 흥행 외에 반년 후 비디오 판매, 1년 후 케이블 TV 방송, 2년 후 지상파 방송 순서로 순차 공개하면서 수입을 최대화하는 '극장 윈도Theatrical Window'라는 새로운 비즈니스 모델이 탄생한 덕분이었다.

할리우드의 대변혁은 곧 세계 영화 시장의 대변혁이라고 할 수 있다. 그전까지 일본 배급사들에 의지하던 워너브러더스나 유니버설스튜디오, 폭스, 디즈니 등이 일제히 자급자족주의로 전환했다. 일본 법인을 설립하고 스스로의 힘으로 일본 배급에 나선 것이다.

이에 서양 영화 배급 부문에서 최강자 자리를 지키던 도호는 당황할 수밖에 없었다. 자사 라인업과 자사 흥행을 강화하지 않으면 살아남을 수 없는 시대에 접어든 것이다.

그리고 1990년대 드디어 대규모 소매점포 입지법의 개정과 함께 복합 상영관이 등장했다. 국내 경쟁만 하던 '극장'의 세계에, 한 영화관에 네다섯 개의 스크린을 보유하고 먹거리를 파는 매점 등을 갖춘, '종합 엔터테인먼트'로 돈을 버는 복합 상영관이 난립하기 시작한 것이다. 이와 함께 가도카와쇼텐과 도쿠마쇼텐, 후지TV 등 방송국까지 차례차례 영화 제작에 뛰어들면서 영락의 길을 걷던 일본 영화업계는 서서히 되살아나기 시작한다.

방화의 점유율이 절반을 넘는 국가는 극히 소수

일본 영화업계는 1980년대까지 온갖 고초를 겪었는데, 실은 많은 나라가 마찬가지 상황이었다. TV와의 경쟁이 시작되고 얼마 지나지 않아 영화 산업은 참패하고 말았다. 게다가 대부분의 나라에서 사람들이 할리우드 영화를 보러 할리우드 계열의 복합 상영관에만 몰려들면서 방화 제작을 꺼리는 분위기가 만연했다. 그 같은 상황에서도 일본은 방화를 계속 탄생시키는 토양이 있었다.

대부분의 국가에서 영화 시장의 80~90%를 미국 영화가 점하

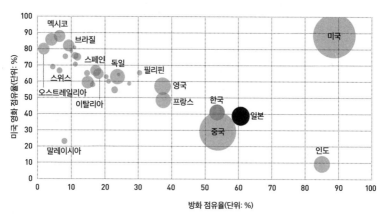

도표 2-6 세계 각국 영화 시장의 미국 영화와 방화의 점유율

출처) UNESCO, Numbers.

고 있다. 방화는 고작 10~20%밖에 소비되지 않는다. 다들 마블 작품이나 〈스타워즈〉 같은 영화만 보고 있는 것이다. 외국어인 영어가 가진 언어 장벽도 문제없다. 영화 산업 진흥에 힘을 쏟고 있는 스페인, 이탈리아, 독일에서조차 방화가 차지하는 비중은 40%에 불과하다. 영화의 시조국인 프랑스도 50%에 지나지 않는다. 그런 상황에서 방화가 상영작의 절반 이상을 점하는 국가는 인도, 일본, 한국, 중국 등 손에 꼽을 수 있을 정도다. 이 국가들에선 자국 혹은 아시아권 영화가 일정 비율을 유지하는 등 '다양한' 영화 소비가 이루어지고 있다.

소비와 제작 양쪽에서 독자성을 지니기는 꽤 어렵다. 중국처럼 해외 기업의 영화 배급을 금지하고 국내 자본 육성을 위한 법 규제를 통해 어떻게든 방화 제작사를 양성하기 위한 장치를 마련하지 않으면 방화를 소비하는 자국민이 줄어드는 게 보편적인 흐름이다. 그러한 규제 없이 이를 실현한 일본은, 민간의 힘으로도 얼마든지 독창적인 감독·제작 팀이 성장할 수 있으며 소비자 기호의 다양성(≒풍부함)을 확보할 수 있음을 보여주는, 실로 보기 드문 '영화 대국의 모습'이다.

3장

음악 | 엔터테인먼트 산업의 카나리아

1

매체가 변하면
음악도 변한다

음악업계의 위기는 오늘도 계속된다

음악업계는 100년이라는 역사 동안 수차례 위기를 겪었다. 그
것도 1년 만에 시장의 90%가 날아갈 만큼 심각한 사태들이 속출
했다. 예를 들어, 미국 레코드 판매량을 보면 1927년 1억 4,000만
장을 기록했는데, 1929~1932년 세계 대공황이 지속되면서 4년간
팔린 매수는 총 600만 장뿐이다.[1] 이 정도 규모의 손실이 빚어지면
관계자들이 체감하는 상황은 어떨까? 우리는 이미 그런 상황을 경
험해본 바 있다. 코로나19 팬데믹 상황에서 다양한 산업이 침체를

겪었다. 한 예로, 2020년 항공사가 벌어들인 여행객 수입을 보면 ANA와 JAL항공 모두 전년 대비 90% 이상 감소했다. 지금까지 항공업계가 이 정도로 극심한 타격을 입은 적은 단 한 번도 없었다.

그런데 음악업계는 몇십 년에 한 번씩 이러한 상황을 겪어내고 있다. 음악은 기술 변화를 최전선에서 겪고 있는 분야이기 때문이다. '사람들에게 음악을 들려주고 대가를 받는다'는 비즈니스 모델은 생각보다 훨씬 취약하다. 음악은 누구나 만들 수 있으며, 듣는 이는 일상에서 무료로 듣는다. 시장을 형성하기 위해서는 탄탄하게 쌓아 올린 '구조'가 필요하다. 그 구조를 받쳐주는 게 바로 기술이다. 따라서 새로운 기술이 나타나면 구조 자체가 뒤집히면서 새로운 시장이 만들어진다.

나는 개인적으로 음악 산업을 '엔터테인먼트 산업의 카나리아'_{'탄광 속 카나리아'에 빗댄 말로, 탄광에서 유독 가스가 발생할 때 카나리아가 인간보다 먼저 반응하여 위험을 알려주는 역할을 한다라고 부른다.} 음악 산업에서 발생한 충격은 그 파장이 반드시 출판과 영상, 게임업계에 미치기 때문이다.

**모차르트의 연수입은 2,000만 엔,
푸치니의 연수입은 수억 엔. 그 차이를 만든 것은?**

'권리'라는 개념이 생기기 전까지 음악은 공기나 자연과 같았다. 볼프강 아마데우스 모차르트는 클래식계에서 최고의 인기 작곡가라고 할 수 있는데, 그가 수많은 작품을 만들고도 항상 가난하게 살았던 이유는 '곡을 잃었기' 때문이다. 모차르트는 의뢰를 받으면 작곡한 곡을 의뢰자에게 양도했다. 그 곡은 의뢰자의 소유가 되어 이후에 어떻게 사용되는지 모차르트로선 알 길이 없었다. 모차르트는 작곡가로서의 재능은 뛰어났지만 이런 부분에는 무지했다. 그는 곡을 팔고 나서 받은 돈과 아주 적은 연주비, 귀족에게 받은 레슨비, 기부금으로 근근이 생활을 이어갔다. 35세로 생을 마감하기 전까지 모차르트는 600여 곡을 작곡했다. 그의 연수입은 2,000만 엔 정도였으나 낭비가 심했던 탓에 남긴 재산도 없이 세상을 떠난 뒤 공동묘지에 방치되고 말았다.[2]

그런데 음악가가 풍요롭게 살 수는 없는 걸까? 여기 다른 사례도 있다. 19세기 후반에 활약한 이탈리아인 오페라 작곡가 자코모 푸치니는 1886년 베른협약으로 저작권이 확립되면서 살아생전에 남긴 오페라 10개만으로 현재까지 푸치니재단을 이어올 만큼 막대한 부를 축적할 수 있었다.

푸치니가 활동했을 당시에는 음악 출판사가 악보의 권리를 보호했기 때문에 작품이 공연될 때마다 로열티를 받는 식의 구조가 형성됐다. 푸치니가 직접 지휘봉을 휘두르거나 연주하는 방법을 가르치지 않아도 자신의 '지식재산'이 이용될 때마다 권리에 대한 수입이 들어왔는데, 그 규모가 연 수억 엔에 이르렀다.

모차르트와 푸치니의 수입 차이는 곡의 영향력 때문이 아니다. 같은 시대에 살았더라면 인지도와 인기 면에서 모차르트가 푸치니를 거뜬히 앞섰을 것이다. '악보'와 '인세'라는 비즈니스 모델이 음악을 하나의 시장으로 키우면서 푸치니는 막대한 부를 쌓을 수 있었다. 그 덕분에 음악가를 꿈꾸는 이들이 다수 생겨났다.

음악업계를 덮친 다양한 재난

그러나 '권리'를 보장하는 매체는 절대적이지 않다. 19세기 들어 음악 전문지가 생기고 피아노 연주가 보편화되면서 일반 대중도 음악을 즐기게 되었다. 사람들은 악보를 사는 데 익숙해졌다. 음악 출판사를 통해 작곡가에게 대가를 지불하는 구조가 형성된 것이다. 그 결과, 작곡가는 풍족해질 수 있었다. 이런 분위기 속에서 성장세를 보인 또 하나의 시장이 있었다. 바로 피아노 시장이다.

하지만 축음기의 발명과 함께 레코드가 보급되면서 점차 피아노 시장을 잠식하기 시작했다. 1877년 에디슨이 최초로 축음기를 발명했을 때, 이 기계가 어떻게 사용될지 그 자신도 짐작하지 못했을 것이다. 음성을 기록하는 기능을 활용해 사람들은 비교적 저렴한 가격에 전문가의 연주를 들을 수 있게 되었다. 1914년 에디슨(현 GE), 빅터, 컬럼비아 세 곳의 거대 회사를 포함해 총 18곳이

도표 3-1 피아노 생산 대수와 라디오 청취 세대 수

출처) 니시하라 미노루의 『피아노의 탄생: 악기 너머로 '근대'가 보인다』 등을 바탕으로 저자 작성.

던 레코드 회사는 1918년 166곳으로 급격하게 늘어났다.[3] 1920년대에는 레코드가 대량 보급되었다. 그 결과, 피아노가 팔리지 않게 된 것이다.

피아노가 겪은 최대 재난은 바로 그 직후, 세계 대공황 이후에 벌어진다. 저렴해진 라디오가 빠르게 보급되면서 축음기 시장을 전부 휩쓸어버린 것이다. 〈도표 3-1〉에서 볼 수 있듯, 피아노 시장은 90% 이상 위축됐다. 레코드와 축음기업계도 상황은 마찬가지였다.

1930~1940년대 라디오가 급속히 보급되면서 더 많은 사람들

이 더 많은 음악과 가까워졌다. 이러한 격변은 음악 세계에서 반복돼왔다. 라디오에서 TV로, TV에서 CD로, CD에서 인터넷으로. 이처럼 매체가 바뀔 때마다 음악 시장에는 혁명이 일어났다.

2

대립은
음악 창조의 씨앗

흑인 음악이 낳은 미국 음악 시장

음악의 역사는 길다. 그러나 음악이 비즈니스가 된 시점을 논하려면 일반적으로 라디오, 더 자세하게는 미국의 음악사부터 이야기하면 될 것이다. 현재 전 세계 음악 시장의 70% 이상을 점유하는 세 회사 중에 워너뮤직의 시초인 워너레코드를 제외하면, 유니버설뮤직의 시초인 NBC, 소니뮤직의 시초인 CBS 모두 그 전신은 '라디오국'이었다.

미국 음악사를 이야기할 때 흑인 노예를 언급하지 않고는 넘어

갈 수 없다. 문자 문화가 없었던 아프리카인들이 입말이나 춤, 연주를 통해 대대로 메시지를 전하던 문화를 미국으로 가져왔기 때문이다. 흑인 영가에서 시작되어 기독교의 영향을 받아 남북전쟁 중에 만들어진 가스펠, 가혹한 농사일을 하며 노동요로 불렀던 블루스, 망자의 혼을 달래기 위해 오히려 밝게 불렀던 재즈까지 전부 아프리카계 흑인이 만들어낸 음악이다.[4] 이때가 남북전쟁으로 인한 시대적 전환기였다는 점 또한 아주 흥미롭다. 흑인은 해방되어야 할 존재라는 개념이 생겨나고, 노예라는 신분의 부당함을 흑인 스스로 인지하기 시작하면서 그 갈등을 표현하는 노래가 재빠르게 퍼져나갔다.

문화는 화력 없는 무기다. 다른 사상과 방식에 물들지 않겠다는 정체성은 강한 저항이 되어 하나의 문화로 나타났고, 그 안에서의 방식과 행동은 집단을 하나로 결속시켜 사상을 공유하는 데 크게 공헌했다.

엘비스, 역사상 최고로 성공한 솔로 아티스트의 등장

엘비스 프레슬리는 마이클 잭슨과 비틀스 이전에 활동한 미국 최초의 팝 스타다. 엘비스 음악의 기원은 '흑인 음악의 성지'라 불리는 멤피스다. 어렸을 때부터 교회를 다니며 흑인 사회에서 만들어진 R&B(리듬 앤드 블루스)를 춤과 함께 익혔던 엘비스는 당시 백인들이 싫어하던 흑인 가스펠 음악에 강한 매력을 느꼈다. 그는 흑인들의 패션까지 따라 하며 구레나룻을 길게 길렀다. 백인 사회에서 볼 때 엘비스는 '특이한' 젊은이였다.

고등학교를 졸업한 엘비스는 트럭 운전사로 일했다. 그러나 가수의 꿈을 버리지 못했던 이 18세 청년은 가진 돈을 다 털어 자비로 녹음을 하기 시작했고, 불과 2년 만에 미국에서 가장 유명한 사람이 되었다. 소규모 라디오 방송국에서 엘비스의 노래가 송출되자마자 5,000건이나 되는 선곡 요청 전화가 쇄도했다. 1년 뒤 엘비스가 노래하는 방송이 미국 전역에 방영되었을 때는 시청률이 82%에 달했다. 조잡한 촬영으로 상반신만 나오는 어설픈 영상이었는데도 말이다. 엘비스가 21세 때인 1956년, 그의 레코드는 1,250만 장 팔렸다. 액수로는 2,200만 달러, 현재 가치로 환산하면 250억 엔이 넘는다. 미국 톱 레코드 회사인 RCA 매출의 50% 이상이 그가 기여한 것이었다.[5]

엘비스는 현재까지도 '역사상 최고로 성공한 솔로 아티스트'로 기네스북에 이름이 올라 있다. 흑인과 백인 문화를 화합시키는 역할을 했을 뿐 아니라 음악과 아티스트가 어떤 가치를 발휘할 수 있는지 보여주었다는 점을 높이 평가한 것이다. 음악은 단순한 소비 행동이 아니다. 서로의 주장을 내세우며 논의하다 보면 대립이 발생할 수밖에 없는데, 연주와 가사로 전하는 메시지만으로는 그

대립을 막기 어렵다. 그러나 음악이 전해주는 메시지는 듣는 이의 감정에 호소하다 보니 말로 전달하는 메시지에 비해 전달력 면에서나 호응도 면에서 훨씬 효과적인 게 사실이다.

남북전쟁으로 '흑인 노예제'가 폐지되고 100년이 지났음에도 불구하고 미국 사회에는 여전히 인종 차별이 존재했다. 이런 상황에서 엘비스의 음악은 미국 사회가 온 국민이 국정에 참여할 수 있어야 한다는 공민권 운동을 펼치며 흑인의 진정한 해방을 주장하는 계기가 되었다. 젊은이들이 엘비스의 음악을 통해 미국 사회의 차별적인 면모를 인식하고, 흑인 음악과 흑인 문화에 친숙해지면서 이를 이해하게 된 것이다. 그 결과, 젊은 세대들이 부모 세대의 잘못을 규탄하기 시작했다.

개신교의 시도로 탄생한 '록'

엘비스가 만들어낸 '록'은 백인 문화를 대표하는 것처럼 보이지만, 그 중심은 완전히 흑인 음악에 있다. 음악은 대립과 분열에 대항하는 언어 이외의 수단으로, 절대 없어져서는 안 된다. 전전戰前 세대와 전후戰後 세대의 대립, 흑인과 백인의 대립이 없었더라면 록은 생겨나지 않았을 것이다.

음악을 창조하는 행위는 종교의 대립에서 비롯되었다. 기독교에서 천주교와 개신교가 대립하지 않았다면 사람들이 음악 자체를 일반적으로 접할 수 없었을지도 모른다.[6] 교조주의적인 말뿐이었던 천주교와 차별화하기 위해 개신교는 교회에 음악을 도입해 사람들의 감정에 호소했다. 근대 서양 음악은 개신교의 이런 시도가 바탕이 되어 발전했으며, 단조와 장조 같은 '음악학'도 생겨나게 되었다.

음악은 대립이 없는 곳에선 태어날 수 없다. '록'의 본질이 대립인 이유다.

3

소니,
후발 주자에서
리더로

소니, 음악업계의 총아가 되기까지

게임업계의 원조라고 하면 보통 닌텐도를 꼽는다. 음악업계에
이와 같은 영향을 끼친 곳은 소니다. 1979년 '워크맨'을 출시해 세
계 곳곳에 침투한 소니의 업적은 30년 후 나타난 애플의 아이폰에
견줄 만한 성공 사례였다. 스티브 잡스가 존경해 마지않는 소니라
는 기업이 왜 신생 기업으로 일본에서 음악 레이블을 시작했고, 나
아가 어떻게 미국 음악업계에서 명성을 날릴 만큼 성장할 수 있었
는지 이야기해보자.

음악업계를 모르는 비전문가만으로 설립된 소니뮤직

워크맨이 개발된 과정에 얽힌 비화는 너무 유명하기 때문에 여기서는 생략하겠다. 소니의 대단한 점은 워크맨을 개발한 하드웨어 기업일 뿐 아니라, 뒤늦게 뛰어든 음악업계에서 일본 1위이자 세계에서도 3위권에 올랐다는 데 있다. 1968년 미국 CBS와 공동으로 회사를 설립했으며, 일본컬럼비아나 데이치쿠ティチク 등 당시 30년 이상의 역사를 지녔던 거대 레이블들을 앞지르고 1979년 일본 음악 레이블로서 정상에 올랐다.

일본 음악 시장의 성장세에 기대를 품은 CBS레코드는 제휴 파트너를 물색하면서 일본의 거대 레이블들에 손을 내밀었다. 하지만 하나같이 '검토 중'이라는 답변만 돌아오자 그만 포기하려 했다. 그때 음악에는 문외한이던 소니가 "그럼 우리와 함께하자"며 즉시 합병을 요청했다. 당시 소니의 사장인 모리타 아키오盛田昭夫가 보여준 의지에 CBS는 기꺼이 응했다.

마침 외국 자본을 계속해서 제한해오던 일본이 1967년 '외국 자본 허용'을 인정한 것을 계기로 제한 산업이었던 레코드 회사도 50%까지 외국 자본을 받아들일 수 있게 되었다. 이러한 자본 자유화 조치가 이루어진 후 탄생한 제1호 회사가 바로 CBS소니. 소니에는 '일본 기업 중 최초'라는 기록이 상당히 많은데, 미국에서 주식을 상장하고 부문별 채산과 집행 임원 제도를 도입한 것도 일

도표 3-2 일본의 음악 레이블 창립 역사

음악 레이블	현재 모회사	설립 연도	세부 사항
일본컬럼비아	페이스	1910	국내 자본으로 설립됐으나, 1927년부터 미국 컬럼비아레코드와 제휴 관계, 2010년부터 페이스 산하.
일본빅터	JVC켄우드	1927	미국빅터의 일본 법인으로 설립. 이후 RCA, 닛산자이바쓰, 도시바로 주주가 바뀌었고, 1954년부터 마쓰시타전기산업과 제휴 관계였지만, 2007년 이후 켄우드 산하.
일본폴리도르	유니버설	1927	독일 폴리도르레코드의 일본 법인으로 설립. 필립스로 주주가 바뀌었고, 1998년부터 유니버설뮤직이 됨.
킹레코드	고단샤	1931	고단샤 계열로 창업. 잡지 『킹』에서 이름을 따와 킹레코드가 되었음.
데이치쿠	브러더공업	1934	일본 국내 자본으로 설립된 음악 레이블 중 킹레코드와 어깨를 견주는 장수 기업. 1961년부터 마쓰시타전기와 제휴, 모회사가 일본빅터가 되었으며, 2015년부터 브러더공업 산하.
도시바음악공업	유니버설	1960	1995년부터 도시바의 한 사업 부문으로서 레코드를 판매했지만, 1960년에 독립. 1973년에 EMI와 공동 출자해 도시바EMI가 됨. 2012년에 EMI가 전부 미국 유니버설에 매각되면서 소멸.
포니캐년	후지산케이	1966	닛폰방송 관련 회사로 설립.
CBS소니	소니뮤직	1968	외국 자본 제한이 폐지되면서 소니와 미국 CBS가 합병 설립.

본 기업 중 최초였다.

놀라운 점은 CBS소니가 음악업계 경력자를 고용하지 않았다는 것이다. 파견근무를 인정하지 않았기에 다른 회사에서 이직한 10명가량의 사원들로 회사를 설립했다. 첫 구인 공고에 지원한 사람만 7,000명에 이르는데, 그중 채용된 이들은 최고령인 70세를 포함해 '음악업계 경력이 없는' 80명이었다. '기존 방식으로는 이

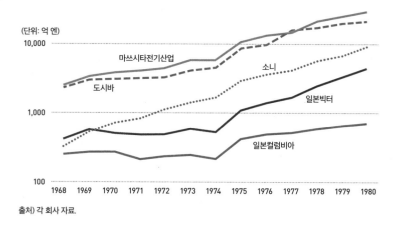

도표 3-3 **1970년대 일본 음악 레이블의 매출**

(단위: 억 엔)

출처) 각 회사 자료.

미 오랜 역사를 지니고 있는 경쟁에서 이길 수 없다', '새로운 회사에는 새로운 안목이 필요하다. 비전문가라도 괜찮으니 할 의지가 있는 사람만 모아 새로운 비즈니스를 하자'라는 생각이 반영된 결과였다. 이는 디즈니랜드를 만든 월트 디즈니가 놀이공원 사업 경력자를 단 한 명도 채용하지 않았던 것과 일맥상통한다.

1968년 당시 소니의 매출은 317억 엔, 영업이익은 25억 엔이었다. 크로마트론 컬러 TV 기술에 총력을 기울였지만 대량 생산에 실패하면서 회사는 파산 직전에 내몰렸다. 매출 면에서 경쟁 회사인 도시바는 2,270억 엔, 마쓰시타전기산업은 1,567억 엔, 일본빅터는 412억 엔으로 소니는 이들에게 한참 뒤처져 있었다. 한편 음악 레이블로선 도시바와 빅터가 이미 기반을 다진 상태에서 사업을 시작한 뒤였다. 그런 시장에 뛰어들어 모험을 시도할 만한 담력을 지녔다는 게 바로 소니의 강점이다.

CBS소니는 록에서 시작했다. 엘비스부터 비틀스까지 이어지는 흐름을 파악한 소니는 '미국에서 유행한 것은 반드시 일본에도 온다'며 록에 기대를 걸었다.[7] 그 후 서양 음악 붐이 일었고, 1979년 일본 최대 레이블이 되어 최종적으로 합병 상대인 CBS레코드를 1988년 인수했다. 소니 아메리카 부사장 미키 슐호프가 공항에서 CBS 수뇌로부터 12억 5,000만 달러라는 인수 가격을 제안받고 회장인 모리타와 사장인 오가 노리오에게 전화해서 결재받기까지 걸린 시간은 놀랍게도 단 20분이다. 1960~1980년대 소니는 '일본에서 가장 빠른 기업'이었다.

소니그룹의 역사
(소니그룹 홈페이지)

4

아이돌,
팬덤 경제를 구축하다

음악, 하나의 사업으로 인정받다

일본 음악 시장이 새로운 시대를 열게 된 배경을 설명하기 위해서는 '예능사무소'를 자세히 살펴볼 필요가 있다. 예능사무소와 음악 출판사, 레코드 회사는 각기 업태가 다르지만 일본에서는 이들 사이에 뚜렷한 경계가 없다. 2010년대 세계 1위가 된 일본 음악 CD 시장에서 구심점 역할을 한 것은 음악 콘텐츠가 아니라 음악을 이용한 아이돌이라는 캐릭터 비즈니스였다. 예능사무소가 주도하는 아이돌 비즈니스는 일본 음악 사업을 꾸준히 지탱해온 한 축이었다.

미국에서 음악 레이블(워너, 유니버설, 소니 등)과 탤런트 에이전시(CAA, UTA, WME 등)는 각기 맡은 역할이 다르다. 레이블은 연예인이 소속된 에이전시와 계약하고, 출연 계약이나 음원 관리 같은 업무를 사업적으로 진행한다. 연예인은 인지도가 높아지면 직접 에이전트를 선택해 필요에 따라 거래하듯 서포트를 의뢰한다. 일본에서는 연예인이 예능사무소라는 조직에 소속되어 육성된 후, 유명해지고 나면 그 은혜에 보답하듯 예능사무소에 수익을 환원하는 게 일반적이다.

예능사무소는 연예인 육성뿐만 아니라 음악 출판부터 레이블까지 다양한 업무를 수행한다. 와타나베 신·와타나베 미사 부부가 시작한 와타나베프로덕션_{1940년대 사업을 시작해 1957년에 법인화했다. 이하 '나베프로'}은 1962년 예능사무소로서는 일본 최초로 음악 출판사를 설립했다. 이곳에 소속된 아즈사 미치요林美千代의 〈안녕, 아기야こんにちは赤ちゃん〉(1963)가 밀리언셀러를 달성했음에도 불구하고 회사의 수입은 단돈 800만 엔에 불과했다. 반면 레코드 회사인 킹레코드의 수입이 2억 엔이나 되었던 것에 자극을 받은 나베프로는 음반을 제작하기 시작한다. 노래 제작과 녹음까지 맡으면서 자체적으로 부담해야 하는 비용이 커졌지만, 이를 충분히 감수할 만큼 상당한 인기가 있었던 더 피너츠ザ·ピーナッツ와 크레이지 캣츠クレージーキャッツ를 거느리며 나베프로는 음악 원반권_{음반 제작 비용을 댄 당사자에게 귀속되는 권리}을 획득해나갔다.

나베프로는 방송업계에도 막강한 영향력을 행사했다. 초창기라 아직 방송 제작비가 풍족하지 않은 시기부터 함께 업계를 꾸려나갔기 때문이다. 당시 신생 방송국이었던 후지TV의 〈더 히트 퍼레이드ザ·ヒットパレード〉 제작비는 30분당 10만 엔 정도였다. 출연료를 주기에도 턱없이 모자라는 금액이었다. 나베프로는 1년 동안 부족한 금액을 지원하며 방송 제작에 협업하기로 하고, 그 대신 자사 연예인 출연 임명권을 확보했다. 다행스럽게도 이 방송이 인기 콘텐츠가 되면서 나베프로 소속 연예인의 인지도를 올리는 플랫폼이 되어주었다.[8]

나베프로는 1971년에 확립된 저작권법 초안을 주도하기도 했다. 방송국, 레코드 회사, 영화 회사를 모아 음사협일본음악사업자협회을 설립하고, 회장 자리에 나카소네 야스히로中曾根康弘를 앉혔다. 그동안 예능·음악업계는 일개 연예인의 인기에 일희일비하는 장사라며 무시당해왔던 게 사실이다. 이런 상황에서 골프를 통해 정치인 사토 에이사쿠와 친목을 다져놓았던 나베프로는 정치인에 대한 로비 활동을 본격화하면서 권리에 대한 수익을 얻을 수 있도록 규칙을 재정비해 음악이 한 번 연주될 때마다 수익이 들어오게 만들었다. 음악이 하나의 사업으로서 안정적인 수익을 얻게 된 것은 바로 1970년대로, TV 보급과 시기적

와타나베프로덕션의 역사
(와타나베음악문화포럼
홈페이지)

도표 3-4 일본의 대표적인 예능사무소 설립 연도

설립 연도	예능사무소	설립 연도	예능사무소
1912	요시모토흥업	1980	데아트르아카데미
1950	마키세게이노샤	1980	재팬뮤직엔터테인먼트
1952	극단히마와리	1980	박스코퍼레이션
1957	와타나베프로덕션	1981	유마니테
1959	게이에이	1983	업프론트그룹
1960	호리프로		
1962	쟈니스사무소	1984	와하하혼포
1963	도호예능	1985	유고사무소
1963	나가라프로덕션	1985	라이징프로덕션
1963	오오타프로덕션	1988	오피스기타노(현 TAP)
1964	극단NLT	1988	에이벡스
1968	선뮤직프로덕션	1991	레프로엔터테인먼트
1968	아사이키카쿠	1993	케이대시
1970	오스카프로모션		
1971	버닝프로덕션	1993	트라이스톤엔터테인먼트
1973	다나베에이전시	1995	섬데이
1974	소니뮤직아티스츠	1995	톱코트
1974	마우스프로모션	1996	스위트파워
1977	프로덕션진리키샤	1998	플람므
1978	아뮤즈	1999	블루베어하우스
1978	비잉	2001	업프론트프로모션
1978	프로덕션오기		
1979	스타더스트프로덕션	2003	LDH JAPAN
1979	히라타오피스	2006	AKS
1979	겐온	2013	리틀도쿄프로덕션

으로 딱 맞물려 있다.

하나의 산업으로 발전하기까지 관련 업계의 연대도 중요한 역할을 했다. 예능사무소는 사장과 연예인 두 명으로도 설립할 수 있는 등 진입 문턱이 낮아 중소기업이 난무했다. 영화업계와 마찬가지로 이 사업 분야는 연예인이 곧 브랜드이기 때문에 이적과 스카우트가 아주 치명적인 영향을 미쳤다. 그래서 일본 예능사무소들 사이에는 업계 내에서 '스카우트하지 않는다'는 불문율이 있었다.

예능사무소는 상장 기업이 거의 없기 때문에 정확히 추산하기 어렵지만 한 자료에 따르면, 업체 수가 300곳에 이르는 이 사업 분야의 규모는 1조 2,000만 엔(2005년도 기준) 정도로,[9] 당시 일본 음악 시장의 2배나 되며 연간 TV 영상 제작비와 거의 맞먹었다. 미국과 비교해도 그 규모가 매우 큰 편이다. 이제부터 일본에서 예능사무소가 차지하는 위상에 대해 자세히 살펴보자.

독자적인 아이돌 문화를 만들어낸 쟈니스

영화와 마찬가지로, 1970년대까지 일본 음악은 서양 음악의 벽을 뛰어넘지 못했다. 레코드 소매가격도 서양 음악이 더 높았다. 그런 와중에 예능사무소는 노래 방송을 통해 고야나기 루미코, 아마치 마리, 미나미 사오리로 이루어진 '신산닌무스메新三人娘'와 모리 마사코, 사쿠라다 준코, 야마구치 모모에로 이루어진 '꽃의 중3 트리오花の中三トリオ' 등 아이돌을 판매하는 문화를 만들었다. 이는 현재까지도 일본 음악 시장의 중심축으로 역할하고 있다. 한마디로,

일본 음악 시장은 서양 음악이 문화의 중심에 있었던 다른 아시아 국가들과는 상황이 전혀 달랐다.

쟈니스는 여성 팬을 겨냥한 남성 아이돌로 일본에서 독과점 시장을 구축했다. 1970년대까지 신생 사무소였던 쟈니스는 1980년대 히카루GENJI1980년대 후반부터 1990년대 초반까지 활동한 쟈니스 소속 남자 아이돌 그룹, 1990년대 SMAP1991년부터 2016년까지 활동한 쟈니스 소속 남자 아이돌 그룹를 대표로 내세워 방송이나 출판 등 대중매체와 연계하면서 팬클럽, 콘서트, 뮤지컬을 통해 몇백만 명에 이르는 거대한 여성 팬덤 경제를 창출해냈다. 2000년대 들어서는 다카라즈카 가극단을 모티프로 하여 연습생 육성부터 데뷔 후 스케줄까지 모두 사무소가 관리하는 수직 통합형 구조를 구축해 매출 1,000억 엔을 넘기며 당대 최고의 예능사무소로 자리매김했다.[10]

쟈니스사무소의 역사
(쟈니스 홈페이지)

5

일본 열도에 갇힌
J-POP

레코드와 저작권이 탄생시킨 '신세계'를 맞이한 베짱이들

일본 음악 시장의 비즈니스 모델에 대해 말하기에 앞서 살펴봐
야 할 성공 사례가 하나 있다. 일본에서 처음으로 대규모 콘서트
를 연 것은 일본인이 아니라 1966년 일본 투어 공연을 온 비틀스
였다. 그 이전 일본에서 음악 콘서트를 열 만한 공연장은 수용 인
원 1,000명 정도인 현민회관이나 공회당이 전부였다. 비틀스가 라
이브를 개최한 곳은 1964년 도쿄 올림픽을 위해 새로 조성한 일본
무도관이었다. 이후 관객 1만 명 이상을 동원하는 대규모 라이브

공연이 많아졌다.

비틀스 콘서트를 위해 일본 무도관을 빌려주는 것에 반대하는 의견도 많았다. 유도나 검도 등 유서 깊은 전통 무도가 행해지는 곳을 콘서트장으로 사용하는 것에 대해 "비틀스인가 뭔가 하는 놈들한테는 빌려줄 수 없다"며 불만이 터져 나왔다. 쇼리키 마쓰타로〈요미우리신문〉의 초대 사주이자 일본 야구의 아버지가 프로야구 요미우리 자이언츠전을 메이지 신궁 야구장에서 개최해 "신성한 장소를 모독했다"는 이유로 암살 시도를 당했던 것처럼 말이다(「9장 스포츠」 참조). 그런데 아이러니하게도 이 같은 불만을 토로한 이는 일본 무도관 회장이었던 바로 그 쇼리키 마쓰타로였다.

영국에서 미국으로 활동 거점을 옮긴 비틀스는 음악업계에서 센세이션을 불러일으켰다. 그동안 라이브 공연의 입장료나 공연하면서 받은 푼돈으로 하루하루 근근이 살아가던 음악인들에게 레코드라는 새로운 매체는 '저작권'을 가지고 사업을 시작할 수 있는 신세계였다. 애초에 악기를 연주하고 노래를 불러서 생계를 유지한다는 발상은 1960년대 이전 사회에서는 허무맹랑한 생각으로 치부되기 십상이었다. 사람들이 생각하기에 음악인이라고 하면 죽어라 일하는 개미들과 달리 하루 벌어 하루 먹고사는 베짱이나 다름없었다. 당연히 모아둔 것도 없는 이런 이들이 혹독한 겨울을 보내기란 쉽지 않았다. 그런 음악인들이 '아티스트'로서 브랜드를 내세워 사업을 할 수 있게 된 것은 레코드와 저작권 덕분이었다. 이

도표 3-5 **일본 음악업계의 밸류체인(CD 판매)**

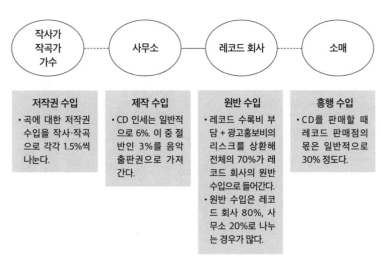

작사가 작곡가 가수	사무소	레코드 회사	소매

저작권 수입
• 곡에 대한 저작권 수입을 작사·작곡으로 각각 1.5%씩 나눈다.

제작 수입
• CD 인세는 일반적으로 6%. 이 중 절반인 3%를 음악출판권으로 가져간다.

원반 수입
• 레코드 수록비 부담 + 광고홍보비의 리스크를 상환해 전체의 70%가 레코드 회사의 원반수입으로 들어간다.
• 원반 수입은 레코드 회사 80%, 사무소 20%로 나누는 경우가 많다.

흥행 수입
• CD를 판매할 때 레코드 판매점의 몫은 일반적으로 30% 정도다.

출처) 저자 작성.

모델을 처음 대규모로 실천한 이들이 바로 비틀스다. 일본에서 나베프로나 호리프로 같은 사무소가 방송가와 힘을 합쳐 많은 아티스트를 키우고, 레코드나 CD 판매로 몇백억 엔을 벌어들이는 '기업'이 된 것은 1970년대에 이러한 획기적인 비즈니스 모델이 만들어진 덕분이었다.

하지만 저작권으로 큰 시장을 구축하기에 레코드와 카세트테이프만으로는 부족했다. 음악 산업이 다른 엔터테인먼트업계를 압도하던 1980년대 수익의 중심에는 CD라는 기술 혁신이 있었다. 비디오 리코더 경쟁에서 빅터에 진 소니가 필립스와 공동 개발해

도표 3-6 **일본 음악 시장의 성장**

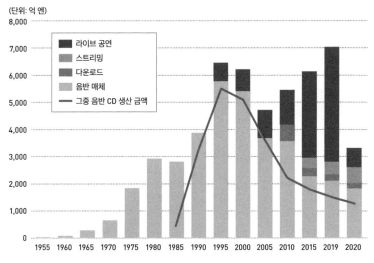

(단위: 억 엔)

라이브 공연
스트리밍
다운로드
음반 매체
— 그중 음반 CD 생산 금액

출처) 피아연구소의 『정보 미디어 백서』, 일본레코드협회 자료를 바탕으로 저자 작성.

1982년 상품화한 CD는 음악업계의 구세주가 되었다. 장당 3,000
엔 정도에 팔리는 CD는 제작비, 수송비가 저렴해 대부분의 매출
이 이익으로 남는 엄청난 고수익 상품이었다. 이용자 입장에서도
음질 저하가 없고 다루기도 손쉬워 레코드와 카세트테이프에 비
해 확실히 매력적이었다. 이에 힘입어 일본 음악 시장은 1970년
600억 엔 규모에서 1980년 3,000억 엔, 1990년 4,000억 엔, 그리
고 1995년에는 6,000억 엔을 훌쩍 넘기며 25년간 10배 성장하는
등 상상을 뛰어넘는 실적을 이루었다.

J-POP으로 기운 경사, 고립된 일본 음악 시장

일본 예능사무소의 장점은 '360도 비즈니스'다. 쉽게 말해, 사업 범위가 광범위하다. 6,000억 엔 규모의 CD 사업에서 저작권 인세는 6%에 불과하지만, 방송 매체와 힘을 합쳐 스타 아이돌을 탄생시킨 예능사무소는 음악 콘서트 사업을 하면서 굿즈 판매 사업을 할 수도 있다. 광고 출연료를 기대해볼 수도 있고, 팬클럽을 만들면 매달 일정 금액의 정기 결제 수익을 얻을 수도 있다. 유럽과 미국처럼 아티스트가 에이전트에게 여러 일을 맡기는 계약 관계와 달리, 예능사무소가 소속 직원처럼 연예인을 키우는 일본에서는 사무소가 한 스타를 위해 모든 업무를 도맡아 할 수도 있다.

이 분야에서 승기를 잡은 것은 에이벡스였다. 레코드 대여점에서 일했던 마쓰우라 마시토松浦勝人가 설립한 이 회사는 고무로 데쓰야小室哲哉라는 희대의 뮤지션 겸 프로듀서를 앞세워 일본 음악 분야를 휩쓸었다. 1997년 에이벡스의 매출 560억 엔의 70%인 400억 엔에 가까운 수익이 고무로의 노래를 통해 창출됐다. 히트곡은 멈추지 않고 계속 나왔다.[11] 에이벡스는 '음악으로 비즈니스를 하는 아티스트'보다 '유명한 아이돌을 아티스트로 만든다'는 관점에 초점을 맞췄다. 또한 드라마 제휴부터 광고까지 방송의 파급력을 이용해 시장을 장악해나갔다.

그 결과, J-POP은 일본을 고립된 섬으로 만들어버렸다. 2000

년 전후 일본 음악 시장에서 서양 음악의 점유율은 10%에 머물렀
다. 개방 시장에서 자국 음악이 90%의 점유율을 차지하는 나라는
아마 일본 외에 없을 것이다. 방화가 우세한 일본 극장에서도 서양
영화가 최소한 30%, 최근에는 50%를 점유하고 있다는 것을 생각
하면 분명 이례적인 사례다.

6

스트리밍,
곱셈식 비즈니스의 세계

일본, 변화의 물결을 거스르고 세계 최고 CD 대국이 된 이유

일본 음악 시장의 특이성이라면 서양 음악의 점유율이 낮고, CD 매출이 크다는 점을 꼽을 수 있다. 2020년 CD 매출을 살펴보면, 전 세계가 42억 달러(약 4,500억 엔)인데, 일본은 1,800억 엔이다. 일본이 세계 CD 매출의 40%를 차지한다는 뜻이다(도표 3-7). 6억 달러인 미국보다 곱절 이상인 CD 대국 일본은 CD 매장 수도 6,000개로, 미국 1,900개, 독일 900개에 비해 확연히 많다. 2010년대 후반, 세계적으로 스트리밍 시장이 절반 이상을 차지하는 트렌드 속에서도 일본만은 이 같은 흐름을 거스르고 CD 비중 70%를 유지하고 있다.

이런 상황이 된 데는 국토가 좁고 유통망이 발달해 CD 소매점이 가까운 곳에 있다는 점, 이용자가 고령화되면서 새로운 포맷으로의 전환이 원활히 이뤄지지 않는다는 점, 음악 레이블이 여럿 있어 온라인 전송 서비스 권리 계약이 제대로 진행되지 않는다는 점, 온라인 전송 사이트가 너무 많아 이용자들이 분산된다는 점 등 다양한 이유가 존재한다. 그러나 AKB48의 선발 총선거를 겸한 판촉 활동처럼 '흥행 비즈니스로서의 성공'이 가장 큰 영향을 미쳤을 것으로 보인다.

세계 음악 시장은 유니버설, 소니, 워너 세 회사가 70%를 장악하고 있다. 북미나 유럽도 이와 비슷한 모습이지만, 일본의 경우 이 세 회사를 다 합쳐도 그 비중이 30% 정도에 그친다.[12] 그 뒤를 이어 에이벡스, 쟈니스, 빅터 등 20여 개 회사가 늘어서 있다.

세계 톱 3인 유니버설, 소니, 워너는 1970~1990년대를 거치며 인수·합병(M&A)을 반복했다. 레코드부터 CD, 아이튠즈의 다운로드 전송, 스포티파이의 스트리밍까지 눈이 뒤집힐 만큼 빠른 속도로 변화하는 기술 혁신에 대항하기 위해 규모를 늘리고 교섭력을 키워 권리 수익을 최대화하기 위해 기를 썼다. 인수와 모회사 변경 과정 등은 너무나 복잡해 간단히 정리해도 혼란을 가중시킬 뿐이라 "프랑켄슈타인 같다"는 야유를 받기도 했다. 다양한 콘텐츠

도표 3-7 음악 레이블의 매출 내역

전 세계

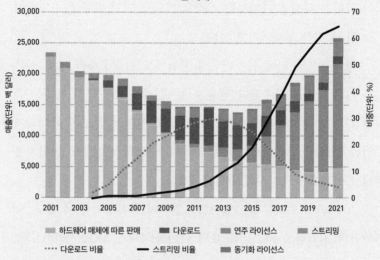

범례:
- 하드웨어 매체에 따른 판매
- 다운로드
- 연주 라이선스
- 스트리밍
- ⋯⋯ 다운로드 비율
- ── 스트리밍 비율
- 동기화 라이선스

일본

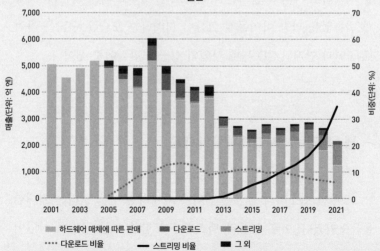

범례:
- 하드웨어 매체에 따른 판매
- 다운로드
- 스트리밍
- ⋯⋯ 다운로드 비율
- ── 스트리밍 비율
- 그 외

출처) 일본레코드협회의 『일본의 레코드 산업』 등을 바탕으로 저자 작성.

산업 가운데 이만큼 기술 혁신과 권리에 대한 교섭이 미래를 결정 짓는 분야는 음악 외에 없을 것이다. 이는 산업으로서 여러 취약점이 있다는 사실을 관계자들 스스로 깨닫고 있기 때문에 자기방어를 한 데 따른 결과이기도 하다.

세계적으로 일어나는 변화의 물결에도 아랑곳하지 않고 일본은 기존 방식을 고수했다. 많은 기업이 '폐쇄적 사회'라 불리는 유대 관계를 형성해 서로의 노하우를 공유하면서 규모를 확대하기 위한 업계의 재편은 일어나지 않았다. 오히려 예전부터 이어져온 레코드 기업을 존속시키기에 급급했다.

2010년대 오리콘 차트를 보면, 일본의 특이성이 눈에 띈다. 50위권에 진입한 아티스트를 보면 아이돌(쟈니스, AKB&사카미치계), LDH 소속(EXILE계), K-POP이 90% 이상을 차지한다. 이 세 부문을 제외하고 새롭게 들어온 아티스트는 10%도 되지 않는다. 이렇게 빈틈없을 만큼 아이돌계 그룹이 지배하는 모습은 수많은 라이브 공연과 연계된 CD 판매 사업의 성공이 만들어준 셈이다.

냅스터라는 대사건과 애플의 대응

1999년 냅스터의 등장은 인터넷 세계의 탄생을 알리는 거대한 울음소리였다. 이후 영상과 텍스트를 포함한 모든 콘텐츠 산업이

격동기를 맞았다. 가장 먼저 타격을 받은 것은 엔터테인먼트계의 '카나리아'인 음악 산업이었다. 냅스터는 MP3라는 압축 기술을 이용해 음악 파일을 인터넷상에 올리고 P2P로 컴퓨터를 연결해 이용자끼리 직접 서로 검색할 수 있어 음악 저작권 비즈니스를 붕괴시킬 수도 있는 서비스였다.

실제로 서비스가 운영된 기간은 1999~2001년 총 3년에 불과하지만 공유, 프리미엄, 추천, 관심사 그래프, 소셜 그래프, 다운로드 판매 등 21세기 음악 및 인터넷 비즈니스에서 요구되는 모든 요소가 냅스터 사건을 통해 논의됐다.[13] 당시 19세였던 창립자 숀 파커는 2004년 페이스북 CEO가 되었고, 2009년에는 스포티파이에 투자하면서 아직까지도 음악업계를 이끌고 있는 거물이다.

세상을 시끌벅적하게 만든 냅스터 사건은 스티브 잡스가 이끄는 애플의 아이튠즈가 잠재웠다. 한 곡당 99센트에 노래를 판매한다는 건 앨범 판매를 중심으로 이뤄지던 20세기 음악 시장을 뒤흔드는 아이디어였다. 하지만 유니버설, 소니, 워너 세 곳의 대기업과 교섭이 이루어지면서 아이튠즈는 성공가도를 달리게 되었다. 아이튠즈의 성공은 냅스터라는 위협이 닥치지 않았다면 불가능했을 것이다. 이런 과정을 거쳐 2000년대에는 아이튠즈의 다운로드 판매가 음악업계를 이끌었다. 2010년대 후반 스트리밍 서비스로 세대가 교체될 때까지 아이튠즈는 그 권위를 자랑했다.

잡스는 그 후에 등장한 스포티파이와도 대립했다. 2011년 세상을 떠나기 전까지 그는 안티 스포티파이 입장을 고수했다. 잡스는 "구독제는 그릇된 방법이다. 지금까지 우리는 음악을 '샀기' 때문"이라고 주장하며 스포티파이의 미국 진출을 저지하기 위해 꾸준히 노력했다.[14] 2006년 설립된 스포티파이는 유럽을 휩쓸었지만, "스트리밍이 세상을 망칠 것"이라는 잡스의 단호한 주장 때문에 북미에는 2011년이 되어서야 진출할 수 있었다. 그 후 애플의 앱 스토어에 진입하려 했지만 몇 번이나 거부당했는데, 이는 경쟁 서비스를 부당하게 없애려는 시도라며 소송 문제로까지 번졌다. 그랬던 애플이 2015년 무료로 애플뮤직을 서비스하기 시작했다. 이때부터 진정한 스트리밍 시장이 열린 셈이다. 그 결과, 냅스터가 나타나면서 점점 시들어가던 음악업계는 2016년 다시 성장세를 보이기 시작했다. 이 사건은 비즈니스를 진행하는 데 있어 경쟁 상대가 얼마나 중요한지 보여준다. 애플과 구글도 다운로드에서 스트리밍으로 옮겨갔으며, 세계 음악 시장에서 스트리밍의 비율은 이후 2021년까지 총 7년간 20%에서 70%를 넘어설 정도로 성장했다.

CD는 쉽게 말해 곱셈식 비즈니스였다. 연예인이 유명해지면 전국에 유통되는 저렴한 원가의 CD가 날개 돋친 듯이 팔렸다. 팬 굿즈처럼 과거의 작품들도 자동적으로 팔렸다. 하지만 2000년대 들어 음악 비즈니스의 중심이 라이브 공연으로 옮겨가면서 음악 시장은 다시 덧셈식 비즈니스로 돌아갔다. 무대에 계속 같은 공연을 올리면서 관객 동원 숫자에만 연연하다 보니 매출은 보장되지만 이익률은 점점 감소할 수밖에 없었다. 스트리밍은 음악업계를 다시 곱셈식 비즈니스로 돌려놓을 기회가 될 수 있다. 세계적인 트렌드에는 뒤처진 일본이지만 2020년대는 스트리밍을 기반으로 음악 비즈니스를 다시 정비할 적절한 시점이 될 것이다.

4장

출판 | 종이의 한계를 넘어

1

출판,
매스미디어의 문을 열다

유행의 주변에서 번영을 누리는 기민한 산업

영화도 게임도 글로벌한 산업이다. 이들은 '영상'을 기반으로
하기에 언어의 장벽을 넘어 전 세계로 침투하기 쉽다. 이런 점 때
문에 할리우드와 닌텐도가 세계를 석권하는 일이 가능했던 것이
다. 하지만 이는 출판업에는 적용되지 않는 이야기다. 출판은 문자
를 주체로 한 미디어이므로 로컬 상품일 수밖에 없다. 세계 각국
은 저마다 언어 장벽을 지니며, 저마다의 역사·사정·시대성을 작
품에 반영한다. 사실 콘텐츠 시장 중에서도 출판은 일본 시장이 상

대적으로 큰 부분을 차지하는 분야다. 콘텐츠 시장 전체로 보면 40조 엔 규모의 미국과 30조 엔 규모의 중국에 비해 일본은 10조 엔으로 큰 차이를 보이는데, 출판 쪽은 미국 4조 5,000억 엔, 중국 3조 엔에 비해 일본은 1조 5,000억 엔으로 다른 산업 분야만큼 규모의 차이가 크지 않다.[1] 게다가 수입·수출이 적어 일본에서 만들어진 출판물을 대부분 일본인이 소비하는 선순환이 유지되는 산업이다. 이는 다이쇼 시대에 보급된 '세계 최고의 (유통) 시스템', 즉 지방 구석구석까지 뻗어나간 서점·도매상의 유통망으로 전 국민에게 동시에 인쇄물을 전달할 수 있는 시스템이 갖춰진 덕분에 가능했다.

또한 출판은 음악과 더불어 가시성 높은 투자 상품이다. 한 명의 저자와 한 명의 편집자만 있으면 시작할 수 있으며, 한 권의 책을 내는 데 필요한 투자금은 많아야 수백만 엔 정도인 데다, 결과가 눈에 쉽게 보인다는 특징은 출판 시장의 진입 장벽을 낮추었고, 덕분에 수천 개의 중소 출판사가 등장할 수 있었다.

잡지 간행 붐도 되풀이됐다. 1970년대 말 애니메이션의 인기가 높아지자 1978년 『아니메쥬ァニメージュ』(도쿠마쇼텐), 1985년 『뉴타입』(가도카와쇼텐)이 창간됐다. 게임과 관련해서는 1986년 『패미컴 통신』(가도카와쇼텐)이 탄생했다. 그라비아グラビア, 미소녀의 비키니나 세미 누드를 찍은 영상물 또는 사진집의 유행은 1981년 『포커스』(신초샤), 1984년 『프라이데이』(고단샤講談社) 창간으로 이어졌다. 1985년에만 245종

의 잡지가 창간되었다. PC 여명기인 1983년 PC 관련 잡지가 60종 가까이 존재했다는 사실은 출판업계가 유행에 얼마나 민감하게 반응하는지를 보여준다. 한마디로 출판은 그 시대 첨단 유행의 주변에서 서브 미디어를 만들고, 필요한 정보를 수집·배포하며 함께 번영을 누리는 민감하고도 중요한 산업이다.

「2장 영화」에서 서술했지만, 전후 연합국최고사령부가 대중의 불만 배출구로 3S(스포츠, 섹스, 스크린)를 권장한 시대에 엔터테인먼트 산업 중 가장 먼저 성장세를 보인 것은 출판이었다. 출판사 수는 1945년 300개, 1946년 2,000개, 1948년 4,600개로 폭발적으로 증가했다. 이 같은 과잉 공급에다 1949년부터 시작된 불황이 겹치며 1951년에는 절반 이하로 줄어 1,900개가 되었고, 그 뒤 서서히 회복하면서 1960년 3,000개까지 안정적으로 늘어났다. 현재는 3,500개에 가까운 숫자의 출판사가 존재하고 있다.

출판 시장의 추이를 살펴보면(도표 4-1) 전후 50년, 즉 1995년까지 얼마나 영화로운 시대였는지 여실히 드러난다. 버블 경기 이후로는 감소세를 보이는데, 이 같은 하향 곡선은 음악과 신문 등의 시장에서도 비슷하게 나타났다. 전자책 시장은 그 규모가 확대되고 있지만, 출판 시장 전체의 축소를 막지는 못했다. 만화 분야에서는 코로나19 팬데믹 이후 웹·앱 관련 매출이 급성장하면서 전자책이 종이책을 이미 뛰어넘었지만, 출판 시장 전체로 보면 전자책의 점유율은 아직 30%에도 미치지 못한다. 최근 20년 사이에 3분

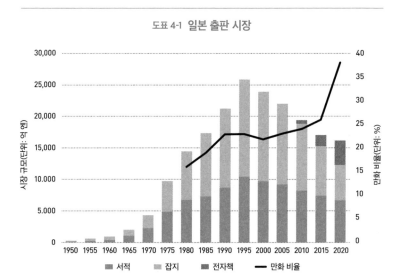

도표 4-1 일본 출판 시장

서장 규모(단위: 억 엔)

만화 비율(단위: %)

■ 서적　■ 잡지　■ 전자책　━ 만화 비율

출처) 『정보 미디어 백서』.

의 1로 그 숫자가 줄어든 잡지를 대체할 수익원 역시 찾아내지 못한 상황이다.

문맹 타파로 시작된 출판 황금기

라디오도 TV도 없던 시대에는 책과 잡지를 읽는 것이 일반 가정에서 즐길 수 있는 거의 유일한 엔터테인먼트였다. 메이지·다이쇼 시대에 나타난 교육의 보편화와 출판의 성장은 궤를 같이한다.

도표 4-2 일본인들의 취학률과 식자 인구 추이

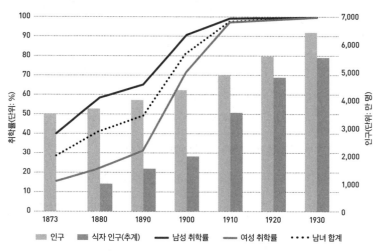

출처) 총무청, 『일본장기통계총람』. 식자 인구는 '인구×10년 전의 취학률'로 간이 계산.

메이지 시대 초기의 초등학교 취학률은 30% 정도였지만, 19세기 말에는 70%까지 상승했고, 학제를 공포한 이후 1910년에는 거의 100%에 도달했다. '활자'에 굶주렸던 사람들은 읽고 쓰기를 배우자 급격하게 출판물을 갈구했다. 문맹에서 벗어난 식자識字 인구수는 1890년 1,500만 명, 1910년 3,500만 명, 1930년 5,500만 명으로 급증했다(도표 4-2).

엔폰円本, 한 권에 1엔 균일가이던 전집류 붐은 이런 상황에 힘입은 바 크다. 1926년 가이조샤는 『현대일본문학전집』을 1엔(초봉 평균의 약 2%, 현재로 치면 400엔 정도)에 판매했는데, 권당 60만~80만 부가 팔렸다. 이후 신초샤의『세계문학전집』과 슌주샤春秋社의『세계대사상전집』등 전집 시리즈가 차례차례 출판되어 모두 불티나게 팔렸다.

한편, 잡지도 발행부수가 대폭 늘어났다. 1924년 창간한 고단샤의『킹』은 그때까지 최고 기록이던『슈후노토모主婦之友』의 25만 부를 더블 스코어로 뛰어넘으며 초판 1쇄 50만 부라는 기록을 세웠고, 1927년에는 120만 부를 찍으며 잡지 사상 최고 기록을 경신했다. 〈마이니치신문每日新聞〉, 〈아사히신문朝日新聞〉도 100만 부를 돌파했다. 어린이용 잡지『유년구락부幼年俱樂部』도 1931년 발행부수가 95만 부에 달했다. 이 시대는 전후의 고도 경제 성장기나 버블 경제 시기와 비교해도 나으면 나았지 못하지 않은, 근대화를 상징하는 출판의 황금기였다.

매스미디어의 시대는 바로 이때, 1925년 전후의 출판 황금기에서 시작되었다고 볼 수 있다.

2

일본 고유의
출판 유통 시스템

중개 유통, 위탁 판매, 재판제 3종 세트로 업계 발전

　일본 출판업계의 특징은 '재판매가격유지제도'(가격 고정)와 '위탁제도'(서점이 매입하지 않고 출판사에 반품할 수 있는 시스템), 출판-중개-서점이 낳은 유통 구조 이렇게 세 가지를 꼽을 수 있다. 책은 정가에 판매한다는 원칙을 세워 헐값에 팔지 않았고, 서점이 재고 리스크를 떠안을 필요도 없었으므로 팔리지 않는 책도 진열할 수 있어 서점들은 다양한 종류의 책을 갖춰놓는 게 가능했다.

　소매점이 가격 결정권을 갖지 않고 제조사가 정한 정가를 기본으로 판매하는 재판매가격유지제도는 이 제도가 도입된 1950년대에 화장품과 의약품, 사진기 등에도 적용되었다. 사용자에게 이익이 된다고는 할 수 없지만, 제품 가격이 안정되기 때문에 다양한 브랜드가 성장할 기반이 마련되고 신규 업체의 소매 시장 진입 장벽을 낮춘다는 장점이 있다. 다만, 이 제도는 산업 성장기에는 제대로 기능하지만, 성숙기에 들어서면 제조사와 소매점의 권력 관계가 불균등해지기 쉽다.

다이에가 일으킨 유통 혁명은 사용자와 직접 접하는 소매점이 제조사가 정한 바로 이 정가를 무시하고 할인·판촉을 진행하면서 일어났다. 그 결과, 대부분의 상품이 재판매가격유지제도 적용 대상에서 제외되었는데, 신문과 음악 소프트(레코드 음반·음악 카세트 테이프 및 CD), 출판물에 관해서는 이 제도가 유지되고 있다. '저작물(지식재산)'로서의 예외 규정이 적용된 셈이다. 미국과 유럽에서는 제조사가 가격을 정하는 것이 원칙적으로 위법이다(유럽의 경우, 한시성 있는 재판매가격유지제도나 고액 판매를 금지하는 상한 제도 등은 존재한다).

그렇다면 위탁 판매는 어떨까? 이것이야말로 출판업계를 상징하는 시스템이다. 메이지 시대에서 다이쇼 시대로 넘어가는 1910년 전후에 시작된 이 혁신적인 제도 덕분에 일본 전국에 서점이 급증해(메이지 시대 말기 3,000개이던 서점 수

일본 출판업계의 기초 지식
(일본 출판과학연구소 홈페이지)

는 다이쇼 시대 말기 1만 개로 증가했다) 전국 구석구석까지 책이 닿을 수 있게 되었다. 다만, 서점의 의지로 시작되었다기보다는 서점의 의사와 관계없이 출판사와 중개사가 위탁제를 적용함으로써 서적과 잡지를 전국 각지의 서점에 대량으로 배본할 수 있게 된 것이다.

1890년 전후 정비되기 시작한 중개 유통, 1910년 전후 시작된 위탁 판매, 1950년 전후 시작된 재판매가격유지제도. 이 세 가지가 출판 산업을 대형 매스컴 산업으로 길러내는 구조를 만들었다. 이 세 가지 제도는 현재까지 유지되고 있다. 이 같은 유통 시스템은 '세계 최고의 시스템'으로 널리 알려졌지만, 반대로 어떤 책이 팔릴 것인지에 관한 판단 능력을 갖추지 못한 서점이 난립하는 결과도 낳았다. 1980년대 서점은 공급 과잉 상태가 되었는데, 중개사가 부실 서점을 자금력으로 뒷받침하면서 사태가 더욱 악화됐다. 이런 상황에서도 출판사는 점점 출판 종수를 늘려갔다. 이 같은 삼중 구조 속에서 1995년 이후 출판계는 궁지에 몰리게 된다.[2]

불안정한 출판을 살린 잡지의 약진

유통망에 관해 이야기하기 전에 서적과 잡지의 차이를 알아볼 필요가 있다. 저널리즘 주간지, 오락성 만화 잡지와 패션지, 그리

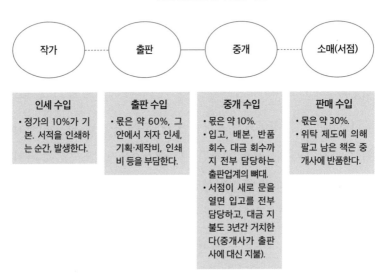

작가	출판	중개	소매(서점)

인세 수입	출판 수입	중개 수입	판매 수입
• 정가의 10%가 기본. 서적을 인쇄하는 순간, 발생한다.	• 몫은 약 60%, 그 안에서 저자 인세, 기획·제작비, 인쇄비 등을 부담한다.	• 몫은 약 10%. • 입고, 배본, 반품 회수, 대금 회수까지 전부 담당하는 출판업계의 뼈대. • 서점이 새로 문을 열면 입고를 전부 담당하고, 대금 지불도 3년간 거치한다(중개사가 출판사에 대신 지불).	• 몫은 약 30%. • 위탁 제도에 의해 팔고 남은 책은 중개사에 반품한다.

출처) 저자 작성.

고 취미에서부터 비즈니스까지 세상 사람들의 온갖 관심사를 타깃으로 삼아 잡지의 장르는 계속해서 늘어나고 있다.

잡지의 범위는 다소 애매하다. 만화의 경우, 잡지도 단행본도 '잡지'로 취급한다. 중개 유통과 위탁 판매가 확립된 다이쇼 시대 전까지 서점은 기본적으로 발주 방식을 통해 서적만 취급했고 유통 속도도 보수적이었다. 반면 잡지는 문구점과 포목점, 여관 등에서 가게 앞에 늘어놓고 팔기도 해 유통망이 훨씬 넓고 섬세했다. 배송 면에서 서적은 나무 상자에 넣어서 옮겨야 했지만, 잡지는 신문지로 감싸서 기차로 옮겼기에 비용 면에서 훨씬 부담이 적었다. 이렇듯 서적과 잡지에는 격의 차이가 분명 존재했는데, 관동대지진으로 유통망이 한번 크게 붕괴한 뒤에는 많은 서적이 잡지처럼 취급되며 전국에 대량 공급되기 시작했다.

무엇보다 서적은 작품에 따라 성패가 갈릴 수밖에 없는 불안정한 장사다. 그에 비해 잡지는 정기적으로 발행하는 것 자체가 힘들기는 하지만 일단 독자가 붙기 시작하면 수익이 쌓이는 '축적식 장사'다(실패하면 당연히 적자도 커지지만). 메이지 시대 초기에 사족土族 계급이 세운 출판사(당시에는 유통과 서점 운영을 같이 했다)로 마루젠丸善, 유히카쿠有斐閣, 교분칸教文館 등 몇 곳이 남아 있기는 하지만, 성공작을 낸 출판사라 해도 예외 없이 줄도산했다. 남아 있는 것은 잡지나 교과서 등 축적식 사업 구조를 가지고 있는 출판사뿐이다. 이런 상황에서 잡지는 독자를 끌어모으고 이를 유지하는 힘을 바탕으로 출판사에 '광고 수입'이라는 새로운 모델을 만들어주었다. 20세기 출판업계의 약진은 출판 유통의 산업 구조와 잡지 장르 진출에 힘입은 바 크다.

3

세계 유일의
만화 대국

단카이 세대의 성장과 만화 잡지의 거대화

일본이 만화 대국이라는 것은 새삼 거론할 필요도 없는 사실이
다. 일본에서 만화 매출은 서적 및 잡지를 포함한 모든 출판물 매
출의 30%가 넘는 5,000억 엔에 이른다. 프랑스에도 만화를 즐기
는 문화가 있지만, 프랑스 만화 '방드 데시네bande dessinée'는 전체의
10%를 밑도는 규모이며, 미국의 '아메리칸 코믹스American comics'도
전체의 3%에 미치지 못한다. 전 세계 1조 5,000억 엔 규모의 만화
시장 중 30%를 일본이 장악하고 있는 것이다.[3]

일본을 만화 대국으로 만든 것은 만화 주간지의 성장에 힘입은 바 크다. 1950년대에는 『선데이 마이니치サンデー-毎日』, 『주간 아사히』 등 신문사 계열의 주간지가 판매량 100만 부를 돌파했고, 『주간 포스트』, 『주간 겐다이週刊現代』 등 출판사 계열 주간지도 발행부수가 대폭 늘어났다. '성·돈·출세'를 3대 테마로 삼은 성인용 주간지도 연달아 발간됐다.

이때까지만 해도 만화는 아직 월간지의 시대였는데, 『모험왕』(아키타쇼텐秋田書店, 1949년 창간)을 필두로 『쇼넨가호少年畫報』(쇼넨가호샤, 1950년 창간)가 1958년 80만 부라는 최고 기록을 세웠다. 하지만 만화업계에도 곧 주간지의 시대가 도래하리라는 기대가 점차 부풀어올랐다. 그리고 드디어 1959년, 소년 만화 주간지로서 고단샤의 『주간 소년 매거진』과 쇼가쿠칸小學館의 『주간 소년 선데이』가 등장했다.[4]

이런 움직임의 배경이 된 것이 바로 단카이 세대團塊世代의 성장이다. 쇼가쿠칸의 대표 잡지 『소학 1학년小學一年生』으로 시작해 6년간 이 회사의 잡지를 읽고 자라난 아이들이 중학생 이상 되면 쇼가쿠칸에서 차츰 멀어질 수밖에 없다. 1947~1949년 베이비붐 때 태어난 단카이 세대 어린이들이 중학교에 진학하기 시작한 이 시기에 연간 출생자 수는 정점인 250만 명에서 150만 명 정도까지 수그러들었다. 따라서 어떻게 하면 단카이 세대를 '졸업'시키지 않고 독자로 남게 할 수 있을지 고민한 끝에 '만화 주간지'라는 발상에 이른 것이다.

만화 잡지의 성장사는 곧 단카이 세대의 성장사이기도 하다. 단카이 세대가 대학생이 된 1968년 만화 잡지는 새로운 기점을 맞는다. 『주간 소년 매거진』은 1967년까지 만 14세(중학교 2학년) 이하 독자가 전체의 80%를 차지했는데, 1969년에는 20%로 감소했다. 단카이 세대 독자가 고등학생·대학생이 되어도 떠나가지 않고 『주간 우리들 매거진』 등 저연령층 대상의 잡지로 흘러가지도 않고, 그대로 『주간 소년 매거진』 독자층으로 머무른 것이다.

데즈카 오사무手塚治의 『우주소년 아톰』 등으로 시작된 여명기의 만화 작품이 『거인의 별』, 『내일의 죠』를 비롯한 성인용 극화 작품으로 자연스럽게 세대 교체를 하는 가운데, 만화는 세대를 뛰어넘어 보편적인 미디어로 자리 잡았다. 1995년 『주간 소년 점프』는 발행부수 650만 부를 돌파하는 경이로운 기록을 세웠다(「5장 만화」의 〈도표 5-4〉 참조). TV든 음악이든 1990년대 중반의 정점까지는 모두 똑같이 '단카이 세대를 위한 미디어'였다.

미국의 '3배 속도'로 '10분의 1 가격'에 양산

만화 주간지는 출판업계 비즈니스 모델의 혁명이었다. 당시 만화 주간지는 30엔이라는 낮은 가격에 판매됐는데, 원가율이 90%

를 넘었다. 『주간 소년 매거진』도 『주간 소년 선데이』도 13명의 편집 스태프를 배치해 만화가가 매주 늦지 않게 원고를 넘길 수 있도록 했다. 당연히 적자를 무릅쓸 수밖에 없었다.[5] 게다가 성인용 주간지와 달리 만화 잡지에는 광고가 붙지 않았다. 10년의 세월이 흘러 『주간 소년 매거진』이 100만 부를 돌파했을 때도 회사는 여전히 적자를 면치 못했다. 한마디로 만화 시장은 각고의 노력으로 장기전을 버텨낸 두 회사의 경쟁 결과로 만들어진 '기적의 시장'이라 할 만하다.[6] 그만큼 수익이 낮았던 만화 잡지가 하나의 비즈니스로 자리매김할 수 있었던 것은 연재분을 모은 만화 단행본의 판매 수입, 그리고 캐릭터 완구에서 얻는 라이선스 수입이 있었기 때문이다. 주간지만으로는 수지가 맞지 않아도 주간지 발행을 이어감으로써 얻을 수 있는 이익은 컸다.

〈도표 4-4〉에서 볼 수 있듯, 만화 잡지 200엔, 만화 단행본 500엔이라는 가격은 미국과 비교하면 그야말로 파격적이다. 만화 잡지 1페이지당 0.5엔이라는 단가는 미국 만화의 10분의 1 이하 수준이다. 수익이 나는 만화 단행본의 페이지당 단가 3.1엔조차 미국의 절반에도 못 미친다. 한편 매달 발간되는 만화 종수는 미국이 100종, 일본이 300종 정도다. 일본 만화 산업은 미국보다 3배 빠른 속도로 양산되고, 10분의 1 가격에 판매되는 '생산 혁명'에 의해 성장을 이룩해온 것이다.

만화의 생산 혁명은 만화가의 경이적인 중노동에 의해 지탱될

도표 4-4 일본과 미국 만화 단행본·잡지 비교

	일본		미국	
	만화 단행본	만화 잡지	만화 단행본	만화 잡지
페이지 수	160쪽	400쪽	160쪽	32쪽
컬러	흑백	흑백	흑백	올컬러
가격	5.0달러 (페이지당 3.1엔)	2.0달러 (페이지당 0.5엔)	12.0달러 (페이지당 7.3엔)	2.0달러 (페이지당 6.3엔)
종수	월 1,000종	월 300종	월 100종	

출처) 1990년대를 상정하여 저자가 작성. 간이화를 위해 '1달러=100엔'으로 계산.

수 있었다. 만화 주간지의 성장기에 있었던 사례를 살펴보자. 나가이 고永井豪는 주간지 다섯 곳에 동시 연재를 했다. 구체적으로 나열하면 『주간 소년 점프』에 「파렴치 학원」, 『주간 소년 챔피언』에 「아바시리 일가あばしり一家」, 『주간 소년 선데이』에 「아니마루케다만あにまるケダマン」, 『주간 소년 매거진』에 「데빌맨」, 『킹』에 「스포콘 군ス ポコンくん」이다. 1회당 10페이지가 넘는 작품을 일주일에 다섯 개씩 마무리 지었던 것이다. 어시스턴트 스태프가 있으니 혼자서 전부 완성했던 것은 아니지만, 다른 시대나 나라에서는 시도할 생각조차 하지 않을 시스템이었다.

세계에서 유일하게 일본이 만화 대국인 이유는 무엇일까? 여기에 명확한 답이 있다. 다른 국가에서는 이러한 생산 체제를 유지할 수 없다. 다른 분야의 노동자보다 두세 배 노동 시간을 들이고, 휴식 시간이 거의 없는 생산 체제가 오본_{양력 8월 15일에 지내는 일본의 명절}과 정월만 제외하고 계속 돌아간다. 이렇게 만들어진 결과물이 매주 수백 권씩 나오는 만화 잡지와 미디어를 통해 서점과 편의점 등에 유통되고, 어른부터 아이까지 너나없이 이를 즐겨 본다. 반세기에 걸쳐 확립된 일본 만화 생산·소비 시장은 세계에서 유일하게 '문화 소비 인프라'로서 기능하고 있으며, 이후 애니메이션·게임 시장으로 이어졌다. 뒤틀린 수요와 위험한 공급의 균형 위에서 지극히 값싼 가격에 다양한 '작품'의 창조성을 만나고 있는 것이다.

4

출판의 다음 시대,
캐릭터 비즈니스

가도카와, 전통 문학 출판에서
영화 산업의 총아가 되기까지

저렴하고 빠른 미디어이면서 궁극적으로 '세계관, 이야기, 캐릭터, 정보'를 침투시키는 것이 출판의 본질이다. 이를 위해 종이에 인쇄될 필요도 없고, 극단적으로 말하면 꼭 텍스트일 필요도 없다. 작가가 지닌 이야기·그림·정보를 어떻게 사용자에게 전달하고 그것을 구입·소비하게끔 할 것인가. 이런 관점에서 보면 출판사가 종이라는 수단에 한정돼 있는 것은 너무 아까운 일이다.

21세기 들어 출판사는 종이 매체의 영락과 함께 다양한 비즈니스 모델을 모색했다. 영화와 애니메이션에 출자하고, 게임을 개발하고, 캐릭터를 IP화해서 이벤트를 개최하거나, 관련 굿즈를 판매하기도 한다. 이러한 움직임에서 가장 앞선 것이 미디어그룹 가도카와였다.

가도카와의 전신인 가도카와쇼텐은 출판사로선 후발 주자였다. 1945년 창립한 이래, 문학가이자 창립자인 가도카와 겐요시角川春樹가 사망한 1975년까지 '주간지와 만화와 포르노에는 손을 대선 안 된다'며 사전, 교과서, 문예에서만 다뤘다. 굳이 말하자면 이와나미쇼텐岩波書店이나 신초샤와 경쟁하는 회사로, 대중을 위한 잡지나 만화 붐과는 동떨어져 있었다.

그런 가도카와가 겐요시가 사망한 후, 봇물 터지듯 영화(1976), 주간지(1982), 만화(1984) 분야에 진출했다.[7] 겐요시의 장남 가도카와 하루키角川源義가 이끌어낸 획기적인 변화였다. 특히 '읽고 나서 볼까, 보고 나서 읽을까' 같은 캐치프레이즈와 문고본에 끼워주는 책갈피를 할인권으로 활용한 '활자와 영상과 음악의 미디어믹스'는 혁신적이었다.

가도카와는 후일 지브리를 탄생시킨 도쿠마쇼텐과 나란히 정체되어 있던 영화 산업에 새로운 바람을 불어넣었다. 가도카와가 쇼치쿠와 협업해 제작한 〈팔묘촌八つ墓村〉의 경우, 처음

가도카와의 역사
(KADOKAWA 홈페이지)

청구된 간접비가 4억 엔이었는데 가격 교섭 결과 1억 원에 낙찰된 사실만 보더라도 다른 업종에서 영화 사업에 뛰어들기에는 다분히 높은 장벽이 존재했다.[8] 그럼에도 불구하고 가도카와는 매년 4~5편씩 영화에 출자했다. 이 영화 사업은 훗날 다이에이와 닛폰헤럴드영화 매수로 이어졌다. 그리고 결국 '고전의 이와나미', '문예·해외 문학의 신초', '영화 문고의 가도카와'라는 타이틀을 얻게 된다.

출판의 새로운 돌파구,
미디어믹스와 캐릭터 비즈니스화

가도카와의 영화에 출연한 야쿠시마루 히로코藥師丸ひろ子, 하라다 도모요原田知世 등이 1980년대 후반 차례차례 독립하면서 예능사무소의 역할이 끝나갈 무렵, 가도카와는 거액 투자로 인한 부채를 짊어지게 된 데다 가도카와 하루키가 마약법 위반으로 체포되는 등 악재를 겪는다.

하루키가 체포된 후 그의 동생 가도카와 쓰구히코角川歷彦의 시대를 맞은 가도카와는 새로운 비즈니스 모델을 마련한다. 쓰구히코가 추진한 것은 '활자와 애니메이션과 게임의 미디어믹스'였다. 만화와 주간지 부문에서 후발 주자였던 가도카와는 틈새 영역에서 출판사의 활로를 찾았다. 그 결과 PC 잡지『콤프틱』(1983), 애니메이션 잡지『뉴타입』(1985), 도시 정보지『도쿄 워커』(1990) 등을 창간한다. 게임과 문예의 중간 지점에 있는 라이트노벨 장르도 개척한다. 1990년대 서브 컬처 잡지의 약진으로 가도카와는 연매출이 500억 엔에서 1,000억 엔으로 성장했다.

2000년대『스즈미야 하루히의 우울』에서 시작된 애니메이션 출자,『패미컴 통신』을 발행한 아스키의 자회사화(2004), 리크루트 스태핑의 출판 기업 미디어팩토리 매수(2011), 인터넷 동영상 스트리밍도완고와 경영 통합(2014), 게임 회사 프롬소프트웨어 매수(2014) 등 연이은 인수·합병으로 2015년 연매출 1,500억 엔으로 성장하며 출판 3대 대기업(고단샤, 쇼가쿠칸, 슈에이샤集英社)과 어깨를 나란히 하게 됐다. 출판업계의 부진으로 일제히 매출이 하락한 최근 20년간 오히려 매출이 배로 성장한 가도카와는 가장 출판사답지 않았기 때문에 출판의 차기 모델을 만들어낼 수 있었다.

가도카와 겐요시, 가도카와 하루키, 가도카와 쓰구히코 세 경영자는 저마다 다른 전략으로 회사를 성장시켰다. 리더가 바뀐 것만으로도 이렇게 큰 변화가 나타난다는 것을 생각하면, 출판업은 기민함이 특징인 업계라고도 할 수 있을 것 같다.

20세기는 잡지의 시대로, "잡지는 대기업, 서적은 중소기업"이라고 일컬어질 정도로 차이가 크게 벌어졌지만, 이제는 잡지의 속보성과 광고를 인터넷에 빼앗기면서 한 세기 가까이 이어져온 출

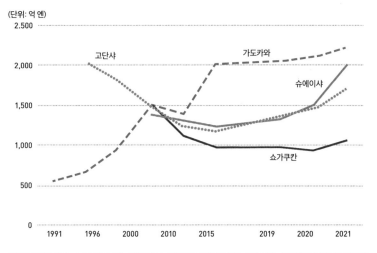

(단위: 억 엔)

2,500

2,000 ··· 고단샤 / 가도카와

1,500 / 슈에이샤

1,000

500

0

1991 1996 2000 2010 2015 2019 2020 2021

쇼가쿠칸

출처) 「신분카온라인」, 쇼가쿠칸은 2월 결산(2022년 2월까지가 2021년도 분), 슈에이샤는 5월 결산(2021년 5월까지가 2021년도 분), 고단샤는 11월 결산(2021년 11월까지가 2021년도 분), 가도카와는 3월 결산(2022년 3월까지가 2021년도 분)이다.

판 모델에 변화가 요구되고 있다.

현재는 인수·합병으로 확대된 가도카와가 가장 규모가 큰 업체다. 한편, 만화 부문을 보유한 슈에이샤, 쇼가쿠칸, 고단샤에서도 변화의 싹이 움트고 있다. 계속 적자를 보던 전자책·만화 앱이 수익을 올리고 있으며, 동시에 만화와 관련된 애니메이션업계가 해외 판매로 호경기를 맞으며 매출·이익 모두 상승세를 보이고 있다. 특히 『귀멸의 칼날』이 인기몰이를 하며 슈에이샤가 눈부신 매출 상승세를 보이고 있다.

이 밖에 서적·잡지가 하락세를 보이는 가운데, 이제야 겨우 미디어믹스와 캐릭터 비즈니스화라는, 다른 업종과의 컬래버레이션이 출판업을 다음 성장으로 이끄는 활로로 주목받고 있다.

5장

만화

시대를 추월하고, 다시 시대에 추월당하고

1

우키요에에서 IP까지,
일본 자생 콘텐츠

우키요에에서 시작된 일본 만화 문화

애니메이션과 게임 모두 미국에서 수입됐지만, 만화의 경우는 좀 다르다. 영국과 미국의 만화는 권력자를 조롱하기 위한 의도로 신문에 게재한 풍자화를 기원으로 한다. 미국의 첫 번째 만화 잡지는 1930년대에 그런 풍자화를 추려 모은 얄팍한 잡지, 이른바 '아메리칸 코믹스'에서 시작됐다. 현재까지도 올컬러 30페이지 분량으로 발간되고 있으며, 신문 가판대나 '하비샵'이라 불리는 중소 소매점에서 '마니아용' 상품을 판매하고 있다. 어디에서든 구할 수 있는 일본 만화 잡지와는 크게 다르다.

'만화'라는 말은 1814년 우키요에 화가 가쓰시카 호쿠사이葛飾 北齋가 '종잡을 수 없는 그림'이라는 의미로 사용한 것에서 유래했다.[1] 그 후 100년이 지나 만화는 소년 소녀를 위한 두꺼운 교양서의 일부가 되었다. 즉, 일본 만화는 수입된 게 아니라 국내에서 탄생했다.

만화가 자랑스러운 문화의 하나로 자리 잡은 것은 최근 몇십 년 사이의 일이다. 전쟁 이후 만화는 아이들을 어르고 달래는 '장난감' 역할을 했다. 데즈카 오사무도 영화나 애니메이션을 하려니 돈이 많이 들어 그 '대용품'으로서 만화를 그렸다고 했다. 이처럼 만화는 오랫동안 서브 컬처라는 인식이 강했다. 『주간 소년 매거진』, 『주간 소년 선데이』 창간호가 '주간 만화 잡지'라는 이름을 내걸었지만, "만화만 실으면 사회적 비판을 피할 수 없을 것"이라며 만화를 전체의 30% 정도로 구성했다는 데서 당시 만화의 위상을 잘 알 수 있다.[2]

불황기에도 호황을 누렸던 그림연극 화가들, 만화가로 전직

초기 만화가들은 대부분 전쟁 전 아카혼赤本, 에도 시대 중기부터 발행된 어린이용 그림책이나 그림연극의 그림을 그리던 화가 출신이었다. 1930

도표 5-1 **그림연극과 영화관, TV**

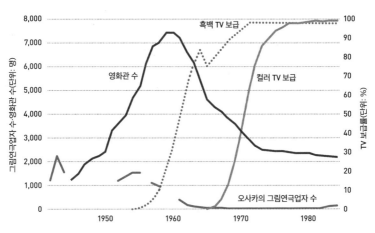

출처) 야마모토 다케토시의 『그림연극: 길모퉁이의 미디어』 등을 바탕으로 저자 작성.

년대 그림연극은 하나의 큰 산업이었다. 공원 등에서 보여주는 이동식 그림연극은 크게 인기를 끌었다. 1센(현재 가치로 200엔)이면 사탕을 사고 20~30분 정도 공연되는 즉흥극을 관람할 수 있었다. 당시 대표적인 문화생활은 극장에서 하는 라쿠고 공연과 토키talkie, 영상이 상영될 때 음성 대사와 음악이 함께 나오는 초창기 유성영화였는데, 그림연극은 이를 더 친숙하게 만든 형태였다. 세계 대공황 이후 실업자가 늘어나자 하루에 15센(현재 가치로 3,000엔) 정도에 그림연극 도구를 빌려 사탕을 팔며 돌아다니는 장사가 유행했다. 전후에도 마찬가지로 그림연극이 유행했다. 정점을 찍은 1950년대에 그림연극업자는 오사카에만 1,500명, 전국적으로 5,000명에 달했다. 그러다가

		관객 수(단위: 만 명)	인구(단위: 만 명)	1인당 연간 시청 횟수
	도쿄	14,877	628	23.7
	오사카	12,947	386	33.6
	후쿠오카	3,504	353	9.9
	효고	3,480	331	10.5
	가나가와	3,376	249	13.6
	도치기	2,970	155	19.2
	아이치	2,628	339	7.7
	군마	2,320	160	14.5
	사이타마	2,296	215	10.7
	교토	2,218	183	12.1
	그 외	11,526	5,413	2.1
전국		62,141	8,412	7.4
영화 관객 수		78,676	8,412	9.4

출처) 야마모토 다케토시의 『그림연극: 길모퉁이의 미디어』 등을 바탕으로 저자 작성.

TV가 보급되면서 그 수가 격감했다.

일시적인 유행이었지만, 전후 그림연극이 보급되었다는 사실에는 주목할 만한 점이 있다. 〈도표 5-2〉에서 볼 수 있듯, 1949년 그림연극 관객 수는 6억 2,000만 명으로, 영화 관객 수(7억 8,000만 명)와 견줄 만한 수준이다. 평균 관람 횟수는 한 명당 연간 7회, 오사카에서는 한 달에 3회나 된다. 현재 관객 수의 경우, 영화는 연간 1억 9,000만 명(연간 1.5회), 음악 콘서트는 5,000만 명(연간 0.4

회)이라는 점을 감안하면, 오락거리가 없던 전후에 그림연극이라는 엔터테인먼트가 사람들에게 얼마나 큰 매력을 지녔었는지 알 수 있다.

참고로 미국의 아메리칸 코믹스도 일본의 그림연극과 비슷한 시기에 정점을 찍었다. 아메리칸 코믹스는 1930년대에 번성해서 1950년대 전반에 절정을 맞이했다. 이후 TV가 보급되면서 선정적이고 기괴한 요소들이 제작자의 자체적인 규제를 거치는 과정에서 사라져 내용이 진부해졌고, 그 결과 마니아용 작품만 남고 말았다. 일본의 경우, 미국보다 10년 후인 1960년 전후에 TV가 보급되었지만 그림연극은 1950년대 중반부터 쇠퇴의 길을 걸었다. 일본 전국에 2만 개나 존재하던 '책 대여점' 때문이었다. 책 대여점에서 데즈카 오사무의 만화 등이 담긴 아카혼을 저렴한 가격에 빌려주자 그림연극 대신 이곳으로 아이들이 몰려들었던 것이다.

캐릭터 비즈니스의 탄생도 그림연극에서부터

그림연극을 '아이들을 위한 교육적 이야기'라 생각하기 쉽지만, 이는 지금까지 남은 작품만 보고 추정한 것일 뿐이다. 당시 그림연극은 아메리칸 코믹스와 또 다른 선정적이고 기괴한 매력이 있었다. 이런 특징을 보여주는 작품으로 표범의 뇌가 이식된 과학자가 마인이 되어 범죄를 저지른다는 내용의 〈마인魔人〉, 샤미센일본의 전통 현악기을 만드는 데 필요한 가죽을 구하기 위해 고양이를 죽이는 것을 생업으로 삼은 가족의 딸로, 산 채로 쥐를 먹으며 네 발로 기어다니는 '묘녀'가 된 소녀 미코를 에로틱하게 묘사한 〈묘녀猫娘〉가 있다.

이 시기부터 IP라 할 만한 캐릭터가 만들어졌다. 1930년대 초반 제1차 붐 때 창작된 〈황금 박쥐黃金バット〉도 그중 하나다. 전후 세대 아이들을 위해 그려진 히어로물로서 첫 붐을 일으킨 〈황금 박쥐〉는 실사 영화화(1950), TV 애니메이션화(1967), 단행본화(1990)가 이루어지는 등 그림연극에서 캐릭터 비즈니스로 발전하는 첫걸음을 내디딘 작품이다.

매달 수백 점이 만들어지는 그림연극에서 수많은 만화가가 탄생했다는 사실을 부인할 순 없다. 『내일의 죠』의 작가 지바 데쓰야ちばてつや도 "나의 만화에 큰 영향을 준 것은 바로 그림연극"이라고 말했다.[3] 이 즉흥극 콘텐츠를 떠받치던 인재들은 이후 연극과 출판계로 뿔뿔이 흩어졌다.

2

데즈카 오사무,
만화의 근본이 된
이단 만화가

'이단 만화가'에서 '만화의 신'으로

지면이 한정돼 있어서 데즈카 오사무에 대해 다 적을 수는 없다. 간략하게 소개하면, 1946년 오사카대학 부속 의학전문부 1학년이었던 데즈카는 신문 네 컷 만화 『마아의 일기장マアチャンの日記帳』으로 데뷔했다. 이후 아카혼 『신보물섬』이 40만 부나 팔리면서 이례적인 베스트셀러 작가가 되었고, 26세가 된 1954년에는 간사이 부자 순위 중 만화가 부문에서 1위를 차지했다. 이 같은 영광은 어디까지나 수많은 좌절과 콤플렉스를 딛고 이루어낸 결과였다.

오사카에서 유명인사가 된 데즈카는 의기양양하게 자신의 만화를 들고 도쿄의 출판사를 찾아갔지만 하나같이 냉담한 반응뿐이었다. 『신보물섬』을 본 시마다 게이조島田啓三는 "이건 만화계의 이단이야. 이런 만화가 성공하면 아주 큰일이지. 그리는 거야 자네마음이지만 그냥 혼자 보는 걸로 만족하는 게 좋겠네"라고 평했는데, 이는 당시로선 당연한 반응이었다.[4] 시마다 게이조는 『모험 단키치冒險ダン吉』 등 많은 히트작을 내고 도쿄아동만화회 회장을 역임한 인물이다.

당시 아카혼 만화의 대가들이 북적이는 도쿄에서 만화계에 데뷔하려면 대가 밑에서 20년은 배워야 하는 게 정석이었다. 오사카에서 만화에 갓 입문한 풋내기가 그림과 만화의 기초도 없이 자유롭게 그린 '만화적인 컷 배치'는 이단으로 보일 수밖에 없었다. 당시 만화는 연극 무대처럼 하나의 컷에 전체적인 모습을 담는 기법(이런 기법을 사용한 대표적인 작품으로 다가와 스이호의 만화 『노라쿠로のらくろ』가 있다)을 사용했는데, 데즈카는 일부를 클로즈업하거나 컷을 몰입감 있게 배치해 현장감을 살리곤 했다. 업계를 개척하는 것은 그곳에 '물들지 않은' 외부자들인 법이다. 이들이 제시하는 혁신적인 기법은 대개 지독한 비판을 받고 난 후에야 다음 세대의 기준이 된다.

원래 만화는 어린이를 대상으로 하는 2~4페이지 분량의 창작물에 불과했다. 그러나 데즈카의 만화는 8페이지가 넘는 '장편'으로, 수많은 컷을 배치해 스토리를 보여주려 했기에 많은 편집자가 "불필요한 컷을 줄여달라"며 불평할 정도였다. 게다가 등장인물이 입맞춤하는 장면이 나오자 학부모, 교사연합회부터 공산당까지 온갖 곳에서 비난을 퍼부었다. 하지만 데즈카의 만화 기법이 후일 만화 창작의 기초적인 표현법이 되었음은 익히 알려진 사실이다.

데즈카는 만화가로 활동하면서 다카라즈카 가극단 기관지에 작품을 그리거나 민영 방송 아나운서 채용 시험을 보기도 했다. 또한 라쿠고 예술가인 가쓰라 하루단시의 제자가 되기도 하고, 극단 간사이민중극장에 입단하기도 했다. 상당히 아방가르드한 존재로 여겨질 만하다.[5]

그렇다면 왜 많은 이들이 데즈카를 '만화가의 신'이라 칭송하는 것일까? 그 이유는 간단하다. 데즈카는 단순히 한 명의 작가를 넘어 만화 산업의 기반을 다지는 데 큰 영향을 미친 인물이기 때문이다. 그는 "어시스턴트를 너무 오래 하면 같은 그림만 계속 그리게 된다"며 2년 이상 근무한 어시스턴트는 해고했다. 늘 새로운 어시스턴트를 교육하고 일정 기간이 지나면 독립시켰다. 거장이면서도 자신에게 익숙한 어시스턴트를 붙잡아두지 않고 많은 작가를 배출한 것이다.

데즈카가 1953년부터 살았던 도키와장トキワ荘, 1952년부터 1982년까지 일본 도쿄 도시마구에 있었던 다가구 주택 또한 만화 산업을 논하는 데 있어 중요한 장소다. 데즈카는 1954년 말까지 이곳에 약 2년 동안 거주했는데,『스포츠맨 긴타로』의 작가 데라다 히로오寺田ヒロオ(1953~1957년 거주),『도라에몽』의 작가 후지코 후지오藤子不二雄(1954~1961년 거주),『오소마쓰 군おそ松くん』의 작가 아카쓰카 후지오赤塚不二夫(1956~1961년 거주),『가면라이더』의 작가 이시노모리 쇼타로石ノ森章太郎(1956~1961년 거주),『별의 하프星のハたてごと』의 작가 미즈노 히데코水野英子(1958년 거주), 통근을 하던 쓰노다 지로角田次郎까지 도키와장에서는 수많은 인재가 탄생했다. 예수가 성서의 한 구절도 적지 않았지만 후세에 기독교가 전해진 것처럼, 데즈카의 많은 제자가 대대로 이야기를 전하며 그는 '만화의 신'이 되었다.

시대를 추월하고, 다시 시대에 추월당하고

『주간 소년 매거진』과 『주간 소년 선데이』가 창간되고 1960년대 주간 만화 잡지가 널리 보급될 즈음, 만화가 경력이 10년은 훌쩍 넘었던 데즈카는 이미 '권력자'이자 '전후 만화가의 대표'로 불리고 있었다. 대가인 데즈카를 부정하면 '새롭다'고 여겨질 정도였다. 이 같은 흐름을 만든 것은 이시노모리 쇼타로와 지바 데쓰야 등 '극화' 작가들이었다.

데즈카는 대가의 위치에 안주하지 않고 노년까지 끊임없이 고군분투했다. 데즈카가 남긴 말은 이런 의미에서 깊은 울림을 준다.

『우주소년 아톰』은 제 열 손가락 안에 절대 꼽을 수 없는 작품입니다. 이러지도 저러지도 못할 때 그린 애매한 작품이거든요. 독자가 몇만 명이나 되어도 전부 같은 평가를 내리는, 그런 평균적인 만화밖에 그릴 수 없다는 깨달음을 준 작품입니다. (몇 년 후 『내일의 죠』와 관련해서 또 극화 붐이 일어 폭력적이고 선정적인 작품이 유행했을 때) 그런 것들과 비교당하면서 데즈카 오사무의 한계는 여기까지라는 말을 듣게 되었죠.[6]

'좋아하는 작품 순위 101번째'라고 말할 만큼, 데즈카에게 『우주소년 아톰』은 계약한 바에 따르느라 자유롭게 그리지 못했다는 아쉬움이 큰 작품이다. 하지만 『우주소년 아톰』은 그를 일본 최고의 만화가로 만들고, 일본 애니메이션 산업을 반석 위에 올려놓은 역사적인 걸작이 되었다. 데즈카는 이 걸작을 뛰어넘기 위해 1970~1980년대가 되어서도 안주하지 않고 과거를 청산하듯 작품 활동을 계속했다.

데즈카 오사무
(TEZUKA OSAMU
OFFICIAL)

3

소녀 만화와 BL,
코믹 마켓을 열다

두 소녀 만화가와 통렬한 비판가의 동거

소녀 만화는 여성 만화가를 가리키느냐 아니면 소녀를 대상으로 한 만화를 가리키느냐에 따라 그 정의가 달라진다. 여성 만화가의 기원은 『사자에 씨サザエさん』(1946)를 그린 하세가와 마치코長谷川町子다. 소녀를 대상으로 한 작품은 그녀의 스승 다가와 스이호田河水泡가 고단샤의 『소녀구락부少女俱樂部』에 게재한 「스타코라삿찬スタコラサッチャン」(1932)이 기원이다. 여기서 또 데즈카 오사무의 발자취를 엿볼 수 있다. 『리본의 기사』(1953)는 다카라즈카 가극단과 디즈니

의 영향을 많이 받은 데즈카의 대표적인 로맨스 작품이다. 당시는 주로 남성 만화가가 소녀를 대상으로 한 만화를 그리던 시대였다. 어찌 됐건 풍부한 심리 묘사와 유럽적인 풍경 묘사 등을 바탕으로 1970년대 중반에 소녀 만화가 성숙기를 맞이하게 된 것은 분명하다.

소녀 만화 잡지는 고단샤의 『소녀프렌드』(1963년 창간), 슈에이샤의 『마가렛』(1963년 창간)을 필두로 등장하기 시작했다. 이 잡지들에선 수많은 히트작이 만들어졌다. 한 예로 『마가렛』에 연재된 이케다 리요코池田理代子의 「베르사유의 장미」(1972)는 한 시대를 풍미했다. 당시 실적이 부진했던 다카라즈카 가극단은 1974년 이 작품을 상연하면서 기적처럼 부활했다. 1979년에는 애니메이션화에도 성공했다.

한편, 뒤처지고 있던 쇼가쿠칸은 1968년 『소녀코믹』을 발간하며 반격에 나섰다. 이 잡지에 등용된 두 소녀 만화가가 이후 업계를 이끌어가게 된다. 『포의 일족』의 작가 하기오 모토萩尾望都와 『바람과 나무의 시』의 작가 다케미야 게이코竹宮惠子가 바로 그들이다. 이 두 사람을 중심으로 한 '꽃의 24년조'花の24年組. 쇼와 24년, 즉 1949년 출생자 만화가들은 1970년대를 풍미했다. 남성 작가들이 도키와장에서 성장했다면, 그로부터 약 20년이 지나 등장한 '오오이즈미 살롱大泉サロン'은 여성판 도키와장이라 할 수 있다. 하기오와 다케미야는 1970~1972년 후일 오오이즈미 살롱이라 불린 도쿄 네리마구 오

오이즈미의 아파트에서 함께 살았는데, 쇼와 24년 전후 출생한 젊은 여성 만화가들과 편집자들, 팬들도 이곳에 많이 드나들었다.

이곳에 드나드는 사람 중 마스야마 노리에增山法惠라는 여성이 있었다. 지방에서 도쿄로 이주한 하기오나 다케미야와 달리 마스야마는 음대를 지망하는 도시 출신 재수생으로, 영화와 음악, 문학에 조예가 깊었다. 마스야마는 만화가가 아니었지만 하기오와 다케미야의 원안에 거침없이 손을 대는 등 오늘날 프로듀서나 원작자 역할을 했다.

"무슨 생각을 해? 그냥 죽는 게 낫겠다. 이딴 작품을 그려놓고 어떻게 뻔뻔스럽게 살아 있을 수 있지?" 마스야마는 다케미야에게 정확히 이렇게 퍼부었다. 다행이라면 오오이즈미 살롱에서 라이벌 관계의 만화가 두 명과 통렬한 비평가라는 보기 힘든 조합의 동거가 2년 동안 기적처럼 유지되었다는 사실이다. 그러다가 다케미야가 하기오와 이치조 유카리一條ゆかり, 1968년 『눈의 세레나데』로 데뷔한 여성 만화가의 재능에 위축되어 슬럼프에 빠지게 된다. 오오이즈미 살롱은 문화적으로는 풍요로웠지만 '정신적으로는 각박한 곳'이 되어 결국 이들의 동거는 끝나버린다.[7]

오오이즈미 살롱은 1972년 다케미야, 하기오, 마스야마와 『아라베스크』의 작가 야마기시 료코山岸涼子 등이 함께 떠난 45일간의 유럽 여행으로 전성기를 맞는다. 러시아·북유럽·서유럽 문화를 온몸으로 흡수한 이들이 '프랑스 붐'의 불을 지핌으로써 올리브족

1982년에 창간된 잡지 『올리브』를 읽으며 그 스타일이나 생활방식, 문화 등을 받아들이고 표현한 사람들과 전위적인 표현들이 생겨났다.

BL에서 탄생한 코믹 마켓, 1975년의 참가자 700명 중 90%가 여자 중·고등학생

BL_{Boys Love}이란 무엇일까? 간단히 말해, '남녀관계에서 벗어나 남성들 사이에서 이뤄지는 연애나 성관계를 소재로 다룬 판타지'다. 성性에 제약이 많은 여성들이 등장인물에 자신을 대입해 대리적으로 성애의 감정을 느끼기도 한다. 이런 까닭에 BL은 대부분 이성애자인 여성이 소비하는 경향을 보인다.

BL의 기원은 하기오 모토의 『토마의 심장』과 다케미야 게이코의 『바람과 나무의 시』다. 『바람과 나무의 시』는 당시 출판하기에 너무나도 급진적인 내용이라 남성 편집자에게 몇 번이나 퇴짜를 맞았다. "인기 순위에서 1위를 하면 통과시키겠다"는 말에 따라 『파라오의 무덤』을 성공시킨 뒤 이 문제작을 게재하게 되었다. '작가의 자위 행위를 소재로 한 결과물'이라는 등 많은 비난을 받았지만 자유분방하게 표현된 소년들 사이의 성 묘사는 만화업계 이외의 분야에도 큰 영향을 미쳤다. 일본 예

다케미야 게이코
(공식 홈페이지)

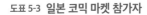

도표 5-3 **일본 코믹 마켓 참가자**

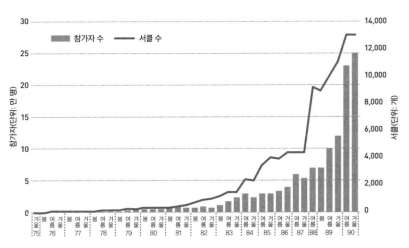

출처) 코믹 마켓 연표(https://www.comiket.co.jp/archives/Chronology.html).

술계에 막대한 영향을 준 전위예술가 데라야마 슈지寺山修司가 "앞
으로의 만화는『바람과 나무의 시』이전과 이후로 바뀔 것"이라고
말할 정도였다.

"마스야마 역시 나와 마찬가지로 소년을 좋아했다. 자신과 같
은 동성 소녀가 아닌, 소년 무리에 흥미가 있었다"고 다케미야가
기록한 것처럼, 공감대를 형성할 수 있는 마스야마 노리에가 없었
다면 다케미야가 이 작품을 출판사에 들고 가지 못했을 것이다.

하기오와 다케미야의 만화는 '코믹 마켓'이라는 새로운 산업을
만들어냈다. 코믹 마켓은 코로나19 팬데믹 사태 이전인 2019년 겨

울에 3만 2,000개의 서클과 75만 명의 참가자라는 기록을 세우며 세계 최대 만화·애니메이션 행사로 성장했다. 1975년 제1회 코믹 마켓에 참가한 700명 중 90%가 여자 중·고등학생이었는데, 그 중심에는 '꽃의 24년조'가 있었다. 코믹 마켓에서 인기투표를 한 결과 상위 4위권이 하기오 모토, 다케미야 게이코, 데즈카 오사무, 역시 꽃의 24년조 멤버인 오시마 유미코大島弓子 순일 정도로 당대의 만화계는 여성 만화가 중심이었다.[8]

코믹 마켓 동인지 문화 속에서 『시끌별 녀석들』의 다카하시 루미코高橋留美子, 『노노짱ののちゃん』의 이시이 히사이치いしいひさいち, 『카드 캡터 체리』의 CLAMP가 배출되면서 1980년대에는 지금까지와 다른 장르가 대거 등장했다.

4

만화와 게임,
재미있는 것＋재미있는 것

『코로코로』, 놀이를 개척하다

만화 영역이 스포츠부터 BL까지 넓어지면서 다양한 장르의 독
자들이 생겨났다. 하지만 '놀이' 자체를 개척하고 독자의 유행을
선도한 만화 잡지는 쇼가쿠칸의 『월간 코로코로 코믹』이하 「코로코로」
이 유일하다. 미니욘쿠ミニ四驅, 도미야에서 발매한 소형 자동차 모형, 슈퍼 도지
볼피구 경기의 일종, 빗쿠리만ビックリマン, 스티커가 들어 있는 롯데의 초콜릿 과자, 하이
퍼 요요반다이가 발매한 요요 시리즈, 카드게임 등은 『코로코로』가 강력한
홍보 수단이 되어 큰 인기를 얻은 대표적인 상품이다.

초등학생을 대상으로 한 월간지 『코로코로』는 1977년 창간됐다. 만화 잡지업계가 이미 충분히 성장한 시기로, 결코 이른 창간은 아니었다. 『코로코로』가 다루는 '하비hobby'는 완제품 형태로 대량 생산되는 '완구'와는 개념이 다르다. 미완성 상태의 제품에 이용자가 자신만의 기술과 조립법을 더해 독자적인 제품으로 완성시키는 데 이 상품의 묘미가 있었다.

이처럼 완제품을 추구하지 않는 자세는 『코로코로』의 만화에도 잘 드러난다. 『코로코로』의 타깃층은 초등학교 3~6학년 남자아이들로, 이 또래 아이들이 관심 있어 하는 놀이는 연 단위는커녕 월 단위로 완전히 바뀌어버린다. 게다가 조금만 어려워도 좋아하지 않는다.

그렇기 때문에 『코로코로』의 만화는 이야기를 전달하는 것보다 그때그때 유행하는 것을 도입하는 데 집중했다. 물론 어떤 유행도 결국은 변한다는 사실을 전제로 했다. 이는 『소학 5학년』 등 쇼가쿠칸의 학습 잡지에서 볼 수 있는 '매년 출발점으로 돌아가 다시 만든다'는 전통이 그대로 응축된 방식이기도 하다. 외부적 특징으로는 부록까지 포함해 1,000페이지가 넘는 분량과 마치 보물상자를 쏟아놓은 듯한 요란스러운 표지를 들 수 있다. 이처럼 『코로코로』는 '만화책'이 아닌 '하비 매거진'으로 자리매김하면서 경쟁자가 없는 시장을 만들어냈다.

고단샤의 『코믹 봉봉』(1981~2007) 등 수많은 경쟁자가 나타났지만, 『코로코로』에 맞설 수는 없었다. 『코로코로』는 하비와 만화, 행사(코로코로 만화 축제, 미니욘쿠 이벤트, 1994년부터 개최된 신세대 월드 하비 페어 등)의 삼위일체로 유행을 선도했다. 만화는 그 일부일 뿐이었다.

게임이 유행하자 『코로코로』는 허드슨소프트와 협력해 '다카하시 메이진高橋名人'을 만들기도 했다. 당시 허드슨소프트 홍보 직원이었던 다카하시 도시유키高橋利幸는 매일 저녁 6시에 퇴근한 후 다음 날 새벽 4시까지 쇼가쿠칸에 상주할 만큼 유행을 가속시키는데 혼신의 힘을 기울였다.

다카하시 도시유키는 게임 〈로드 러너〉를 여러 잡지에 홍보했는데, 그중 『코로코로』가 가장 반응이 좋아 긴자 마쓰자카야에서 홍보 이벤트 '코로코로 만화 축제'를 진행했다(1985). 그가 담당했던 라이브 데모 플레이 스테이지에 대해 『코로코로』 편집장이 독단적으로 '패미컴 명인名人, '메이진'으로 발음한다이 왔다!'라는 소개 기사를 내보낸 것이 계기가 되어 다카하시 메이진이라는 캐릭터가 만들어졌다.[9] 후일 그는 "난 게임을 그렇게까지 잘하지 않는데, 이거 어떡하지?"라며 그 당시 마음속으로 몹시 초조해했다고 이야기했다. 아무튼 『코로코로』가 없었다면 '게임 명인'이라는 개념 자체가 생기지 않았을 것이다.

자극받은 『주간 소년 점프』도 추종

1995년 '발행부수 653만 부'라는 세계 출판 역사에 남을 만한 기네스 기록을 세운 『주간 소년 점프』도 『코로코로』에 자극을 받아 만화 이외의 영역에 뛰어들었다. 이를 위해 1982년부터 진행된 독자 투고 코너 '점프 방송국'과 1985년부터 진행된 게임 소개 코너 '패미컴신켄ファミコン神拳' 편집 과정에 사쿠마 아키라佐久間明와 호리이 유지堀井雄二 등 게임업계의 인재를 투입했다.

『드루아가의 탑』특집이 실렸을 당시 패미컴신켄은 독자 설문 조사 코너에서 3위를 차지하며 만화 작품을 뛰어넘는 인기를 자랑했다. 당시 1위는 『드래곤볼』이었다. 이렇듯 영역 넓히기를 시도한 『주간 소년 점프』의 편집장 도리시마 가즈히코鳥嶋和彦는 게임 업계에서도 많은 전설을 탄생시켰다. 대표적으로 스파이크춘Spike Chunsoft의 나카무라 고이치中村光一와 작가 호리이 유지가 〈드래곤 퀘스트〉를 개발하는 데 큰 역할을 했다. 또한 여기에 직접 편집을 담당했던 『닥터 슬럼프』의 도리야마 아키라鳥山明를 영입해(후일 도리야마는 게임에 대한 지식이 전혀 없었다고 털어놓았다) 만화가가 인기 게임 디자인을 담당하는 새로운 흐름을 만들어냈다. 〈크로노 트리거〉에는 〈파이널 판타지〉의 사카구치 히로노부坂口博信와 함께 도리야마 아키라가 작화한 장면을 바탕으로 게임 프로그램과 화면을 만들어나가는 디자인 기반 제작 방식을 도입하기도 했다.

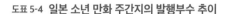

도표 5-4 일본 소년 만화 주간지의 발행부수 추이

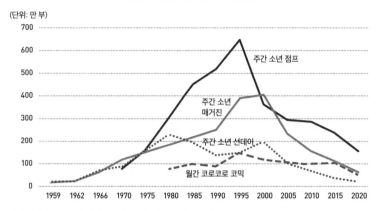

출처) 출판과학연구소의 『출판 지표 연보』, 일본잡지협회의 『인쇄부수 공표』, 각 회사의 자료를 근거로 저자 작성. 2000년 이전은 발행부수 최고치나 근접 연도의 수를 합산 후 포함함.

도리시마는 한동안 『주간 소년 점프』에서 물러나 있었지만, 판매부수 실적이 저조해지자 6대 편집장으로 복귀하라는 요청을 받았다. 1997년 『주간 소년 점프』가 당시 판매부수에서 앞섰던 『주간 소년 매거진』을 상대로 경쟁에 열을 올리자 자신이 편집장이 된 후 "『주간 소년 매거진』은 절대 신경 쓰지 마라. 『주간 소년 점프』는 캐릭터 중심으로, 『주간 소년 매거진』은 이야기 중심으로 만들기 때문에 방법론이 완전히 다르다. 정말 우리가 의식해야 할 건 『코로코로』다"라고 가장 먼저 지시했다고 강조했다.[10] "『주간 소년 점프』에 '이 세상의 재미있는 것'을 전부 모아야 한다."[11] 그것이 도리시마의 발상이었다.

5

전자만화의 확장과
K-웹툰의 습격

포스트 코로나19 시대의 최강 상품 '전자만화'

일본 만화 시장은 소년 만화 주간지들과 함께 1990년대 중반 절정을 맞이한 후, 20년 동안 계속해서 하락세를 보였다. 그럼에도 불구하고 잡지나 서적에 비하면 사정이 나은 편이었다. 출판 시장 전체에서 만화의 비중은 오랫동안 20~25%를 유지하다가 2020년 40% 가까이 치솟았다(「4장 출판」 〈도표 4-1〉 참조). 특히 전자서적 매출에선 만화가 대부분을 차지했다. 슈에이샤와 고단샤가 직전 3년 동안 매출이 급상승한 이유 역시(「4장 출판」 〈도표 4-5〉 참조)

만화 주간지의 전자화, 애플리케이션화가 성공했기 때문이다.

만화의 전자화는 결코 쉽지 않았다. 2000년 전후 일반 서적과 만화책이 전자화되기 시작하고, 2013년 '코미코comico'와 '간마GANMA!'가 출시된 후 대기업들이 나서 '점프+'와 '마가포케マガポケ' 등 만화 애플리케이션이 개발됐지만 몇 년간 적자 운영을 피할 수 없었다. 그러다 코로나19 팬데믹 사태로 전자만화 소비가 급증하면서 본격적으로 수익을 올리기 시작했다. 전자만화는 2019년 종이만화 시장을 역전한 뒤 그 기세를 몰아 현재 만화 시장의 60~70%를 점유하고 있다. "만화는 결국 디지털로 읽히게 될 것"이라는 말이 나온 것은 20년 전이지만 이런 움직임이 본격화된 것은 최근 2년 정도다. 적절한 디바이스(스마트폰 단말기), 서비스 제공 사이트, 과금 시스템(무료로 읽을 수 있지만 한번에 보려면 유료다), 그리고 소비 행동의 변화(코로나19 팬데믹 사태로 인한 전자 매체 구입의 일상화) 등 여러 가지 요소가 갖춰지면서 출판의 중심으로 자리 잡게 된 것이다.

한류 웹툰의 압도적인 성장

다양한 방식의 웹툰을 전자만화라는 큰 틀로 묶을 수 있지만 세분하면 스토어형(전자판 서점으로, 작품마다 개별적으로 과금해서 읽

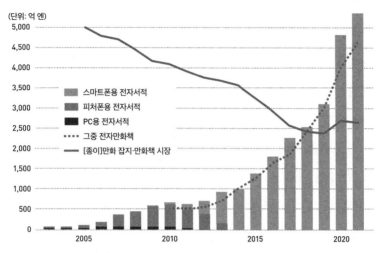

도표 5-5 **일본 전자서적·전자만화 시장**

(단위: 억 엔)

- 스마트폰용 전자서적
- 피처폰용 전자서적
- PC용 전자서적
- 그중 전자만화책
- [종이]만화 잡지·만화책 시장

출처) 임프레스종합연구소의 『전자서적 비즈니스 조사 보고서 2022』, 일본 총무성의 『모바일 콘텐츠 비즈니스를 촉진하기 위한 시장 규모에 관한 조사 연구』, 다이야몬도샤의 『정보 미디어 백서』 등을 바탕으로 저자 작성.

기 혹은 정액 과금을 통한 무제한 읽기가 가능하다), 렌털형(시간 한정으로 대여한다), 구독형(월정액으로 무제한 읽기가 가능하다), 미디어형(고객을 유치하기 위해 매일 무료로 1화씩 제공한다. 광고식이나 충전식 시스템으로 운영되며 신인을 발굴하거나 만화 라이선스 사업을 확장하는 역할을 한다)으로 나눌 수 있다. 현재는 스토어형, 렌털형, 구독형이 주류를 이루지만, 미디어형도 1,000억 엔 규모로 성장했다. 전자만화 시장은 한국 카카오의 '픽코마Piccoma'와 한국 네이버의 '라인망가LINEマンガ'가 시장을 대부분 점유하고 있다.

픽코마의 매출은 2019년 134억 엔, 2020년 376억 엔, 2021년

695억 엔으로 급증하고 있다. 일본 지사에서만 600억 엔을 조달해 시가총액 8,000억 엔을 넘어선 것으로 추정된다. 이는 가도카와의 두 배 규모다. 한국의 만화 애플리케이션이 어떻게 이런 가치를 지니게 되었는가 하는 의문이 생기는 것도 당연하다. 한국 만화의 대표적인 인기 작품 〈나 혼자만 레벨업〉(이 작품은 월 판매액 2억 엔을 기록했다. 만화책으로 따지면 40만 권 정도는 판 것이다)조차 일본에서는 생소한 터라 의혹은 더욱 커진다.

컬러와 세로 읽기가 기본인 웹툰은 언뜻 일본 만화와 비슷해 보이지만 안을 들여다보면 완전히 다른 시장이다. 웹툰은 제작부터 제공, 판매까지 '디지털과 세계화에 특화된 한국판 만화 시장'이다. '만화가'라는 직업이 보편화되지 않았던 한국에서 2003~2005년 다음(현 카카오)과 네이버 두 회사가 전자만화 사이트를 선보였다. 시나리오 작가와 일러스트레이터가 분업으로 제작하는 경우가 많은 전자만화는 2000년대 전반에는 연간 수십 편 정도, 2010년대에는 연간 수백 편 정도, 최근에는 매년 수천 편 정도 만들어지고 있다. 현재 아마추어 작가는 58만 명, 프로 작가는 1,600명, 연재 작가는 350명 정도로 일본 만화 시장에 버금가는 규모의 산업이 형성되어 있다.

한국 웹툰 비즈니스 모델에는 독특한 점이 있다. 일본도 만화를 원작으로 하는 애니메이션이나 드라마 작품이 많지만, 출판사 또는 작가 본인이 부업으로 하는 수준에 그친다. 한국의 경우, 웹툰 작가 중 절반 정도는 드라마화 등에서 오는 수입 비중이 크다. 출판사의 경우, 영상화를 위한 각본을 담당하면서 점점 영상 제작사의 형태를 띠고 있다. 픽코마의 〈이태원 클라쓰〉는 넷플릭스에서 단숨에 세계적인 드라마로 떠올랐다. 일본에서는 각본료가 100만 엔 정도인 반면, 한국에서는 수천만 엔 또는 수천억 엔에 라이선스가 판매되고 있다.

글로벌 서비스에서도 큰 차이를 보인다. 라인망가와 픽코마는 일본 이용자만 1,000만 명이나 되며, 전 세계적으로는 8,000만 명의 규모로 성장했다. 점프+도 미국과 태국 등에서 서비스되며 어느 정도 규모의 경제를 이루긴 했지만, 북미 만화 플랫폼을 5억 달러에 인수한 카카오의 기세는 차원이 다르다.

현재 일본에서는 웹툰 시장에 소라지마ソラジマ, 코르크コルク 등 많은 신생 기업이 뛰어들고 있어 국경을 넘는 새로운 만화 경쟁이 벌어질 것으로 전망된다.

6

애니메이션 관객이
만화 독자가 되다

일본 만화는 어떻게 세계 곳곳에 파고들었을까

세계 곳곳에 만화가 침투하게 된 배경에는 제각기 이유가 있다. 예를 들어, 한국에서는 1988년 창간된 만화 잡지 『IQ 점프』의 판매량이 1993년 30만 부에 달했지만, 5년 후에는 3만 5,000만 부로 줄어들었다. 이는 1997년 발생한 경제위기로 인해 한국에서 책 대여점이 급증하면서 만화 시장이 90%나 감소했기 때문이다. 무료로 만화를 읽을 수 있는 해적판_{옛날 해적에 빗대어 불법으로 만들어지거나 원작자의 허가 없이 불법으로 복제 판매되는 미디어 상품을 이르는 말} 사이트가 시장을 해치는 경우와 비슷하다. 1998년 당시 한국에서 서점은 8,000개인 데 비해 책 대여점은 6,000개나 됐고, 책 대여점 소비의 80%는 만화였다.[12]

한편 일본 만화의 해외 시장은 늘 해적판과의 싸움이었다. 2000년대 일본 국내 만화 시장의 규모는 7,000억 엔이었는데, 해외에서 해적판으로 무료 소비되는 양은 1조 엔을 넘어섰다.[13]

해외 시장에서는 애니메이션이 입구, 만화 시장이 출구 역할을 한다. 먼저 애니메이션의 인기에 불이 붙은 후 관련 만화가 팔리는 것이다. 20세기에는 애니메이션의 해외 진출이 구조화되지 않았기 때문에 만화의 해외 라이선스 수입은 대기업 세 곳을 합쳐도 연간 몇억 엔 수준에 머물러, 국내 매출보다 세 자릿수나 적은 상태였다. 그런 상황에서 해외에 눈을 돌릴 이들은 그렇게 많지 않았다.

히피가 만든 쇼가쿠칸 미국 자회사, 포켓몬 히트로 매출 10배

해외 시장 중 가장 전망 있는 미국 시장에서 일본 작품이 어떻게 성장했는지 살펴보자. 가장 먼저 눈에 띄는 것은 1999년 '포켓몬' 붐이다. 쇼가쿠칸은 1987년 미국에 자회사 비즈코믹(현 비즈미디어)을 설립했다. 창업자는 캘리포니아주립대학원을 중퇴한 후

도표 5-6 일본 만화의 미국 시장 침투

출처) 마쓰이 다케시, 『미국에 일본 만화를 수출하다』, 유히카쿠, 2019.

히피의 삶을 살고 있던 호리부치 세이지堀淵淸治로, 그가 쇼가쿠칸 3대 사장인 오가 미사히로相賀昌宏에게 픽사의 3D 컴퓨터그래픽 (CG) 애니메이션 부문에 출자를 제안한 것이 계기가 되었다.[14] 네 명으로 시작한 비즈미디어는 『카무이 외전』과 『시끌별 녀석들』 등을 발행하며 연매출 몇억 엔 정도의 회사를 10년 넘게 간신히 운영하고 있었는데, 1999년 돌연 매출이 10배 이상 뛰어 1억 1,000만 달러에 이르렀다. 애니메이션 〈포켓몬〉이 미국 전역에 방송되면서 만화와 비디오테이프가 폭발적으로 판매된 덕분이었다.

〈도표 5-6〉에서 볼 수 있듯 〈포켓몬〉이 방영되기 전후 10년간 만화 출판물 수는 25편에서 200편, 만화 출판사는 8개 사에서 27개 사로 급증했다. 이 시기에 〈유희왕〉과 〈세일러 문〉이 출판되어

인기몰이를 하기 시작했고, 일본의 여성 듀오 가수 퍼피PUFFY의 북미 투어 이야기가 현지에서 애니메이션 〈하이 하이 퍼피 아미유미 Hi Hi Puffy AmiYumi〉로 제작되어(첫 회 시청률 3.9%로, 애니메이션 전문 채널 카툰네트워크에서 사상 최고치를 기록했다) 북미에서 그야말로 '일본 애니메이션 붐'이 일었다.

일본에서 유래한 캐릭터 굿즈 시장의 경우, 당시 4,000억 엔 규모였는데 그중 70%를 〈포켓몬〉이 차지했다. 한때 〈포켓몬〉에 열광하며 자라난 북미 아이들은 2016년 〈포켓몬GO〉를 즐기면서 다시 한번 팬이 되어 열광했다. 20년 전의 포켓몬 붐을 기반으로 포켓몬 카드는 몇 년 사이에 거대 시장을 형성했다.

애니메이션, OTT로 세계의 벽을 무너뜨리다

2000년대 후반이 되자 〈스즈미야 하루히의 우울〉을 기점으로 북미 애니메이션 버블이 끝나며 DVD 판매도 주춤하기 시작했다. 이에 일본계 만화·애니메이션 기업들이 하나둘 철수하기 시작했다. 현지 만화 출판 전문 대기업이었던 도쿄팝은 2011년 만화 출판 사업을 그만두었고, 소지쓰雙日, 일본 7대 종합 상사 중 하나가 출자한 최대 애니메이션 배급 회사 ADV필름은 2009년 문을 닫았다. 이렇게 '일본 붐으로 인한 열광'은 끝난 것으로 보였다.

도표 5-7 북미 만화책 시장

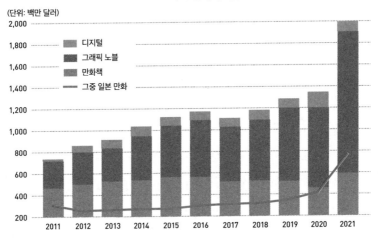

(단위: 백만 달러)

범례:
- 디지털
- 그래픽 노블
- 만화책
- 그중 일본 만화

출처) ICv2, Nielsen BookScan.

　하지만 혁신이란 대개 절망적인 어둠 속에서 태어나는 법이다. 일본 만화·애니메이션의 극심한 침체기였던 2008년 고단샤USA가 설립되었다. 가도카와가 공동 출자한 엔프레스エン·プレス도 2006년 문을 열었다. 소니에 10억 달러에 인수된 애니메이션 제공 서비스 크런치롤crunchyroll도 2006년 설립되었다. 2010년대 들어 OTTOver The Top 서비스가 널리 보급되면서 넷플릭스나 아마존까지 애니메이션을 고액에 사들이기 시작했다. 그러다 예상치 못한 여파가 세계 만화 시장을 덮쳤다. 다름 아닌 코로나19 팬데믹. 내부 활동이 늘어나면서 수요가 변화하기 시작했다.

　애니메이션 콘텐츠 이용에서 파생된 소비 활동은 날로 활발해졌다. 그 결과, 〈도표 5-7〉에서 볼 수 있듯 2021년 미국 만화책 시장 규모는 전년 대비 2배에 가까운 20억 달러로 확대되었다. 이러한 성장에는 마블 작품 같은 아메리칸 코믹스보다 8억 달러 규모로 폭증한 일본 만화 시장이 큰 영향을 준 것으로 보인다. 비즈미디어, 고단샤USA, 옌프레스 등 거대 출판 기업의 해외 부문 매출은 과거 30년 전에 비춰볼 때 상상도 못할 수준으로 규모가 커졌다.

미국뿐만 아니라 프랑스 만화책 시장 역시 8억 9,000만 유로 규모로 확대되었는데, 그중 3억 5,000만 유로, 만화책 권수로는 절반 이상을 일본 만화가 차지했다. 현재 일본 만화는 전례 없던 규모로 세계 곳곳에 영향을 미치고 있다.

6장

TV | 살아남은 콘텐츠의 왕자

1

일본 TV는
왜 강력한가

국가가 전파를 관리하는, 경쟁 없는 독점

일본의 모든 TV 방송국이 국가에 내는 전파 사용료는 연 50억 엔. 반면 광고비 수입은 연 1조 7,000억 엔에 이른다. TV 방송국업계의 '원가'에 해당하는 전파 사용료는 광고비 수입 대비 0.3%밖에 되지 않는다.[1] 시장 경쟁을 허용한다면 전파 사용료는 순식간에 수천억 엔으로 불어날 것이다. '공짜나 다름없는 가격에 독점적인 지위를 쌓은' 이 업계는 콘텐츠 사업자 입장에서 보면 부러울 수밖에 없는 위치다. 국가가 전파를 독점하고 면허를 가진 한정된 사업자에게만 배급하는 시스템은 1912년 타이태닉호 침몰 사건에서 시작됐다. 타이태닉호 근처를 지나던 배가 빙산이 있어 위험함을 알렸지만 같은 주파수 안에서 혼선이 일어난 데다 설상가상으로 타이태닉호가 발신한 SOS 신호는 수신되지 않았다. 이 사고를 계기로 미국에서는 전파법이 정비되어 국가가 전파를 관리하고 주파수별로 전파 이용자에게 배급하는 형태가 정립됐다.[2] 미국에서 이 같은 시스템이 적용된 이후, 일본과 다른 아시아 국가들에서도 100년 넘게 같은 체제가 이어지고 있다.

이러한 전파 관리 체제가 바탕이 된 TV업계의 특이성은 '도산 사례가 없다'는 한 문장으로 정리할 수 있다. 일본에서는 1953년 니혼TV가 개국한 이래 반세기가 넘도록 지방 방송국까지 포함해 126개의 민영 TV 방송국이 설립됐는데, 이 중 단 하나도 도산한 사례가 없다. 통합이 이뤄진 적조차 없다. 이는 일본 산업의 역사에서 예외적인 TV업계만의 특성이라고 할 수 있다.

히트 작품이 없어도 살아남을 수 있는 지방 방송국의 구조

TV라는 미디어의 강점은 '보증수표'다. 〈도표 6-1〉을 보면 알 수 있듯, TV 시장의 규모는 1970년까지만 해도 5,000억 엔에 미치지 못했지만 2000년 3조 엔까지 성장했다. 2010년 무렵부터 민

도표 6-1 TV 관련 산업의 일본 국내 시장

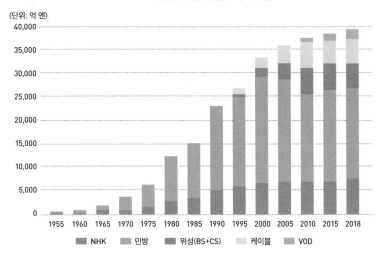

(단위: 억 엔)

출처) 『정보 미디어 백서』 등을 참고하여 저자가 작성.

영 방송국의 수익은 감소세를 보이지만, 위성방송이나 케이블 TV
는 성장하고 있다. TV업계는 음악·출판·게임 등 모든 미디어업계
가 영락하는 모습을 비웃기라도 하듯, 최근 20년간 4조 엔 규모의
수익(대부분은 광고비지만)을 유지하며 꿋꿋이 버티고 있다. 현 시
점에서는 '20세기 매스미디어에서 유일한 승자 산업'이라고 할 만
하다. 시청률 저하로 인해 광고 수입이 줄기는 했지만, 관련 사업
과 비용 절감으로 충분히 극복하고 있다.

공영 방송 NHK와 니혼TV, TBS, 후지TV, TV아사히, TV도쿄
등 도쿄에 자리한 민방 5개 키국キー局, 민영 방송의 중심 역할을 하는 주요 방송국

을 필두로, 일본 전역의 126개 방송국은 기본적으로 이들 중 하나와 연결되어 있다. 지방 방송국에서 방송하는 콘텐츠의 80%가 도쿄 키국에서 만들어진 것으로, 방송될 때마다 '네트워크 분배금' 형태로 수입을 얻을 수 있어서(전체 수입의 4분의 1을 차지한다) '전파를 보내기만 하는 상자' 꼴이 된 사례도 있다.

콘텐츠로 승부하는 업계는 본질적으로 성공작과 실패작이 확연하게 갈리며, 변화가 활발하고, 하나의 히트작이 다른 많은 실패작을 보완하는 다산다사多産多死 구조다. 음악도 출판도 게임도 이같은 규칙에서 크게 벗어나지 않는다. 하지만 TV 방송국은 (물론 시청률에 따른 광고비 경쟁은 있지만) 성공작이 없어도 살아남을 수 있는 구조라는 면에서 이들과는 다르다.

한정된 범위의 온실 속 시청률 경쟁, 성장을 저해하다

TV가 양질의 콘텐츠를 만들지 않는다는 말이 아니다. 1980~1990년대 TV는 유행을 만들어내는 데 큰 역할을 했다. 버라이어티, 뉴스, 스포츠 등 그 시대의 트렌드를 최초로 탄생시킨 것 또한 TV였다. 현재 유튜브에서 재미있는 영상들이 많아지고 있지만, 그 내용을 살펴보면 유명한 TV 프로그램을 만들던 디렉터가 참여한 경우도 드물지 않다.

그렇다면 무엇이 문제일까? 키국과 지방 방송국 간에 계열(네트워크)이 존재하기 때문에 진입 장벽이 높고, 오로지 '한정된 범위의 온실' 속에서만 경쟁하기 때문에 다양한 문제가 생기게 된 것이다. 단적으로 말하면 '시장 원리의 결여'가 원인이다.

미국에는 키국과 지방 방송국이 계열을 이루는 구조가 없으며, 1980년대부터 케이블 방송국이 지상파 방송국을 압도하면서 경쟁 환경 속에서 방송국의 인수·합병이 빈번하게 일어나고 있다. 공공성을 챙기면서 산업을 구성하려다가는 큰코다치기 십상이다. "현縣마다 공항이 하나씩은 있어야 한다"며 수요와 관계없이 98곳에 지방 공항을 만들었지만, 불과 8곳만 흑자가 나는 항공운송업계의 경우만 봐도 알 수 있는 사실이다. 예전에 한참 회자되던 "목욕탕과 은행과 방송국의 공통점은?"이라는 수수께끼가 있다. 정답은 "건물을 만들면 돈이 따라온다"이다.[3] 하지만 목욕탕도, 은행도 쇠퇴하기 시작한 지 오래라는 점을 기억해야 한다.

2

쇼리키,
TV 시대의 문을 열다

'TV의 신' 쇼리키 마쓰타로

일본에서 '만화의 신'이 데즈카 오사무라면, 'TV의 신'은 쇼리키 마쓰타로다. 〈요미우리신문〉의 사주이자 니혼TV의 창시자이며, 동시에 라디오를 포함한 방송을 산업으로서 정비하는 데 크게 기여한 인물이다. 도쿄제국대학을 나와 내무성 관료부터 경시청 경무부장까지 순조롭게 출세가도를 밟던 쇼리키는 1923년 도라노몬 사건虎ノ門事件, 1923년 도쿄의 번화가 도라노몬에서 황태자 겸 천황 섭정이던 히로히토가 저격을 받은 사건의 책임을 지고 38세 나이에 관직에서 물러난다. 그 뒤

경영이 부진한 약소 기업이던 〈요미우리신문〉을 사들여 7대 사장이 된다.

쇼리키는 1920년부터 미국에서 보급되기 시작한 라디오 방송 면허를 1924년에 신청했다. 언론 기관인 신문사가 라디오를 소유해서는 안 된다는 의견이 있어 결과적으로 요미우리는 라디오 시장에 진입할 수 없었지만, 신문에 라디오 방송란을 만든 것은 요미우리가 처음이었다. 라디오 계약자(당시는 NHK와 마찬가지로 수신료 계약이었다)가 전국에 3,500세대밖에 없었던 시대에 라디오의 가능성을 눈치챈 경영자는 거의 없었다.

그런 쇼리키가 TV에 주목한 것은 당연한 일이었다. 전쟁 직후 쇼리키가 민간 기업에서도 TV 방송 면허를 취득할 수 있도록 요구했을 당시, TV 방송국을 개국하는 데 필요한 비용은 10억 엔이었다(현재 가치로 환산하면 1,000억 엔 정도다). TV 한 대를 만드는 데 수백만 엔이나 들던 시대이니만큼 모두가 "시기상조다", "NHK에 맡기면 된다"고 목소리를 높였지만, 그는 서로 경합하던 〈요미우리신문〉·〈아사히신문〉·〈마이니치신문〉을 규합해 1953년 8월 첫 민영 TV 방송국인 '니혼TV'를 개국했다. 그 후 TBS가 개국하고, 쇼치쿠·도호·다이에이 등 영화 회사와 문화방송·닛폰방송 등 라디오 방송국이 함께 만든 후지TV, 도큐·도에이그룹이 중심이 되어 만든 TV아사히, 재단법인이 주체가 되어 과학기술의 보급을 위해 만든 TV도쿄가 그 뒤를 이어 설립됐다.

쇼리키는 〈요미우리신문〉을 발행부수 5만 부에서 200만 부로 끌어올려 일본 제일의 신문사로 만든 명경영자였다. 경쟁사들은 쇼리키가 누구보다 빠르게 눈치챈 방송의 가능성과 영향력의 크기를 목도하고 재빨리 쇼리키의 꽁무니를 쫓아갔다. 쇼리키는 연합국최고사령부와의 정치적 사전 교섭을 통해 TV 방송 구상을 실현했다.[4] 그야말로 쇼리키는 'TV의 시대로 향하는 문을 억지로 비틀어 연' 것이다.

공공 TV 옹호론자 NHK에 맞선 희대의 프로모터

쇼리키가 없었다면 1970년대까지의 유럽 각국과 현재의 북한처럼 일본도 TV 방송국이 한 개뿐인 상태가 이어졌을지도 모른다. 일본에서 TV 산업을 연구하던 유일한 기관인 NHK가 전후에도 민영 TV 방송국 설립을 강하게 반대했기 때문이다.

면허 신청이 수리되기 전날 밤, NHK 회장 후루카키 데쓰로古垣鉄郎가 회식 자리에서 쇼리키에게 한 말이 이런 사실을 보여준다. "이렇게까지 TV 열기를 부채질해 실현이 되는 분위기로 몰고 간 것은 전적으로 쇼리키 씨의 공입니다. 굉장한 공로자입니다. 하지만 TV 사업은 NHK가 할 테니, 당신은 손을 떼십시오."[5]

후루카키는 상업 방송이 미국의 문화 수준을 현저하게 쇠퇴시켰다고 주장했다. "살인, 상해, 방화 등 범죄를 다룬 비속한 프로그램", "일주일 동안 2,723건이라는 엄청난 수의 광고 방송", "순음악은 전혀 방송하지 않고 건축, 조각, 경제학, 육아, 역사는 전혀 다루지 않는다", "이대로 민간에 면허를 주면 미국처럼 문화가 쇠퇴할 것이다". 이것이 당시 상업 방송에 대한 공통된 견해였다.

니혼TV가 개국한 후에 NHK가 시작한 방해 공작은 지금으로선 도저히 이해하기 어렵다. NHK는 "텔레비전은 공공 방송에서! 매국 TV 절대 거부! 일본방송노동조합"이라는 표어를 단 포스터를 전국에 배부했는데, 그 포스터에는 TV에 스트립쇼 장면이 나오자 당황하는 학생의 그림과 동물원의 기린을 보여주며 교육하는 공공 TV의 그림이 대비되어 있었다.[6] NHK의 계약 세대 수는 1955년 16만 세대, 1960년 686만 세대, 1965년 1,822만 세대로 늘어났다.

그런 와중에도 니혼TV는 시청자를 끌어들여 경영을 궤도에 올려놓았다. 개국 후 넉 달 만에 월간 흑자를 달성했고, NHK가 매년 수억 엔의 적자를 기록하는 상황에서 개국 4년째에는 흑자로 전환해 주주 배당까지 하는 등 TV 방송의 사업성을 증명했다. TV가 고가여서 보급률이 신통치 않자 '가두街頭 TV'를 전국 220곳에 무료 배포하고, TV 한 대에 수천 명의 사람들이 몰려든 모습을 그대로 방송에 내보내는 등 니혼TV가 보

니혼TV의 역사
(니혼TV 홈페이지)

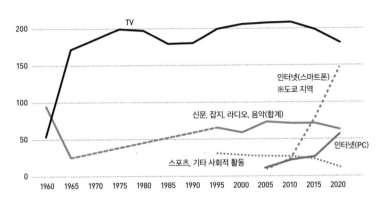

도표 6-2 **일본인들의 미디어 소비 시간 추이**

평일의 평균 소비 시간
(단위: 분)

출처) NHK방송문화연구소의 『국민 생활시간 조사』에서 '평일·국민'을 추출. 스마트폰 소비는 하쿠호도DY미디어파트너스의 『미디어 정점 조사』 참고.

여준 센스는 그야말로 발군이었다.

당시 일본인들을 TV 앞에 붙들어 맨 요미우리 자이언츠의 설립도, 역도산의 프로레슬링도(「9장 스포츠」 참조) 쇼리키 마쓰타로라는 희대의 프로모터에 의해 탄생한 것이다. 쇼리키의 이러한 행보는 반세기가 지난 지금까지도 우리에게 영향을 미치고 있다.

3

신문이 TV를
지배한다

신문 자본이 TV 방송국을 총괄하는 계열 구조

1970년대에는 TV 방송국의 대대적인 재편성이 이루어졌다. TV 방송국이 신문 자본 산하에 들어가고, 전국의 계열화(전국 네트워크화), 제작 회사의 분사分社화가 진행된 것이다. 신문사와 TV 방송국의 자본 재편과 전국 네트워크화를 컨트롤한 것은 쇼리키 마쓰타로와 더불어 TV 역사에 이름이 또렷하게 새겨진 다나카 가쿠에이田中角栄다.

1957년 39세의 나이로 전후 최연소 우정대신이 된 다나카는

'컴퓨터 달린 불도저'라는 별명을 지닌 수완가로, 일본 전국에서 밀려드는 TV 방송국 개국 신청에 개입해 임원 인사부터 보유 주식 비율에 이르기까지 모든 것을 정리했다. 자본 관계도 지역도 제각각이던 것을 "너는 아사히", "너는 요미우리"라며 정치가가 정리한 것이다. 요미우리와 니혼TV는 기존 자본 관계대로 놔두었지만, 아사히와 니혼게이자이, 통칭 닛케이가 높은 지분을 갖고 있던 TV아사히는 닛케이에 TV도쿄를 넘기는 형태로 분리하고, 마이니치는 TBS와 연결하고, 산케이는 후지TV와 연결하도록 억지로 밀어붙여 키국과 신문사의 관계를 다시 정리했다.

신문사가 산하에 TV 방송국을 거느리는 구조는 일본에만 존재한다. 꼭 그래야만 하는 것도 아니다. 미국에서는 먼저 방송하기 시작한 라니오 방송국의 자본으로 TV 방송국이 만들어졌다. 신문의 경우, 각 주마다 로컬지의 힘이 강해서 '미국 전국지'라고 할 만한 미디어는 〈USA투데이〉 등 손에 꼽을 정도다.

전 세계 신문 구독자 수를 살펴보면, 세계 1위인 〈요미우리신문〉 외에도 〈아사히신문〉, 산교게이자이신문사가 발행하는 〈산케이신문産經新聞〉, 〈마이니치신문〉, 〈니혼게이자이신문日本經濟新聞〉이 10위 안에 든다. 상위 열 개 중 다섯 개나 일본이 점한 셈이다.[7] 일본의 신문은 인구수와 시장 크기에 비해서 이상할 정도로 그 규모가 거대한데, 바로 그 산하에 TV 방송국이 있는 매스미디어 구조가 만들어져 있는 덕분이다.

방송국 계열화의 이점

도쿄의 TV 방송국에 지방 방송국을 연결하는 일은 마치 신문사 보급소가 전국으로 뻗어나간 역사를 반복하는 것처럼 착착 진행됐다. 지방 방송국은 도쿄 키국 중 어느 한 곳에서 프로그램을 제공받으면 다른 방송국의 프로그램은 방영할 수 없도록 규제를 받았다. 〈도표 6-3〉에서 볼 수 있듯, 해당 방송국이 자본을 보유한 것도 아닌데 그 계열에 속한 지방 방송국도 있다.

TV 방송국의 계열화는 지방 방송국에도 이점이 있다. 시청률에 곱하는 '시청 세대 수'가 커질수록 광고료가 늘고, 그것이 지방 방송국에도 배분되기 때문이다. 전국에 30개 가까운 네트워크를 보유한 니혼TV, TBS, TV아사히, 후지TV와 네트워크가 6개뿐인 TV도쿄, 간토권에만 있는 도쿄MX는 같은 시간대라도 광고비가 다르다. '파급 세대 수'를 넓힐 만큼 넓힌 1970년대, 그 수확기인 1980년대 TV 방송국은 광고 수입으로 점점 몸집을 불려나갔다.

단, 신문사 자본의 조정과 마찬가지로 전국 네트워크화도 엄청난 난공사였다. 간사이 지역의 아사히방송은 원래 TBS와 네트워크가 있었고, 현재의 마이니치방송은 TV아사히와 한 편이었다(이렇게 꼬인 상황을 장염전腸捻轉이라 불렀다). 그 또한 다나카 가쿠에이가 자본의 교차 조정을 지시해 1975년부터 지금의 형태를 유지하게 된 것이다. 100여 년 전 폐번치현廃藩置縣, 1871년 메이지 정부가 기존 지방

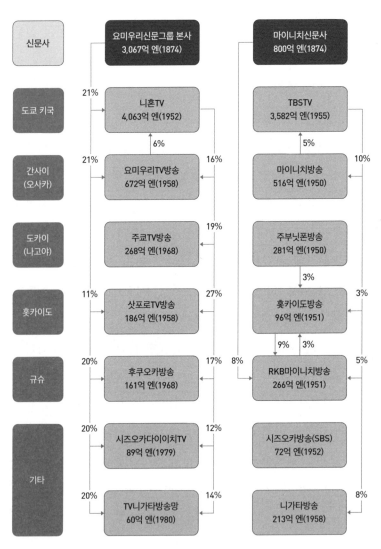

도표 6-3 **일본 TV 방송국의 네트워크 구조**

신문사

요미우리신문그룹 본사
3,067억 엔(1874)

마이니치신문사
800억 엔(1874)

도쿄 키국

21%

니혼TV
4,063억 엔(1952)

TBSTV
3,582억 엔(1955)

간사이
(오사카)

21%   6%   16%   5%   10%

요미우리TV방송
672억 엔(1958)

마이니치방송
516억 엔(1950)

도카이
(나고야)

19%

주쿄TV방송
268억 엔(1968)

주부닛폰방송
281억 엔(1950)

홋카이도

11%   27%   3%   3%

삿포로TV방송
186억 엔(1958)

홋카이도방송
96억 엔(1951)

규슈

20%   17%   9% 3%   8%   5%

후쿠오카방송
161억 엔(1968)

RKB마이니치방송
266억 엔(1951)

기타

20%   12%

시즈오카다이이치TV
89억 엔(1979)

시즈오카방송(SBS)
72억 엔(1952)

20%   14%   8%

TV니가타방송망
60억 엔(1980)

니가타방송
213억 엔(1958)

※ 각사의 매출(2020, 2021)과 설립 연도.

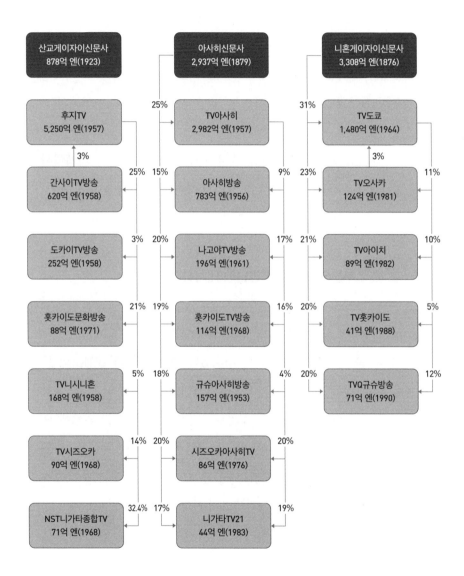

| 산교게이자이신문사 878억 엔(1923) | | 아사히신문사 2,937억 엔(1879) | | 니혼게이자이신문사 3,308억 엔(1876) |

후지TV 5,250억 엔(1957)

TV아사히 2,982억 엔(1957) — 25%

TV도쿄 1,480억 엔(1964) — 31%

3%

간사이TV방송 620억 엔(1958) — 25% 15%

아사히방송 783억 엔(1956) — 9% 23%

TV오사카 124억 엔(1981) — 11%

3%

도카이TV방송 252억 엔(1958) — 3% 20%

나고야TV방송 196억 엔(1961) — 17% 21%

TV아이치 89억 엔(1982) — 10%

홋카이도문화방송 88억 엔(1971) — 21% 19%

홋카이도TV방송 114억 엔(1968) — 16% 20%

TV홋카이도 41억 엔(1988) — 5%

TV니시니혼 168억 엔(1958) — 5% 18%

규슈아사히방송 157억 엔(1953) — 4% 20%

TVQ규슈방송 71억 엔(1990) — 12%

TV시즈오카 90억 엔(1968) — 14% 20%

시즈오카아사히TV 86억 엔(1976) — 20%

NST니가타종합TV 71억 엔(1968) — 32.4% 17%

니가타TV21 44억 엔(1983) — 19%

통치 체제인 번을 폐지하고 중앙관할로 일원화한 행정개혁이 이루어져 300여 개가 있던 번이 통합되었는데, 서로 사이가 좋든 나쁘든 무조건 3부 35현으로 정리됐다. 250년 전 에도 막부 초기에 다이묘의 구니가에國替え, 막부가 다이묘를 통제하기 위해 다이묘의 영지를 다른 곳으로 이동시킨 일 때도 비슷한 일이 일어났던 것을 생각하면, 이 같은 하향식 계열화는 일본의 전통인지도 모르겠다.

참고로 신문사가 몸집을 불려 거대해진 것도, 전시 체제에서 739개였던 신문사가 184개로 정리된 것이 크게 영향을 미쳤다.

제작 부문의 분리로 경영난에 대처하다

시청자가 폭발적으로 증가한 1960년대에 비해 1970년대는 TV 방송국을 경영하는 게 어려운 시기였다. 영화 회사가 촬영소의 문을 닫고 감독 고용 제도를 없앤 이 시대에 TV 방송국 또한 방영 포맷을 변경하기 위한 설비 투자로 경영난에 처했다. 그 와중에 모든 키국이 '제작 부문의 분사화'를 시행했다. 'TV맨 유니온' 등을 배출한 TBS를 필두로, 후지TV는 네 개의 제작 회사를 분리하며 150명을 내보냈고, 사내 제작국마저 사라지고 말았다.[8]

니혼TV도 예외가 아니어서, 1971년부터 적자로 전락하자 그로부터 5년간 대졸 신입사원도 채용하지 않았다. 시청률은 TBS,

도표 6-4 **일본 TV업계의 밸류체인**

출연료
• 인기 탤런트는 프로그램 출연료보다 광고 출연료 수입이 많다.
• 예능사무소는 TV 방송국과 연계해 출연 범위를 확보하고, 탤런트의 브랜드를 높여 음악 저작권, 광고 등으로 수익화를 꾀한다.

제작 수입
• 스폰서가 얻는 수입의 20~40% 비용으로 제작 회사가 수탁 제작한다.
• 저작권은 TV 방송국에 있기 때문에 제작 회사에는 수익이 남지 않는다.

방송 수입
• 광고 수입 가운데 20~40%를 제작비와 조달비로 돌린다.
• 위의 제작비 외에 광고 대행사 20%, 네트워크비 15%를 뺀 20~30%가 키국의 매출 총이익이다.
• 제작물의 저작권은 TV 방송국이 독점한다.

네트워크 분배금
• 방송을 내보내는 지방 방송국은 네트워크 분배금으로서 키국에서 광고 수입의 15%를 얻는다.

광고 수입
• 광고 수입은 스폰서 기업에서 광고 대행사를 경유해 확보한다.
• 광고 대행사의 마진은 20%다.

출처) 저자 작성.

후지TV에 밀리고 TV아사히에 바짝 추격당하는 상황에서 마찬가지로 제작 부문을 분리해 철저한 비용 삭감을 도모했다. 그 후, 앞서 이야기한 것처럼 전국 네트워크화와 함께 광고 수입이 늘어나면서 TV 방송국의 사업 모델이 확립됐다. 하지만 현재 우리가 알다시피 그 견고한 구조는 오히려 해결해야 할 과제가 되었다.

4

TV, 콘텐츠 왕자의
존재감

TV 콘텐츠, 음악·드라마·스포츠 등 모든 장르를 흡수하다

일본 TV 콘텐츠의 역사는 음악 역사, 아이돌·예능사무소 역사, 드라마 역사, 뉴스 역사, 스포츠 역사, 버라이어티 역사와 맥을 같이하며, 콘텐츠 왕자로서의 존재감을 뿜어낸다. 일본 TV업계는 이렇듯 여러 가지 장르를 흡수해 몸집을 불려나갔다.

TV 인기 콘텐츠의 역사를 거슬러 올라가보자. 음악은 TV 없이 이야기할 수 없다. 〈NHK 홍백가합전〉은 1951년부터 70년 넘게 유행가에 권위를 부여하는 장으로서 존속했으며, 〈NTV 홍백가의 베스트 텐〉(1969, 니혼TV)부터 〈스타 탄생!〉(1971, 니혼TV)에 이르기까지 TV 방송국과 예능사무소의 관계는 아이돌을 낳는 탤런트 제조기나 다름없었다.

드라마도 인기 콘텐츠가 되어갔다. NHK의 아침 드라마는 여섯 번째 작품인 〈오하나한おはなはん〉(1966)이 메이지·다이쇼·쇼와 시대를 살아가는 히로인이라는 포맷으로 인기를 끌며, 이후 매일 아침 같은 시간에 15분 정도 드라마를 시청하는 습관이 들도록 알람 기능을 하는 생활 콘텐츠로 자리 잡았다. 이런 아침 드라마들이 "밝게·활기차게·상쾌하게"라는 메시지를 주부의 마음과 가정에 뿌리내리게 했다고 해도 과언이 아니다.[9] 민영 방송의 경우, 1972년 TBS의 〈금요 드라마〉가 시작되면서 1970년대 '드라마의 TBS'라는 브랜드를 확립했다. 그 후 1990년대 후지TV가 탄생시킨 '트렌디 드라마'는 프로그램 자체는 물론 유행가와 탤런트, 나아가 패션 등 소비 영역까지 영향을 미치는 거대한 플랫폼이 되었다.

〈줌인!! 아침!〉(1979, 니혼TV)과 〈뉴스 스테이션〉(1985, TV아사히)은 뉴스가 상품이 될 수 있다는 사실을 보여주었다. 스포츠 또한 TV가 하나의 문화로 성장시킨 분야다. 프로레슬링 〈역도산×디스트로이어〉 중계(1963, 니혼TV)가 시청률 64%라는 전설적인 기록을 세운 뒤 모든 방송국이 앞다퉈 프로레슬링을 중계했다. 1980년대에는 프로야구의 요미우리 자이언츠전 중계가 한 시합에 1억 엔이 굴러 들어오는 달러 박스로 떠오르며, 야구는 프로레슬링과 어깨를 나란히 하는 TV 톱 콘텐츠로 자리 잡았다(「9장 스포츠」 참조).

음악, 드라마, 스포츠 등에 이어 인기를 얻은 것은 버라이어티와 코미디다. 〈8시다! 전원 집합〉(1969, TBS)은 1970~1980년대 40~50%라는 높은 시청률을 오랜 기간 유지했으며, 〈더 만자이THE MANZAI〉(1980, 후지TV)와 〈와랏테이이토모!笑っていいとも!〉(1982, 후지TV) 등은 '코미디언'을 배출하는 토양이 되어주었다. 그 밖에도 〈미국 횡단 울트라 퀴즈〉(1977, 니혼TV)와 〈과연! 더 월드〉(1981, 후지TV) 등의 퀴즈 프로그램, 〈화요 서스펜스 극장〉(1981, 니혼TV) 등의 미스터리 드라마, 〈프로젝트X〉(2000, NHK)와 〈캄브리아 궁전〉(2006, TV도쿄) 등 경제 프로그램도 시청자를 끌어모았다. 한 방송국이 '발명'하면 다른 빙송국도 비슷한 프로그램을 내놓았다. '장마다 망둥이가 나는' 듯한 상황이었다.

하지만 TV 방송국의 성장을 지탱할 새로운 콘텐츠가 무한히 만들어질 수는 없다. 알다시피 TV는 곧 새로운 미디어의 위협을 받기 시작했다.

유튜브와 틱톡에 시청자를 빼앗기다

"TV는 일회성 콘텐츠다. 화면은 작고, 화질도 나쁘다. 시청자도 다른 일을 하면서 그냥 틀어놓기 일쑤이니, 품과 시간을 들여 영상을 찍을 필요 없다. 싸고 빠르게 대충 찍을 수 있는 감독만 있으면 된다."[10] 1970년대 영화업계에서 TV를 평하던 말이다. 어디서 들어본 말 같지 않은가? 지금 TV가 유튜브를 대상으로 하는 말과 거의 비슷하다.

1970년대에는 영화 히트작 한 편의 이익과 60분짜리 TV 드라마 300편의 연간 이익이 비슷할 정도로 TV에 대한 인식이 좋지 않았다.[11] 영화 회사는 경영이 점점 악화되는 상황에서도 품질에 대한 자존심으로 영화 제작을 고집했다. 지금 TV 방송국의 입장에서 유튜브는 그야말로 '질도 나쁘고 효율도 나쁜' 미디어다. 반면, 많은 '아마추어'가 무수히 영상을 제작하면서 TV는 '실험장'으로서의 지위를 잃고 추격당하는 존재가 되었다.

창조의 씨앗은 늘 '열악'한 신흥 미디어가 쥐고 있다. 연극으로부터 영화가, 영화로부터 TV가 관객을 빼앗은 것처럼, 지금은 유튜브와 틱톡이 TV로부터 시청자를 빼앗아가고 있다.

7장

애니메이션 | 시장과 예술 사이

1

할리우드에 대항하는
세계 애니메이션의 성지

세계 시장점유율 할리우드 40%, 일본 25%

일본을 대표하는 산업이라고 하면 자동차, 복사기 등과 더불어 게임과 애니메이션을 꼽는 사람이 많다. 분명 닌텐도와 소니의 게임기는 플랫폼으로서 세계를 석권했다. 하지만 〈도라에몽〉이나 〈드래곤볼〉은 일본에서는 큰 인기를 누리고 있지만 세계적으로 보면 그 인기가 한정적이다. 아카데미상을 받은 스튜디오지브리의 〈센과 치히로의 행방불명〉은 2001년에 공개돼 이미 20년도 더 된 작품이며, 신카이 마코토新海誠 감독이나 호소다 마모루細田守 감독의 애니메이션 작품도 일본 고등학생을 모티프로 삼은 '소소한 이야기'일 뿐이다.

일본 애니메이션은 정말로 해외에서 유행하고 있는가? 사실 이러한 의문을 품은 사람이 많다. 현재, 할리우드의 '애니메이션'과 다른 일본의 '아니메ｱﾆﾒ'가 세계에서 하나의 장르를 확립했음은 의심할 여지가 없다. 전 세계 사람들이 보는 애니메이션 작품 중 4분의 1은 일본 작품이다. '애니메이션 비즈니스 저널Animation Business Journal'이 전 세계 100개 이상의 SVOD 플랫폼구독형 VOD 플랫폼. 넷플릭스가 대표적이다에서 서비스되는 2만여 편의 작품을 분류한 결과, 〈겨울왕국〉과 〈토이 스토리〉 등 미국 애니메이션 40%, 일본 애니메이션 25%, 영국 애니메이션 4% 순으로 나타났다. 3위와 압도적으로 차이 나는 일본 애니메이션은 확실히 할리우드에 버금가는 상품이라고 할 수 있다.[1]

다른 영상 매체와 비교해보면 일본 애니메이션의 성장세는 주목할 만하다. 대표적인 OTT 업체들을 살펴보면, 일본의 아베마 TV와 디즈니+의 프로그램 중 20%는 애니메이션이며, 넷플릭스와 아마존 프라임에서도 애니메이션이 7% 정도를 점하고 있다. 이 같은 상황에서 일본 애니메이션의 약진은 분명 눈여겨봐야 할 부분이다.

놀라운 가성비의 2D 애니메이션 양산

일본 애니메이션의 가장 놀라운 점은 가성비가 좋다는 것이다. 할리우드 애니메이션은 기본적으로 두 시간짜리 영화 작품을 만드는 데 50억~100억 엔 정도가 소요된다. 그런데 성공한 일본 애니메이션의 사례를 보면, 북미 흥행 수입 1위를 달성한 〈극장판 포켓몬스터: 뮤츠의 역습〉은 3억 5,000만 엔의 제작비를 들여 전 세계에서 200억 엔에 가까운 매출을 올렸다. 전 세계에서 500억 엔 이상의 흥행 수입을 올리며 북미에서 일본 애니메이션 수입 2위를 달성한 〈귀멸의 칼날: 무한열차편〉은 10억 엔이 안 되는 제작비로 만들어졌다. 즉, 시장점유율로 보면 미국 40%, 일본 25%이지만, 일본 애니메이션은 미국 애니메이션 제작비의 10분의 1도 들이지 않은 '저렴한' 작품들로 이 같은 판세를 실현한 것이다.

한편, 애니메이션 작품의 증가세는 일본뿐 아니라 북미에서도 나타나고 있다. 그 요인은 애니메이션의 3D화에서 찾을 수 있다. 연간 600편이 넘는 영화가 제작되는 할리우드에서 1980~1990년대 디즈니의 애니메이션은 연일 쇠퇴의 길을 걷고 있었다. 영화 수입 시장에서 핸드 애니메이션일본 특유의 2D 애니메이션의 점유율은 3% 미만이었다. 회사의 뿌리인 애니메이션 스튜디오의 폐쇄까지 검토하던 상황에서 디즈니는 2004년 픽사를 매수해 3D 애니메이션으로 방향을 틀었다.

2000년대까지도 애니메이션의 점유율은 전체 영화 수입의 5% 미만에 불과했지만, 2010년대 3D 애니메이션이 꽃을 피우면서 최근에는 실사 영화를 밀어내고 점유율이 15~20%에 이르렀다. 이런 추세에 발맞춰 중국과 한국도 미국을 뒤쫓아 3D 애니메이션을 양산하고 있다.

반면, 일본은 디즈니의 애니메이션 작품에 자극을 받으면서도 아직도 태반이 2D 수작업 애니메이션(실제로는 다양한 디지털 툴이 도입된 수작업)이다.

일본 애니메이션의 역사

일본 애니메이션의 역사를 대강 돌아보면, '1960~1970년대의 아동용 애니메이션', '1980~1990년대 전반의 청년용 애니메이션', '1990년대 후반~2000년대의 애니메이션 제작위원회 시대와 애니메이션 붐', '2010년대 이후의 VOD주문형 비디오와 글로벌화'로 나눌 수 있다. 각 시대의 사례를 들면서 산업 구조의 변화를 찬찬히 톺아보고자 한다.

먼저 시장 규모를 보자. 〈우주소년 아톰〉을 비롯해 〈철인 28호〉, 〈시끌별 녀석들〉, 〈이웃집 토토로〉 등 다양한 애니메이션 작품이 탄생한 1980년대까지만 해도, 애니메이션은 시장 규모를 산출하기조차 어려운 틈새시장이었다. 1990년대 들어서야 시장 규모가 5,000억 엔을 넘어섰고, 이후 2000년대 중반에는 배로 증가한 1조 2,000억 엔이 되었으며, 2010년대에 들어서는 그 2배인 2조 5,000억 엔 규모로 성장했다.

일본의 애니메이션 제작 편수는 최근 20년 사이에 연 100편에서 200편으로, 더 나아가 350편에 가까운 규모로까지 증가했다. 미국 애니메이션은 전체 영화 제작 편수 660편 중 10%인 50편에도 미치지 못하는 상황이다.

일본 애니메이션 제작 회사 811개 사의 85%가 도쿄에 집중되어 있으며, 그중 40%는 스기나미구(149개), 네리마구(103개), 나카노구(47개) 세 곳에 집중되어 있다.[2] 실사 영화로 할리우드에 맞서고 있는 인도의 '발리우드'와 마찬가지로(인도의 영화 제작 편수는 미국의 3배에 달한다), 스기나미·네리마·나카노에서 양산되고 있는 일본 애니메이션은 다양성과 편수 면에서 '스기나미우드'라 불러도 부족하지 않을 정도다.

2010년대 가속화된 경이적인 세계 시장 확대

2010년대 이후 일본 애니메이션의 성장은 업계의 기대치를 한참 뛰어넘는 것이었다. 일본 국내 수요가 한계점에 이른 가운데,

성장을 견인한 것은 해외 수요였다. 연간 200편 정도로 포화 상태였던 애니메이션 제작은 불과 5년 만에 2배에 가까운 연간 350편에 도달했다. 이는 해외에서 VOD라는 또 다른 차원의 콘텐츠를 획득하기 위한 경쟁이 일어나면서 외화가 일본에 유입되었기 때문이라고 할 수 있다.

〈도표 7-1〉은 일본 애니메이션 시장 추이를 분석한 것이다. 2008년 경제위기와 리먼 브러더스 사태 때 잠시 수그러들기는 했지만, 이후 잠복기를 거쳐 2012년 이후 전에 없는 팽창기를 맞이한다. 일본 국내 애니메이션 시장도 7,000억 엔에서 1조 엔 규모로 성장했는데, 이는 해당 산업의 성공 중 극히 일부를 보여주는 데 지나지 않는다.

그보다 놀라운 것은 2010년 전후 2,000억 엔밖에 되지 않던 해외 시장이 10여 년 만에 1조 엔 규모로 성장했다는 점이다. 현재 해외 애니메이션 소비 시장은 일본 애니메이션 관련 완구 시장의 2배 정도 규모로, TV·영화·비디오·완구를 합한 것보다 규모 면에서 더욱 크다.

애니메이션을 둘러싼 소비는 해외 사용자의 수요와 맞물리면서 2010년대 5배로 늘어났다. 해외 사용자가 일본 국내 사용자보다 1인당 애니메이션 소비 금액이 적다는 점을 감안해 역산하면, 최근 10년 사이에 일본의 두세 배 규모에 이르는 해외 사용자가 형성되었다고 봐도 무방하다. 이렇게 급격하게 해외 시장이 형성

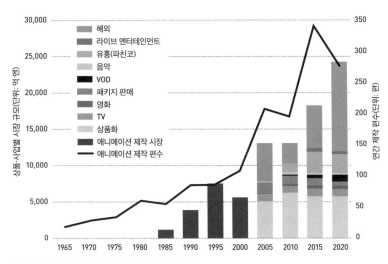

출처) 『정보 미디어 백서』를 비롯한 자료를 참고해 저자 작성.

된 것은 해적판으로 보던 만화·애니메이션 구독층이 2000년대 들어 일본 콘텐츠 애호가로 성장했고, VOD 인프라가 보급됨으로써 콘텐츠의 수익화가 가능해졌기 때문이라고 할 수 있다. 출판 유통에 제약이 있던 만화 대신 애니메이션이 일본 캐릭터의 전도사가 된 것이다.

일본에서 12조 엔 규모의 콘텐츠 시장에 투자되는 연간 3조 5,000억 엔의 제작비 중 절반은 TV 프로그램 제작비다(도표 7-2). 이에 비해 연간 300편 제작되는 애니메이션은 제작비 총액이 500억~1,000억 엔으로 전체 영상 제작비의 10%에도 미치지 못하는

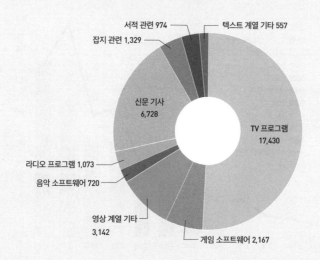

도표 7-2　일본의 콘텐츠 제작비용(2019년 기준, 단위: 억 엔)

서적 관련 974
텍스트 계열 기타 557
잡지 관련 1,329
신문 기사 6,728
라디오 프로그램 1,073
음악 소프트웨어 720
영상 계열 기타 3,142
게임 소프트웨어 2,167
TV 프로그램 17,430

도표 7-3　일본 TV 프로그램의 장르별 해외 매출(2019년 기준, 단위: 억 엔)

스포츠 2
다큐멘터리 2
기타 1
버라이어티 45
드라마 29
애니메이션 442

출처) 총무성, 『미디어·소프트웨어의 제작 및 유통 실태에 관한 조사』.

데, 해외로 판매되는 프로그램의 85%, 약 450억 엔을 차지하고 있다(도표 7-3). 즉 전체 영상 제작비에서는 거우 3% 정도를 차지하는 데 불과한 애니메이션이 수출로 벌어들이고 있는 수익금은 콘텐츠 시장 매출의 90% 가까이나 점유하고 있는 것이다.

2

광기에서 시작된
TV 애니메이션 산업

어쩌다 살아남은 '동양의 월트 디즈니'

애니메이션업계는 설립된 지 가장 오래된 도에이 애니메이션東映アニメーション, 이하 '도애니'이 현재도 가장 높은 매출을 자랑하는 이례적인 현상을 보인다. 도애니는 스튜디오지브리의 다카하타 이사오高畑勲와 미야자키 하야오宮崎駿 등이 소속되었던 것으로도 유명한데, 〈드래곤볼〉, 〈원피스〉, 〈프리큐어〉가 대표작이다.

지금이야 도애니가 도에이그룹 소속이지만, 전신인 도에이동화 시절의 제작진은 쇼치쿠동화연구소와 도호도해영화 등 전쟁

234

전부터 애니메이션 사업을 해오던 회사들로 통합 구성돼 있었다. "혼자서는 먹고살 수 없으니 일단 모이자"는 식으로 집단을 이룬 것이었다. 도에이가 그 회사들을 매수한 것이 1956년. 도에이동화는 1951년 세 회사를 통합하며 도에이주식회사이하 '도에이'라는 이름으로 신흥 영화 회사를 발족했다. 시대극에서 쾌조를 보이며 재무 상황이 탄탄했던 점(1956년 쇼치쿠, 도호를 앞지르며 영화 회사들의 선두에 섰다), TV에 대항하기 위해 애니메이션이라는 신흥 영화 시장으로 진출을 검토하고 있었다는 점, 흉흉한 야쿠자 영화 등과는 정반대인 '좋은(친사회적인)' 브랜드를 원했다는 점 등을 이유로 도애니를 산하에 넣은 것이다. 당시 직원 30명 규모에 불과했던 도애니는 채무 초과 상태였지만, 그럼에도 불구하고 '일본 최대의 애니메이션 제작 회사'이기도 했다.[3]

영화 회사의 통폐합이 진행되었던 당시를 돌이켜보면, '도에이 애니메이션'이 아닌 '도호 애니메이션', '쇼치쿠 애니메이션'이 되었어도 이상하지 않은 상황이었다. 도에이 사장인 오카와 히로시大川博는 "동양의 월트 디즈니가 되자"는 야망을 내세웠다. 그 무렵 디즈니는 2,000명에 가까운 제작 인원을 두고 2,200만 달러(현재 가치로 환산하면 25억 엔)의 제작비를 들여 1시간 16분 짜리 장편 〈신데렐라〉를 만들었으며, 갓 오픈한 디즈니랜드를 테마로 한 프로그램을 제작해 지

도에이 애니메이션의 역사
(도에이 애니메이션 홈페이지)

상파 TV인 ABC에서 방영하는 등(첫 회 시청자는 7,000만 명) 세계에서 유일무이한 애니메이션 제작 겸 테마파크 운영 회사로 성장하고 있었다.[4]

도애니는 도에이에 매수된 이듬해인 1957년 말 직원 수 100명, 3년 후인 1959년에는 직원 수 270명이 넘는 애니메이션 스튜디오로 성장해갔다. 그런 도애니가 처음으로 제작한 79분짜리 장편 애니메이션 〈백사전白蛇傳〉(1958)에서 일본 애니메이션의 역사가 시작되었다고 볼 수 있다.

만화로 얻은 자산을 애니메이션에 쏟아부은 데즈카 오사무

하지만 도애니로서도 'TV 애니메이션'은 꿈같은 이야기였다. 1957년 도에이와 오분샤旺文社가 중심이 되어 설립한 일본교육TV 현 TV아사히는 아동용 애니메이션을 제공할 절호의 무대가 될 수 있었지만, 도애니는 회의적이었다. 300명가량이 4,000만 엔 정도의 비용으로 1년에 걸쳐 90분짜리 애니메이션을 제작하던 당시의 상황을 감안할 때 도애니는 "제작비가 수십만 엔밖에 나오지 않는데 TV용 애니메이션을 제작하겠다는 것은 허황된 이야기"라며 일축했다.

일본의 첫 국산 TV 애니메이션은 데즈카 오사무에 의해 실현되었다. 1947년 19세 나이로 고향을 떠나온 데즈카는 아시다만화영화제작소에 입사하기를 원했다. 이곳에 불합격하지 않았더라면 만화와 애니메이션의 역사는 크게 바뀌었을 것이다.

데즈카는 1951년 고분샤光文社에서 연재하기 시작한 〈아톰 대사〉를 통해 눈 깜짝할 새 월간지 열 곳에 연재하는 인기 작가가 되었고, 1954년에는 간사이 지역 부호 순위에서 화가 부문 1위에 이름을 올릴 만큼 재력을 쌓았다. 데즈카는 1950년대에 모은 자산의 대부분을 1960년대에 애니메이션 제작에 쏟아부었다. 디즈니에 심취해서 〈밤비〉를 80번도 넘게 봤다는 데즈카에게는 만화가 아닌 애니메이션이 '꿈'이었다.

1961년에 설립된 무시프로덕션虫プロダクション은, 제작비용의 10%도 되지 않는 '1화 55만 엔'으로 〈우주소년 아톰〉을 TV 애니메이션화하는 데 합의했다. 1화 55만 엔이라는 금액은 당시 실사 영화의 시가였는데, 애니메이션은 실사 영화의 10배에 달하는 비용이 드는 무척 생산성 낮은 영상 작품이었다. 무시프로덕션은 1년 만에 적자가 1억 엔으로 불어났지만, 시청률 27%를 기록한 아톰은 기적적인 성과를 남겼다. 미국 NBC에서 1화당 1만 달러(당시 360만 엔)의 방영권 오퍼가 들어와 연간 1억 엔의 수입을 올린 것이다. 나아가 아톰 캐릭터를 사용한 메이지제과로부터 상품 매출 34억 엔의 3%, 즉 1억 엔의 수입을 얻었다. 한마디로 아톰은 흑자를 냈다. 이후로도 데즈카는 사재를 털어 애니메이션을 제작했는데, 결국 1973년 도산하고 말았다.

TV 애니메이션은 너무 이른 발상이었다. 「4장 출판」에서 보았듯, 염가였던 출판물은 1920년대에는 대중을 대상으로, 1960년대에는 아동을 대상으로 화려하게 꽃을 피웠지만, 『주간 소년 선데이』, 『주간 소년 매거진』처럼 5~10명의 편집부원들이 만드는 만화 잡지조차 10년 넘게 적자를 기록했다. 그런 상황이었던 1960년대에 수백 명이 동원되는 애니메이션을 매주 방영한다는 것은 미국에서도 전례 없는 일이었다. 하지만 이 불가능해 보이는 산업이 1970~1980년대 일본을 세계적인 캐릭터 생산국으로 만들어냈다.

3

에반게리온,
시대를 바꾸다

과자와 장난감업계가 애니 붐을 이끌던 시대

〈우주소년 아톰〉 이후 일본에서는 과자나 완구 제조사가 광고 스폰서인 애니메이션이 아동용 TV 프로그램으로 정착되어갔다. 그리고 하나의 작품이 크게 인기몰이를 하면 여러 회사가 유사한 작품을 애니메이션화하면서 로봇 붐, 괴수 붐, 열혈 스포츠물 붐 등이 일었다. 이 같은 분위기 속에서 TV 애니메이션에 투자한 뒤 인기 캐릭터를 상품화하고 그 이익으로 투자비를 회수하는 모델이 점차 자리를 잡아갔다.

제과업체들이 시작한 이런 움직임은 1970년대 후반부터는 모형과 완구 제조사가 이끌어나갔다. 일례로 애니메이션 제작 회사인 선라이즈를 중심으로 〈용자 라이딘〉(1975), 〈기동전사 건담〉(1979), 〈초시공 요새 마크로스〉(1982) 등 스폰서들이 주도하는 애니메이션 제작이 하나의 형태로 자리 잡았다. 이 추세는 〈가면라이더〉 같은 전대물다수의 히어로들이 팀을 이루어 활약하는 특수촬영 영상 콘텐츠 장르로 잘 알려진 반다이의 '애니×완구' 판촉 등으로 현재까지도 이어지고 있다. 선라이즈는 데즈카의 무시프로덕션에 있던 사람들이 1972년 독립해서 꾸린 애니메이션 제작 회사다. 로봇 계열 애니메이션이 주력 사업으로, 1994년 반다이(현 반다이남코HD) 산하에 들어갔다. 상황이 이렇다 보니 상품이 팔리지 않으면 애니메이션 방송은 순식간에 중단됐다. 그럼에도 불구하고 일본에서는 TV 애니메이션이 끊임없이 만들어졌다.

당시 애니메이션은 광고주에게서 받은 프로그램 제공비(광고비) 5,000만 엔에서 덴쓰電通 등의 대리점이 1,000만 엔을 가져가고, 같은 계열의 지방 방송국에 2,000만 엔을 배분하고, 남은 2,000만 엔 중 절반을 도쿄 키국이 가져가고, 1,000만 엔으로 도애니 등에 애니메이션 제작을 위탁하는 것이 전통적인 형태였다. 광고주는 프로그램에 대한 영향력은 있었지만, 저작권을 쥐고 있는 것은 제작 발주처인 TV 방송국이었다.

그렇다면 애니메이션의 TV 시청률은 어땠을까? 1970년대에는

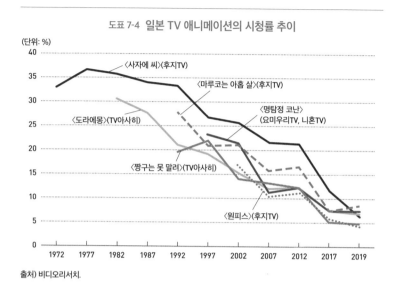

도표 7-4 **일본 TV 애니메이션의 시청률 추이**

(단위: %)

〈사자에 씨〉(후지TV)
〈마루코는 아홉 살〉(후지TV)
〈명탐정 코난〉(요미우리TV, 니혼TV)
〈도라에몽〉(TV아사히)
〈짱구는 못 말려〉(TV아사히)
〈원피스〉(후지TV)

1972 1977 1982 1987 1992 1997 2002 2007 2012 2017 2019

출처) 비디오리서치.

국민적 인기를 누리던 애니메이션이 높은 시청률을 보였지만 그 후로는 하락세가 이어졌다(도표 7-4). 〈사자에 씨〉는 세대 보급률이 100%에 가까웠던 컬러 TV 진파를 타고 매주 일요일 저녁 6시 30분에 고정 프로그램으로 시작돼 50년 넘게 방송되고 있는 기네스 세계 기록을 보유한 작품이다. 이 괴물 애니메이션 프로그램도 1980년대까지는 시청률 30%대를 유지했지만, 2000년대에는 20%대, 2010년대 말에는 5%대까지 시청률이 떨어졌다. 〈도라에몽〉, 〈짱구는 못 말려〉, 〈명탐정 코난〉 등도 상황이 비슷하다. 애니메이션의 TV 시청률이 점점 낮아지는 것은 시대 전반의 흐름으로, 작품의 완성도와 관계없어 보인다.

애니메이션 제작위원회라는 새로운 모델

애니메이션이 예전 같은 TV 시청률을 얻지 못하면서도 오히려 제작이 늘어나는 데는 비즈니스 모델의 혁신이 큰 역할을 했다. 게임 체인저가 된 것은 〈신세기 에반게리온〉(1995)이다. TV도쿄, 니혼애드시스템즈, 킹레코드 등이 힘을 합쳐 제작한 이 작품은 제작위원회 방식에 의해 만들어진 성공작이다(현재의 위원회 시스템과는 다르다). 이를 계기로 매주 방송되는 12화 3개월짜리 애니메이션 제작비 1억 5,000만~2억 엔(1화당 1,000만~1,500만 엔)을 3~10개 회사에서 모아 다 함께 소유하고, 다 함께 전파하는 방식의 제작이 일반화되었다. 현재 일본에서는 연간 300편에 가까운 애니메이션 작품이 만들어지고 있는데, 대부분 이런 방식으로 제작되고 있다.

시청률이 기대되기 때문에 광고 스폰서가 붙어 애니메이션이 제작되는 기존 TV 애니메이션 사업은 위원회 방식을 거치며 시청률에만 연연하지 않는 비즈니스 모델로 변화했다. 출판, 광고 대행사, 상사, 영화 배급, 게임, 완구 등의 기업이 애니메이션 제작에 출자해서 캐릭터 등의 권리를 얻어 사업을 전개하는 형식으로 바뀐 것이다. 그 결과, 애니메이션 제작에 투자자나 프로모터로서 참가하는 기업 수가 수십 배로 늘어났다.

위원회 방식이 자리 잡기 전 TV 애니메이션 제작은 TV 방송국인 키국·준키국키국에 준하는 위치이며, 주로 오사카에 있는 네 개의 광역 방송국인 마이니치방송·아사히방송TV·간사이TV방송·요미우리TV방송을 가리킨다에서 100개 정도 존재하는 애니메이션 제작 회사에 위탁하는 방식으로 이루어졌다. 현재는 수백 개에 달하는 애니메이션 관련 기업이 투자자·위원회의 플레이어로서 참가하고, 700~800개로 늘어난 애니메이션 제작 회사에 제작을 위탁하며, 제작 회사도 5% 등 부분적으로 출자해 권리를 지니게 되었다.

수익원이 다양화되면서 '심야', '오타쿠용' 애니메이션 등장

위원회 방식이 성립된 데는 애니메이션 사업의 수익원 다양화도 영향을 미쳤다. 스튜디오피에로Studioぴえろ가 제작하고 후지TV에서 방송된 〈시끌별 녀석들〉(1981)은 33만 엔의 호화 LD(레이저 디스크) 세트 6,000개를 완판하며 2억 엔의 수익을 올렸다. 〈이웃집 토토로〉(1988)는 방영되고 나서 약 2년 후에 관련 상품의 매출이 쭉쭉 늘어나기 시작했다. 애니메이션 파생 상품이 다양화되고, 팬이 된 사용자가 지속적으로 관련 상품을 구매했기 때문이다. 게다가 애니메이션을 보면서 자란 '오타쿠ォタク'한 분야에 열중하는 사람. 처음에는 부정적 의미로 사용되었으나 1990년대 이후 특정 분야의 마니아 혹은 전문가를 지칭하는 말이 되었다 세대가 수만 엔에 달하는 지출을 아끼지 않는 시대가 되었다. 제작위원회에 참가해 애니메이션에 대한 권리를 얻음으로써 그것

을 수익화하는 수단이 늘어난 것이다. 그 결과, 틈새 장르였던 애니메이션이 하나의 사업으로서 성립하게 되었고, 모에 애니메이션

萌えアニメ, 스토리보다는 캐릭터를 중시해 다양한 개성을 가진 여러 캐릭터가 시청자의 팬심을 자극하는 애니메이션 장르부터 에로 애니메이션까지 작품의 저변이 폭발적으로 다양화되었다.

상황이 이렇게 바뀌면서 아이를 포함한 가족이 다 같이 보는 애니메이션을 평일 저녁이나 황금 시간대에 방영해야 한다는 제약이 사라지고, 시청자층을 전국으로 넓힐 필요도 없어졌다. 1990년 애니메이션은 도쿄 키국 다섯 개 계열에서 방영되었는데, 2005년 무렵에는 계열 방송국이 적고 프로그램 제공비도 낮은 TV도쿄가 절반을 점하게 되었다. 동시에 절반에 가까운 작품들이 심야 시간인 0~6시 시간대에 방송되었다(도표 7-5). 이런 분위기 속에서 사람들이 깨어 있는 정규 방송 시간대에 방영되는 애니메이션은 비주류가 되어갔다. 2010년대에 접어들면서부터는 방송 범위가 좁아서 '국인세'나 프로그램 제공비가 필요 없는 지상파 채널 도쿄MX가 선호되었다. 국인세란 방송국이 애니메이션을 방영할 때 발생하는 비용이다. 제작비용을 부담하는 것도 아닌 TV 방송국이 인세를 받는 것은, 방송을 통해 애니메이션이 확산되는 데 공헌한다는 방송국 측의 강력한 포지셔닝 때문이다. 따라서 방송 범위가 좁은 도쿄MX는 국인세나 프로그램 제공비를 받지 않아서 부담 없이 애니메이션을 방송할 수 있다는 이점이 있었다.

도표 7-5 일본 국내에서 애니메이션 프로그램의 방송 상황

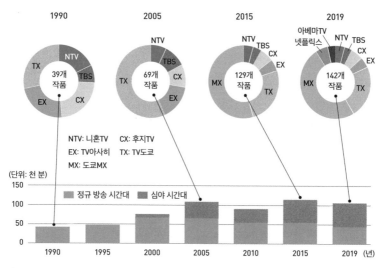

출처) 와타나베 데쓰야의 '비즈니스 모델 학회 2021' 발표 자료에서. 정규 방송 시간대는 6:00~24:00, 심야 시간대는 0:00~6:00다.

1990년대까지의 애니메이션과 2000년대 이후의 애니메이션은 방송국과 시간대가 완전히 바뀌었으므로 타깃과 내용은 물론 출자자와 책임자까지 전부 달라졌다. 이러한 극적인 변화 속에서 〈강철의 연금술사〉(2003)와 〈스즈미야 하루히의 우울〉(2006) 등이 탄생했다.

그리고 지금, 해외에서 많은 팬을 사로잡고 있는 것은 그야말로 이 20년 사이에 독자적으로 진화한, 심야 시간대에 방송되는 성인용 애니메이션이다. 게다가 새롭게 열린 VOD 시대는 일본 콘텐츠에서 상상도 하지 못했던 캐릭터 대활황 시대를 여는 기폭제가 되었다. 〈사자에 씨〉, 〈도라에몽〉, 〈짱구는 못 말려〉가 일본 애니메이션을 대표한다고 생각하는 사람에게는 상상할 수 없는 변화가 일어난 것이다.

표현의 자유, 일본 애니메이션에 날개를 달아주다

그런데 애당초 왜 성인용 애니메이션이라는 장르가 탄생한 것일까? 이는 만화와 마찬가지로 '아동용 교육물'로서 표현상 규제를 계속해온 미국과 애니메이션이 언더그라운드 문화로서 자유롭게 발전해온 일본의 차이라고 여겨진다. 미국에서는 1950년대 상원 의회에서 만화의 잔혹한 묘사를 둘러싼 논쟁이 일면서 전쟁 전에는 비교적 자유로웠던 캐릭터와 이야기에 제한이 생겼다. 출판사들은 일제히 자체 검열을 거쳐 어린이에게 모범이 될 수 있는 사회적으로 올바른 캐릭터만 주인공으로 만들었다. 그 결과, 〈슈퍼맨〉, 〈스파이더맨〉 등 히어로물이 양산되어 사람들이 떠나가는 결과를 낳았다.

그러나 일본은 상황이 달랐다. 일본 만화가 표현의 제약에서 해방되면서 언더그라운드 문화로서 사회적 불만을 대변하거나 해소하는 미디어로 자리 잡아가는 가운데, 애니메이션은 만화와 밀접한 관계에서 생산되어 만화를 더욱 널리 보급하는 스토리텔링 미디어로서의 위치를 획득해갔다. 이를 규제하려는 움직임이 수없이 많았지만 표현의 자유가 폭넓은 작품을 만들어내는 토양이 되어준 결과, 일본 애니메이션 산업은 미국 만화와는 대조적인 캐릭터 플랫폼으로서 발전했다.

4

스튜디오지브리,
'애니'를 예술로 만들다

후원자가 낳은 기적의 애니메이션 작품

애니메이션을 만들고 싶었던 데즈카 오사무가 만화에서 시작한 것과는 대조적으로, 미야자키 하야오는 만화도 그렸지만 고민 끝에 1963년 도에이동화에 입사해 애니메이션의 길을 걸었다. 그리고 10여 년 후 다카하타 이사오와 함께 퇴사해 A프로덕션A プロダクション, 즈이요영상スイヨー映像(즈이요영상이 제작한 〈바다의 소년 트리톤〉은 데즈카 오사무, 〈우주전함 야마토〉의 니시자키 요시노부, 〈기동전사 건담〉의 도미노 요시유키, 그리고 직접적으로는 아니지만 미야자키 하야오

가 함께한 역사적 작품이다)을 거쳐 1985년 도쿠마쇼텐에서 출자받아 스튜디오지브리_{이하 '지브리'}를 설립한다.

1960~1970년대 '원작 만화의 인기를 바탕으로 아동용 애니메이션을 만들고 과자와 완구로 수익화한다'는 모델이 자리를 잡았을 무렵, 지브리는 오리지널 영화 애니메이션만 만들고 오로지 작품의 힘으로 수익화한다는, 시대를 거스르는 듯한 비즈니스 모델을 구축하고 연이어 걸작을 내놓았다.

도에이의 전 사장인 오카다 시게루岡田茂는 "우리(도에이)도 그렇지만, 확실한 수익을 기대하려면 애니메이션의 타깃은 아동으로 삼을 수밖에 없습니다. 만일 실패해도 캐릭터 상품의 매출로 손해를 보전할 수 있기 때문이죠. 하지만 도쿠마는 처음부터 어른이 감상할 만한 작품을 만들려고 했습니다. 그것이 미야자키 하야오의 재능을 꽃피우는 일로 이어졌지요"라고 말했다.[5]

도쿠마쇼텐의 도쿠마 야스요시德間康快는 호탕한 성격에 전형적인 오너 기질을 가진 사람으로, 편집자였던 스즈키 도시오鈴木敏夫와 함께 미야자키 하야오의 재능을 발견하고는 그야말로 브레이크 없이 달려 나가는 듯 위험하던 지브리의 경영을 아낌없이 지원했다. 조직의 안정을 우선시했다면 〈바람계곡의 나우시카〉 등 히트작의 시리즈화·상품화·게임화를 적극적으로 추진했을 것이다. 그러나 지브리는 '수익에 연연하지 않는' 회사였다.

니혼TV 회장이었던 우지이에 세이이치로氏家齊一郎도 마찬가지였다. "다카하타 이사오의 마지막 작품을 보고 싶다"며 52억 엔이나 되는 제작비를 지원해 〈가구야 공주 이야기〉(2013)가 만들어질 수 있었다. 기획하고 완성에 이르기까지 8년이나 걸린 이 작품은 통상적인 비즈니스 논리로 따지면 결코 탄생할 수 없었을 것이다.

데즈카 오사무가 이상으로 삼았던 애니메이션 스튜디오는 어쩌면 지브리가 아니었을까? 그의 이상향은 크리에이터에게 푹 빠져서 그들 마음대로 만들 수 있는 기반을 마련해준 거대 스폰서의 존재에 의해 처음으로 실현되었다.

기업과의 타이업&프로모션으로 작가주의의 벽을 넘다

어릴 적 애니메이션을 접한 단카이 세대는 청년기에도 애니메이션 소비를 그대로 이어갔다. 〈안녕 우주전함 야마토: 사랑의 전사들〉(1978)은 배급 수입 21억 엔으로 이 작품이 발표된 해에 일본 영화 2위를 차지했다. 〈은하철도 999〉(1979)는 16억 5,000만 엔의 수입을 거둬 애니메이션으로서는 최초로 일본 영화사상 1위를 달성했다. 미야자키 하야오의 〈바람계곡의 나우시카〉(1984)는 7억 4,000만 엔의 수입을 거둬 10위권 안에는 들지 못했지만, 덕분에 1985년 지브리가 설립될 수 있었다(〈바람계곡의 나우시카〉를 제작한 것은 지브리의 전신인 회사였다).

단, 애니메이션만으로 승부하는 스튜디오가 그 존재를 이어간 사례는 없다. 지브리는 재정난을 겪으며 수없이 '해체설'이 나돌았다. 히트작을 연이어 내놓았지만, 300~400명 정도의 직원을 고용하기 위해서는 2년에 한 편 정도는 애니메이션 흥행 수입이 100억 엔에 달하지 않으면 적자를 볼 수밖에 없는 말도 안 되는 상황이었다.[6] 조직을 유지하려면 팔리는 상품을 만들어야 했는데, 지브리가 안고 있는 절대적인 모순은 미야자키·다카하타 콤비가 만들고 싶은 작품을 만들기 위해 존재한다는 점이었다.

그럼에도 불구하고 지브리가 '해체하지 않기'로 결단을 내린 것은 〈마녀 배달부 키키〉(1989)가 흥행 수입 42억 8,000만 엔으로 〈도라에몽: 노비타의 일본 탄생〉을 누르고 일본 영화 1위를 달성하고, 스즈키 도시오가 도쿠마쇼텐에서 지브리로 이적한 시점이었다. 야마토운수와 타이업tie-up, '협력제휴'를 의미한다하는, 애니메이션 계에선 드문 전략으로 성공을 거두자, 지브리에는 미야자키·다카하타의 작가주의가 '안쪽'을, 스즈키 도시오의 마케팅과 상업성이 '바깥쪽'을 담당함으로써 조직을 유지하는 체제가 만들어졌다. 〈붉은 돼지〉에서는 JAL을 〈센과 치히로의 행방불명〉에서는 미쓰비시 상사의 로손 등을 차례차례 제작 출자사로 맞아들이고 성우에 유명 탤런트를 기용하는 등 작가주의를 관철하면서도 그것을 방해하지 않는 혼연일체의 상업주의를 양념처럼 배치했다.

하지만 아무리 상업주의를 표방하더라도 애니메이션 제작 회사

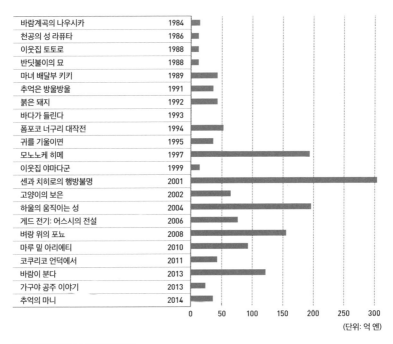

도표 7-6 **스튜디오지브리 작품의 흥행 수입**

작품	연도	
바람계곡의 나우시카	1984	
천공의 성 라퓨타	1986	
이웃집 토토로	1988	
반딧불이의 묘	1988	
마녀 배달부 키키	1989	
추억은 방울방울	1991	
붉은 돼지	1992	
바다가 들린다	1993	
폼포코 너구리 대작전	1994	
귀를 기울이면	1995	
모노노케 히메	1997	
이웃집 야마다군	1999	
센과 치히로의 행방불명	2001	
고양이의 보은	2002	
하울의 움직이는 성	2004	
게드 전기: 어스시의 전설	2006	
벼랑 위의 포뇨	2008	
마루 밑 아리에티	2010	
코쿠리코 언덕에서	2011	
바람이 분다	2013	
가구야 공주 이야기	2013	
추억의 마니	2014	

(단위: 억 엔)

출처) 각 작품의 공표 수치에서 저자 작성.

가 단독으로 제작비를 부담하는 위험을 감수할 수는 없었다. 지브리가 회사로서 직접 출자한 것은 〈폼포코 너구리 대작전〉(1994)부터다. 작품이 언제 완성될지 알 수 없는 위험을 지브리가 고스란히 부담하기는 어려웠기에, 늘 소액 출자의 입장을 고수했다. 지금껏 지브리 단독 비용으로 애니메이션 작품을 만든 적은 없다. 2023년 개봉될 예정인 〈그대들, 어떻게 살 것인가〉가 그 첫 사례가 될 것이다.

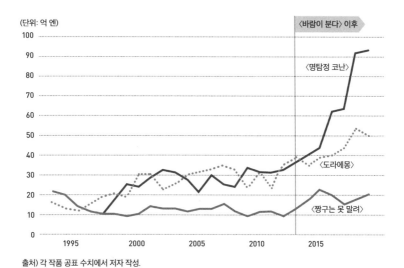

도표 7-7 일본 인기 애니메이션 흥행 수입

(단위: 억 엔)

〈바람이 분다〉 이후

〈명탐정 코난〉

〈도라에몽〉

〈짱구는 못 말려〉

출처) 각 작품 공표 수치에서 저자 작성.

지브리는 일본인들의 영화 시청 패턴에도 많은 영향을 끼쳤다. 지브리 애니메이션은 '그림책' 같은 기능을 했다. 아동용/청년용 등으로 나뉘는 타깃론을 없애고 '국민 애니메이션'이라는 개념을 전파했다. 미야자키 하야오가 〈바람이 분다〉(2013)를 마지막으로 애니메이션 제작에서 손을 뗀 뒤로 〈명탐정 코난〉, 〈도라에몽〉, 〈짱구는 못 말려〉의 흥행 수입이 폭증했다. 이 흐름은 그대로 〈너의 이름은〉, 〈날씨의 아이〉 등 신카이 마코토의 애니메이션이 이어받았다.

스튜디오지브리 역사
(스튜디오지브리
홈페이지)

5

지브리식 기업에서
애니플렉스식 기업으로

흥행 수입 10억 엔의 히트작으로도 불가능한 스튜디오 경영

지브리 같은 대규모 회사가 돈을 벌지 못했던 근본적인 이유는 무엇일까? 결국 제작위원회에서 출자한 비율에 따라 수익을 배분하므로 작품이 흥행에 성공해도 지브리의 몫은 한정되어 있었으며, 영상 이외의 사업에 관여하지 않았으므로 그에 관한 매출도 기대할 수 없었기 때문이다. 제작 스태프를 100명 고용한다면, 모두 연봉이 200만 엔이라고 쳐도 간접비를 포함해 연간 3억 엔의 고정비가 발생한다. 3억 엔의 고용비를 감당하려면 매년

10억 엔의 흥행 수입을 올리는 작품이 있어도 부족하다. 아무리 잘나가는 애니메이션 스튜디오라 할지라도 매출의 대부분을 점하는 영상 제작 수입만으로는 적자를 이어가거나 간신히 흑자를 낼 뿐이며, 매출의 10~20% 정도인 라이선스(판권) 수익으로 경영을 지탱해나가게 마련이다. 그러니 라이선스 수입을 얻기 위한 권리를 최대한 많이 확보하고, 작품이 히트한 뒤에 시리즈화하거나 상품화에 매진하게 된다. 피라미드의 정점에 선 '신'이 아니고서야 이를 '상업주의'라며 일축할 수 있는 크리에이터는 없을 것이다.

사람들의 눈에 띄지 않는 산더미 같은 실패작은 어느 회사에든 있게 마련이다. 지브리도 적자가 난 작품이 여러 편 있다. 엔터테인먼트는 엎어지거나 실패하거나의 반복으로, 작품 열 편 중 하나만 성공해도 다행이지만, 언제 성공작이 나올지 보증조차 할 수 없는 세계다. 그러니 한번 잘되면 연달아 시리즈화하고, DVD와 블루레이를 팔고, 상품화와 이벤트를 가능한 한 오래 지속해서 어떻게든 경영을 안정시키려 하는 것이다. 그렇게 애써 만들어낸 여유 속에서 작가주의 정신으로 만들고 싶었던 작품을 만든다. 그 작품이 히트할 확률이 10% 이하라 해도 말이다.

지브리의 순자산·순이익을 보면 2008년 〈벼랑 위의 포뇨〉, 2013년 〈바람이 분다〉와 〈가구야 공주 이야기〉를 개봉한 직후 이익이 두드러지는 등 기복이 심하다. 애니메이션 제작을 그만둔 2014년 이후에는 이익을 냈는데, 이전의 '히트작 사이의 침체기'

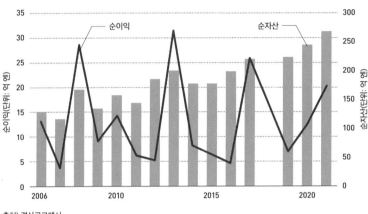

출처) 결산공고에서.

때보다도 이익이 높아져 순자산이 쌓였다. 신작을 만들지 않고 성
공한 작품을 관리하는 쪽이 오히려 기복 없이 수익을 안정시키는
데 도움이 되었던 것이다.

조직으로서의 정답 vs. 크리에이터로서의 정답

작가주의와 상업주의 사이에서 고민하던 애니메이션 제작사들
에 한 가지 해법을 가져다준 것이 〈귀멸의 칼날〉을 제작한 애니플
렉스アニプレックス다. 〈귀멸의 칼날〉 제작위원회는 애니플렉스, 슈에이
샤, 유포테이블ユーフォーテーブル 세 회사로 구성되었는데, 애니플렉스

가 상당한 출자를 했기에 작품이 크게 히트하자 막대한 이익을 얻을 수 있었다. TV 방송국이나 광고 대행사를 끼지 않고(그만큼 방송비나 광고비 등을 애니플렉스가 전부 부담해야 했지만) 자유롭게 방송국이나 제공처를 선택할 수 있어서 다양한 채널에서 〈귀멸의 칼날〉을 보게 할 수 있었다. 특정 애니메이션을 보기 위해 특정 방송·VOD 사이트를 시청해야 하는 기존 틀을 부순 것이다. 〈귀멸의 칼날〉은 일본 영화사에서 지브리가 갖고 있던 흥행 수입 기록을 다시 썼을 뿐만 아니라, 25년간 이어진 TV 방송국·광고 대행사 주도의 애니메이션 제작위원회 시대에 종말을 고했다.

소니의 자회사인 애니플렉스는 지금이야 애니메이션 제작계의 톱 기업으로 자리 잡았지만, 2000년대에는 채무 초과 상태에 빠진 적도 있었다. 〈강철의 연금술사〉, '페이트Fate' 시리즈, 〈SAO소드 아트 온라인〉 등 히트작이 탄생하면서 실적이 안정되어갔지만, 그래도 2010년대 초반은 200억 엔 전후의 매출이 한계점이었다.

애니플렉스의 매출에 변화가 생긴 것은 계속 제작해오던 '페이트' 시리즈의 판권을 가지고 2014년부터 모바일 게임 〈FGOFate Grand Order〉의 퍼블리싱 사업을 시작하면서부터다. 여기에서 2,000억 엔의 매출과 수백억 엔의 이익을 확보하면서 비로소 〈귀멸의 칼날: 무한열차편〉 같은, 10억 엔 단위의 제작비를 대부분 자사가 부담하는 '투자'가 가능해졌고, 작품의 대대적인 히트 이후 상품화 등으로 인한 수익을 확보할 수 있었다.

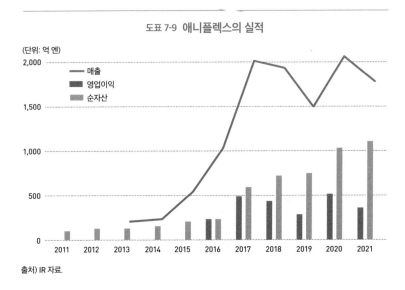

도표 7-9 애니플렉스의 실적

(단위: 억 엔)

출처) IR 자료.

　상승세를 달리는 명문 도애니도 매출 600억 엔, 영업이익 140억 엔(지브리의 다섯 배 규모) 정도인데, 신흥 애니플렉스가 그 3배를 벌어들였다는 사실에 그저 경탄할 따름이다. 페이트나 SAO 시대에는 업계의 틈새시장으로 취급받던 애니플렉스가 〈귀멸의 칼날〉처럼 대중적이면서 작가성을 담보한 하이브리드형 애니메이션 제작을 실현해낸 것이다.

　작품의 인지도를 생각하면 지브리도 애니플렉스와 마찬가지로 '비즈니스'적 회사로 전환하는 게 충분히 가능했다. 하지만 그렇게 하면 지브리의 작가성이 사라질 것이라는 리스크도 분명 존재했다. '조직으로서의 정답'과 '크리에이터로서의 정답'이 정면 대립하는 순간이 있다. 안이하게 하이브리드형을 지향하지 않는 점이 일본 애니메이션이 세계적으로 인기를 끌 수 있었던 요인 중 하나 이기는 하다. 하지만 그것은 다음에 논할 픽사와의 대비에서도 알 수 있듯, 사업적인 면의 성장을 희생한다는 의미이기도 하다.

6

디즈니와 픽사가 굴린
21세기형 애니메이션 사업

다섯 번의 파산, 꿈만 좇는 괴짜 '디즈니'

실사 영화에 비해 10배 정도 비용이 드는 애니메이션을 만드는 것은 크리에이터의 광기라고밖에 말할 수 없다. 일본에서는 제작 예산이 부족하던 TV 방송국 여명기에 데즈카 오사무가 직접 만화로 벌어들인 이익을 쏟아부어 애니메이션을 만들면서 애니메이션 산업의 이른 탄생을 알렸다. 데즈카가 동경했던 디즈니의 애니메이션 또한 광기의 산물이라고밖에 생각할 수 없다. 월트 디즈니가 애니메이션을 전업으로 하는 스튜디오를 연 것은 1921년이다. 당시 애니메이션은 두 시간짜리 극영화의 땜빵으로나 사용되고 있었다.

월트가 캔자스시티에서 연 래프오그램스튜디오Laugh-O-Gram Studio는 제작비 500달러에 연연하던, 직원 열 명 규모의 회사로, 1922년 〈브레멘 음악대〉, 〈잭과 콩나무〉 등을 만들었다. 그 후 월트는 사업 기반을 할리우드로 옮겨 월트디즈니컴퍼니의 전신인 애니메이션 제작 회사를 창업한다. 세계 최초의 장편 애니메이션 〈백설공주와 일곱 난쟁이〉(1937) 같은 성공 사례도 있었지만, 〈피노키오〉(1940)나 〈이상한 나라의 앨리스〉(1951) 같은 실패작도 많았기에 애니메이션 스튜디오를 경영하는 것은 한시도 마음을 놓을 수 없는 일이었다.

월트가 만년에 어려서부터 꿈꿔온 디즈니랜드 경영에 몰입해 애니메이션 스튜디오에 발길을 끊은 것도 이해된다. 월트는 평생 다섯 차례나 파산했으며, 1966년 사망하기까지 꿈만 좇는 '작가성밖에 없는 경영자'라는 평을 들었다. 상업성을 도외시했다는 점에서 데즈카의 무시프로덕션이나 미야자키 하야오의 스튜디오지브리보다 더하면 더했지 결코 덜하지 않다. 디즈니는 서서히 성장했지만, 비즈니스 모델을 바꿀 수 없는 '할리우드의 패배자'였다.

1980년 할리우드에서의 영화 수입 점유율이 4%까지 떨어지자, 디즈니는 '낡은' 아동용 애니메이션을 그만두고 성인용 실사 영화로 옮겨가려는 시도를 했다. 당시 흥행 중이던 〈스타워즈〉

에 영향을 받아 SF, 호러, 미스터리, 연령 제한이 있는 PG 등급 영화 등을 제작하지만 계속 실패했다. 디즈니가 회사로서 굳건히 자리 잡게 된 것은 경쟁하던 할리우드 메이저 스튜디오인 파라마운트에서 성과를 올린 경영자 마이클 아이스너를 CEO 자리에 앉힌 1984년 이후의 이야기다. 아이스너는 디즈니 기존 경영진의 반대에 거세게 맞서며 인수·합병을 진행해 미라맥스(1993)와 TV 방송국인 ABC(1995) 등을 매수하는 등 비즈니스 모델을 바꾸어나갔다. 이 시기 디즈니는 작가성을 내팽개치고 상업성에 사로잡힌 괴물 같았다.

일본 애니메이션, 걸작의 자취를 쫓는 비즈니스의 바퀴를 찾아라

디즈니가 손에 넣은 기업 중 가장 눈여겨봐야 할 곳은 픽사다. 〈스타워즈〉를 만든 루카스필름의 사업 부문 중 하나였던 픽사는 1986년 애플컴퓨터에서 쫓겨난 스티브 잡스에게 매수되었는데, 당시에는 '사멸 위기'에 처해 있었다. 〈토이 스토리〉(1995)가 히트하기 직전인 1994년 매출은 600만 달러, 순자산은 마이너스 200만 달러였으니 당연한 결과였다. 어찌나 위태로웠던지 애니메이션 제작을 그만두고 컴퓨터그래픽(CG) 기술의 라이선스와 소프트웨

어의 B2B 비즈니스에 특화하는 편이 수익을 확보할 수 있는 방법
이라는 이야기가 나오기도 했다.

"스티브는 픽사가 무엇인지 이해하지 못한다", "스티브는 오너
이지만 동료는 아니다. 그가 더 개입하면 픽사는 못쓰게 될 것이
다. 우리 문화가 무너질 것이라며 다들 걱정한다"라는 말이 돌 정
도였다.[7] 오너인 잡스는 스튜디오를 찾아가도 직원들이 들여보내
주지 않을 정도로 '작가성'이 높은 현장에서 미움을 받았다. 1994
년 최고재무책임자(CFO)로 입사한 로런스 레비가 전하는 당시의
이야기는 작가성과 상업성 사이의 논쟁이 미국에서도 예외 없이
일어났다는 점을 짐작할 수 있게 해주는 귀중한 자료다.

〈토이 스토리〉가 제작되었을 당시, 픽사는 디즈니와 공동 제작
을 하는 관계였다. 디즈니가 다섯 작품의 저작권을 사전에 사들인
'불평등 계약'(디즈니가 프로젝트에 출자해서 리스크를 부담했으므로
전체적으로 보면 불평등한 것은 아니었지만)이 족쇄가 되어 〈토이 스
토리〉는 흥행 수입 3억 6,000만 달러, 상품화까지 포함해 10억 달
러를 벌어들였음에도 불구하고 픽사는 부분적인 이익밖에 얻지
못했다. 픽사가 권리를 자사에 귀속시켜 히트작의 이익을 올곧이
누리게 된 것은 〈토이 스토리 2〉(1999) 이후다. 2006년 픽사는 디
즈니의 자회사가 되는데, 그전까지의 실적을 봐도 픽사의 성장은
경이롭다(도표 7-10).

도애니, 지브리, 애니플렉스, 픽사의 사례에서 알 수 있듯, 애니

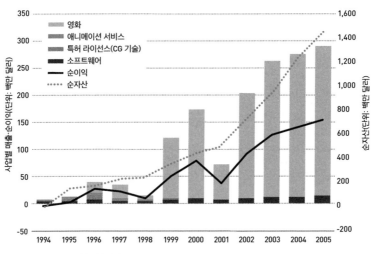

출처) IR 자료, SPEEDA에서 저자 작성.

메이션 회사의 수익성은 작품이 흥행에 실패힐 위험을 얼마만큼
이나 부담하고(제작비를 사전에 얼마나 책임지고), 수익을 얻을 권리
를 몇 퍼센트나 보유해 성공의 열매를 얼마나 향유할 수 있는지에
귀결된다.

1995~2014년 애니메이션 제작 편수는 지브리 13편, 픽사 14편
으로 그리 차이가 없다. 하지만 그 권리를 직접 확보하고 사업의
폭을 넓혀나간다는 점에서 지브리와 픽사는 대조적이었다. 디즈니
산하에서 배급뿐 아니라 패키지 판매, 상품화, 게임화 등 사업 영
역을 점점 넓히는 '날개'를 손에 넣은 픽사는 조직 규모와 실질적

인 수익의 자릿수가 달라질 정도로 성장했다.

작가성에 상업성을 가미한 소니가 그룹의 힘을 이용해 성공한 것처럼, 일본 애니메이션업계에 부족한 것은 작가성과 짝을 이루는 상업성이며, '걸작이 남긴 바큇자국을 따라 굴러가는 비즈니스의 바퀴'가 아닐까.

8장

게임

국적 없이 세운 IP 제국

1

유일무이한 시장 개척자,
닌텐도

게임 산업, 에도 시대 쇄국 정책을
비즈니스의 기회로 만들다

게임 시장과 관련, 중국의 행보는 주목할 만하다. 게임 산업을 발전시키기 위해 중국이 자국 기업의 게임만 출시될 수 있도록 규제한 것은 일견 현명한 조치였다. 중국은 자국의 게임 개발사가 취약한 상태임을 감안해 유럽, 미국, 일본 등의 대기업 게임들이 국내로 유입되지 않도록 저지했다. 즉, 텐센트Tencent와 넷이즈NetEase 같은 중국 게임 회사가 성장할 수 있게끔 시간적인 여유를 마련해

준 것이다. 어떤 나라든 국내 산업의 보호와 육성은 경제 발전을 위해 중요한 정책이다. 물론 일본도 예외는 아니다. 일본 역시 금융, 제조, 유통, 방송, 통신 등 다양한 산업 부문에 규제를 두거나 관세 장벽을 설치한 바 있다.

이처럼 분명한 목적을 가지고 제도적으로 규제하는 경우가 있는가 하면, 일본 고유의 상업적 관행과 일본어라는 현지어가 방파제가 되어 외국 기업의 일본 진출을 막은 경우도 있다. 또한, 의도하지는 않았지만 에도 시대의 쇄국 정책으로 인해 일본 국내 산업이 발전한 경우도 있다. 게임 산업이 바로 그 전형적인 사례라고 할 수 있다.

닌텐도의 시초가 '화투'라는 사실을 알고 있는가? 화투는 16세기 일본의 쇄국 정책으로 수입이 금지된 트럼프 카드를 참고해 독자적인 방식으로 만든 놀이다. 에도 시대에 화투는 도박으로 분류되었기 때문에 보편적인 놀이와는 거리가 멀었지만, 암암리에 꾸준히 인기를 끌었다. 에도 말기의 유명한 노름꾼인 구니사다 주지와 시미즈노 지로초처럼 현재의 도쿄, 가나가와, 야마나시의 현경縣境인 '사가미'나 '가이'일본의 옛 행정구역 등에서는 불법을 저지르고 다른 지역으로 이동해 법망을 빠져나가는 일이 비일비재했다. 이러한 지역에서 '도박장'이 번성했다.

에도 시대에 은밀히 성장한 도박장은 메이지 시대의 규제 완화로 개방되기 시작했다. 닌텐도는 여기에 주목했다. 현재 닌텐도의 전신인 '닌텐도콧파이任天堂骨牌'의 초대 사장 야마우치 후사지로山內房治郎는 '도박장을 상대로 영업'하며 70곳이 넘는 전국 도박장에 화투를 판매했고, 그 결과 막대한 부를 축적했다. '닌텐도任天堂'라는 회사명은 '암암리에 화투를 판매하는 기업이기에 하늘에 운을 맡겨야 한다'는 의미로 지어진 것이다.

닌텐도, '올인 전략'으로 시장에 승부수를 던지다

닌텐도의 3대 사장인 야마우치 히로시山內溥는 요절한 2대 사장의 뒤를 이어 1949년 22세 나이로 사장이 되었다. 야마우치는 회사를 부흥시키고 가정용 게임 시장의 기반을 마련하는 데 힘썼다. 노력 끝에 그는 1953년 일본에서 최초로 플라스틱 트럼프 카드를 판매하기 시작했고, 1959년에는 디즈니와의 라이선스 계약에 성공한다. 캐릭터 라이선스를 얻기 위해 지불해야 하는 금액이 상당히 높다는 것에 주목한 그는 닌텐도가 직접 IP를 소유해야겠다는 일념으로 게임업계에 진출했다.

가정용 게임업계가 부상하던 1980년대 초, 닌텐도는 매출 200억~300억 엔 규모로 게임 회사인 세가SEGA나 남코, 다이토タイト―와 어깨를 나란히 했지만, 이 시기 닌텐도에 대해 정의한

닌텐도의 역사
(닌텐도 홈페이지)

다면 완구 제조사일 뿐이었다. 참고로 당시 게임 산업을 주도하던 남코의 창업자 나카무라 아야는 회전목마를 납품하고, 세가의 나카야마 하야오는 외국 자본계 기업의 일본 지사에서 주크박스를 판매하는 것으로 사업을 시작했다. 이런 상황에서 닌텐도의 야마우치가 가정용 게임에 투자하기로 결정한 것은 탁월한 판단이었다.

미국의 비디오 게임 개발사인 아타리Atari가 이끈 가정용 게임 시장은 미국에서 호황을 누리면서, 1979~1981년 단 3년 만에 10배 규모인 30억 달러에 이르는 급성장을 했다. 아타리는 스티브 잡스가 대학을 중퇴한 이후 19세 때 입사한 회사이자 마리화나를 피우며 일하는 자유로운 분위기로 유명하다. 그렇게 100년간 이어져 온 아케이드 게임(게임 센터 등에 설치되는 게임기) 시대는 저물고 '이제는 가정용 게임기의 시대!'라며 너도나도 달려들었다.

그러나 조악한 소프트웨어에 사용자들은 금세 등을 돌렸고, 1982년 게임 〈E.T.〉(놀랍게도 5주 만에 만들었다!)를 기점으로 미국 가정용 게임 시장은 3년 만에 원점으로 돌아갔다. 허망함만 남긴 버블 시장이었다.

100년 이상 경쟁을 펼치던 기업들이 물러난 후 아무도 관심을 가지지 않았던 이 시장에 닌텐도는 총력을 기울였다. 다른 회사들이 모두 발을 떼는 가운데 아케이드 게임 부문에서 눈을 돌려 가정용 게임기 개발에 인원을 집중적으로 투입한 것이다. 그 결과, 1983년 '패밀리 컴퓨터'이하 '패미컴'가 탄생했다.

패미컴은 가격 면에서도 콘텐츠 면에서도 가히 혁신적인 상품이었다. 희망소비자가격은 1만 4,800엔으로, 경쟁사 게임기의 절반도 안 됐다. 또한 '게임&워치'ゲーム&ウオッチ, 닌텐도가 1980년 발매한 최초의 휴대용 게임기로 인기를 얻고 있던 〈마리오 브라더스〉와 〈동키콩〉도 패미컴용으로 개발됐다. 애당초 가격과 질 두 마리 토끼를 전부 잡아 시장을 독점하고자 했던 야마우치는 소매가격 1만 엔 이하를 목표로 개발에 임했다.

이 절대적인 우위는 위험한 도전을 불사한 결과였다. 다른 가전제품과 반도체 쟁탈전이 벌어진 탓에, 게임기는 얼마나 수요가 있을지 예측하기 어려움에도 불구하고 반도체칩을 획득하려면 일정 수량 이상을 계약해야만 했다. 당시 업계의 상황을 살펴보자. 가정용 게임기 판매량을 보면, 에폭ェポック의 카세트 비전은 45만 대, 다카라タカラ와 소드(도시바그룹)의 게임 컴퓨터는 10만 대에 그치는 정도였다. 이런 상황에서 닌텐도가 제조 업체인 리코リコー와 계약한 생산 물량은 2년 동안 300만 대였다.

이 고난 속에서도 패미컴이 일본뿐만 아니라 유럽과 미국 등에 수천만 대를 판매하며 세계적인 성공을 거두었다는 것은 널리 알려진 사실이다. 기술 선정도 탁월했다. 패미컴은 데이터 기록 장치로 일반적이었던 플로피 디스크FD가 아닌 ROM 카트리지를 채용했다. 그 결과 저장공간에는 제약이 생겨 게임 데이터를 삽입할 공간은 줄어들었지만, 플로피 디스크의 문제점인 데이터를 읽어 들이

도표 8-1 **미국 홈 비디오 게임 시장**

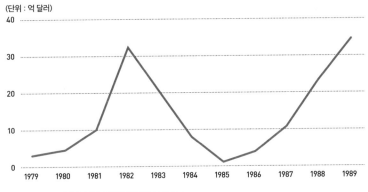

(단위 : 억 달러)

출처) 해럴드 L. 보겔, 『엔터테인먼트 인더스트리 이코노믹스』.

는 시간은 대폭 단축할 수 있었다. 사용자들의 경험을 중시한 선택이었다. 또한 여러 가지 게임을 편하게 즐길 수 있도록 유동적인 플랫폼 환경을 조성했다. 이는 다음 단계의 발전에도 영향을 미쳤다.[1]

하드웨어와 함께 〈동키콩〉과 〈슈퍼 마리오 브라더스〉도 폭발적인 인기를 끌었다. 아타리 쇼크1983년부터 1986년까지 북미를 덮친 비디오 게임 위기의 여파가 일본에는 미치지 않았으며, 게임을 하고 싶어도 할 수 없던 젊은 세대의 분출구 역할을 한 덕분이었다. 인베이더 게임우주에서 온 침략자를 무찌르는 게임의 대유행이 끝나가던 무렵, 게임 센터는 '퇴폐적인 장소'로 낙인찍혀 대다수 초등학교와 중학교가 학생들의 게임 센터 출입을 금지했다. 그러니 학생들이 패미컴에 열광하는 것은 당연했다.

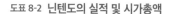

도표 8-2 **닌텐도의 실적 및 시가총액**

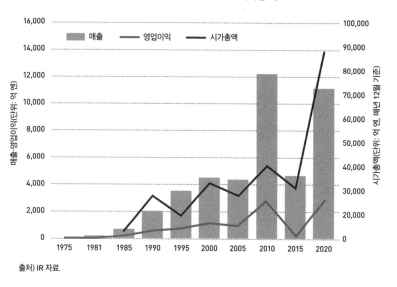

출처) IR 자료.

　그렇게 패미컴은 위기에 처한 가정용 게임 시장을 화려하게 부활시켰을 뿐만 아니라 세계적인 시장으로 성장시켰다. '세계 시장을 만든 일본 제품'이라는 점에서는 워크맨과 VHS 비디오에 뒤지지 않는 성공 사례다. 〈도표 8-1〉에서 볼 수 있듯, 미국 가정용 게임 시장은 1985년 잠시 '소멸'했다가 직후 다시 급성장하기 시작한다. 이 무렵, 세계 가정용 게임 시장에서 닌텐도가 차지하는 비중은 90%를 넘어섰다. 한 회사가 세계 시장의 90%를 독점하는 보기 드문 시장 환경은 야마우치 히로시라는 승부사가 펼친 '올인 전략'이 만들어낸 결과였다.

닌텐도는 1990년대에 총매출이 5,000억 엔 규모에 이르렀고, 2000년대 후반에는 '위Wii'와 '닌텐도 DS'의 대성공으로 매출이 도합 1조 5,000억 엔까지 증가하며 폭발적인 성장세를 보였다. 2007년에는 일본 기업의 주식 시가총액에서 토요타자동차에 이어 2위에 올랐다. 그 후 스마트폰이 널리 보급되고 모바일 게임이 대두되면서 잠시 수난을 겪었지만, 2017년 '스위치'를 개발하면서 2021년 3월 결산 매출은 과거 최고 실적과 견줄 만한 1조 7,600억 엔, 영업이익은 과거 최고 실적을 뒤집는 6,400억 엔을 달성했다.

2

포켓몬스터,
캐릭터 플랫폼의 출발

게임, 만화를 입다

게임은 일본 특유의 만화 기법을 효과적으로 이용하며 장르를 개척해나갔다. 대표적인 작품으로 〈드래곤 퀘스트〉(1986)가 있다. 이전까지의 게임은 이름 없는 캐릭터가 그저 적을 공격하며 뛰어다니는 액션 장르가 중심이었다. 그러나 〈드래곤 퀘스트〉는 만화처럼 컷을 나눠 대사를 삽입하고 상황마다 선택지가 존재하는 RPG롤플레잉 게임 형식을 도입했다.

〈드래곤 퀘스트〉가 개발된 후 수많은 RPG 명작들이 탄생했고,

게임을 캐릭터와 이야기를 만들어내는 플랫폼으로 탈바꿈시켰다. 이후 게임은 애니메이션이나 소설처럼 하나의 원작 자원으로 활용되고 있다.

한편 〈닥터 슬럼프〉와 〈드래곤볼〉의 작가 도리야마 아키라를 발굴한 『주간 소년 점프』의 6대 편집장 도리시마 가즈히코는 게임이라는 새로운 장르를 도입하는 데 열을 올렸다. 도리시마는 〈점프 방송국〉이라는 코너에서 게임의 비밀을 파헤치는 콘텐츠를 선보이며 인기를 끌었다. 또한 『V 점프』를 창간하며 만화라는 틀을 뛰어넘어 디지털 게임의 세계를 잡지에 담아내려 했다.[2] 당시 〈드래곤볼〉로 사람들의 이목을 끌던 만화가 도리야마 아키라를 〈드래곤 퀘스트〉 작화 담당으로 영입한 것도 그가 수완가라는 사실을 보여준다(「5장 만화」 참조).

1,000억 달러짜리 몬스터 '포켓몬'의 등장

20세기 미디어믹스로 성공한 최고의 걸작은 〈포켓몬스터〉다. 이 콘텐츠에 등장하는 캐릭터의 총칭인 '포켓몬'은 세계 캐릭터 시장에서 85억 달러(약 10조 엔) 규모의 매출을 이뤄냈다. 이는 당시로선 최대 기록이었다. 포켓몬은 미키마우스에서 시작된 라이선스 비즈니스의 도착점으로도 불린다. 또한 게임과 애니메이션의 미디어믹스로서, 일본 대중문화가 해외에 진출하는 문을 열었다고 해도 과언이 아니다.

그 시작은 게임이었다. 자세한 내용은 뒤에서 다루겠지만, 〈포켓몬스터〉는 두 명의 직원으로 구성된 게임프리크의 기획에서 시작됐다. 닌텐도에서 마리오 시리즈를 탄생시킨 미야모토 시게루宮本茂에게 지도를 받으며 이를 발전시켜나갔고, 닌텐도와 밀접한 관계였던 크리처스까지 참여했다. 공동 사업에 함께한 이 세 회사를 '원작 3사'라고 부르는데, 이들은 '게임보이'용 소프트웨어 〈포켓몬스터〉를 개발해냈다. 첫 판매량은 23만 편 정도로 예상했으나, 모든 히트작이 그렇듯 예상을 훨씬 뛰어넘어 1년 만에 160만 편이라는 매출을 달성하며 엄청난 화제작이 되었다.

원작 3사는 이 같은 성공에 힘입어 또 다른 상품을 구상하기 시작했다. 당시 인기를 얻기 시작한 TCG트레이딩 카드 게임에 눈을 돌린 이들은 관련 노하우를 가진 완구 제조사에 협업을 제안했지만, 대부분 거절당했다. 게임보이로는 성공을 거뒀지만 대중성은 부족했기 때문이다.

그때 손을 내민 것이 그다지 두드러진 실적이 없던 리크루트의 자회사, 미디어팩토리였다. 결국 포켓몬스터 TCG는 연간 8,700만 장의 카드가 유통되며, 사용자 소비액 25억 엔에 달하는 성과를 올렸다. 1993년 TCG의 역사를 연 미국 TCG 〈매직: 더 개더링〉을 넘어서는 인기 타이틀로 자리 잡은 것이다.

한편 영상 매체는 게임과 TCG업계에 힘을 실어주었다. 쇼가쿠칸은 잡지 『코로코로』에 포켓몬에 관한 기사를 게재하며 유행의 열기를 눈앞에서 체감하고 있었다. 라이선스 비즈니스를 선도했던 쇼가쿠칸에서는 애니메이션화에 대한 논의도 적극 이루어졌다. 마침 〈신세기 에반게리온〉으로 애니메이션 비즈니스가 확대되던 시기였다.

원작 3사는 애니메이션 제작에 참여하지 않았으며, 간사를 맡은 쇼가쿠칸, 라이선스 매니지먼트를 맡은 쇼가쿠칸프로덕션(현재 쇼가쿠칸슈에이샤프로덕션), 방영을 맡은 TV도쿄, 광고 대행을 맡은 JR동일본기획 네 회사가 애니메이션 제작위원회를 구성했다. 이들은 5억~10억 엔에 상당하는 비용을 제작과 방송 편성에 투자하며 TV 영상을 만들어냈다. 다행히 시청률은 매우 높았다. 1997년 4월 첫 회 시청률 10%에서 시작해 11월에는 17%까지 치고 올라갔다.

포켓몬 상품화 라이선스에 대한 계약은 70여 곳의 회사와 진행되었다. 2000년 6월까지 4,000여 종에 이르는 상품의 총소비액은 7,000억 엔에 달했다.[3] 쇼가쿠칸프로덕션은 애니메이션 제작위원회를 결성한 이후, 라이선스 사용권자를 정리해 하나의 업종을 하나의 기업이 담당하도록 선별했다. 완구는 도미(현재 다카라토미タカラトミー), 식품은 나가타니엔永谷園, 카레는 하우스식품ハウス食品을 선정했다. 각 업종마다 회사들은 포켓몬의 브랜드 가치를 높이면서 '상품화'를 총괄했다.

포켓몬은 연간 평균 5,000억 엔 규모의 시장을 형성했다. 그중 상품화가 70% 정도 기여했으며, 게임이 20%, 영화와 DVD, 서적이 그 뒤를 잇는다. 포켓몬이 만들어낸 경제가치를 합산하면 1,000억 달러(약 13조 엔)에 이른다.[4]

포켓몬의 탄생, 두 오타쿠의 상상을 실현해낸 닌텐도

1990년 가을, 25세의 게임 기획자 다지리 사토시田尻智는 포켓몬의 전신인 〈캡슐 몬스터〉 기획서를 닌텐도에 제안했다. 다지리 사토시는 1989년 설립된 게임프리크에 소속되어 있었다. 게임프리크는 원래 게임 마니아인 친구들이 모여 만든 벤처 기업이었다. 이들은 중고 컴퓨터로 패미컴 하드웨어를 분석하며 액션 게임 〈퀸티クィンティ〉를 자체 제작했고, 이 게임이 성공하자 그 수익으로 법인화했다.

이들이 제안한 기획은 1989년 발매된 게임보이의 통신 기능에 착안해 '몬스터를 교환한다'는 아이디어에서 비롯됐다. 미키마우스를 뛰어넘어 세계적인 캐릭터 시장을 구축한 포켓몬이 설립한 지 2년 된, 직원이 겨우 둘뿐인 회사에서 탄생했다는 사실은 전설로 남을 만한 이야기다. 매출이 4,700억 엔을 뛰어넘는 대기업 닌텐도가 이 벤처 기업이 제안한 기획안에 흥미를 가지고 개발비를 지원했다는 점도 놀라울 따름이다.

하지만 개발 과정은 순탄치 않았다. 게임프리크에는 조직과 노하우, 개발력 그 모든 것이 갖춰져 있지 않았다. 더욱이 〈캡슐 몬스터〉는 원작이 없는 오리지널 작품인 데다 〈퀸티〉 같은 액션 게임보다 치밀하게 제작해야 하는 RPG 장르였기에 완전히 새로운 시도였다. 결국 제작 기한인 1년 안에 게임을 완성할 수 없었다. 이처럼 난항을 겪고 있을 때, 닌텐도는 〈요시의 알ヨッシーのたまご〉 등 다른 게임의 기획을 제안하며 말 그대로 그들의 개발 실력을 '성장시켰다'.

창업부터 함께한 디자이너 스기모리 겐杉森建은 "포켓몬을 제작하는 데는 더 많은 노하우가 필요하다는 것을 깨달았습니다. 난항이 계속될 것임이 불 보듯 뻔했기 때문에 오히려 마음을 느긋하게 먹고 만들었습니다. 가끔 여유가 되는 스태프가 손보는 정도로만 두고 몇 년 동안 미루기도 했지요. 당시 닌텐도에 포켓몬은 중요한 프로젝트가 아니었기에 몇 달 안에 완성해야 한다는 지시도 없어서 그리 빠듯하진 않았어요"라는 말을 남겼다. 당시 상황이 어땠는지 충분히 짐작할 수 있는 대목이다.[5]

4년쯤 지난 1994년 중반이 되어서야 개발은 본격화되었다. 그로부터 2년 후 〈포켓몬스터〉를 최종적으로 완성할 때까지도 제작팀의 인원은 단 아홉 명이었다.[6]

이처럼 게임도 만화와 애니메이션이 걸었던 노선을 비슷하게 밟아나갔다는 것을 알 수 있다. 즉, 플랫폼에서 실력 있는 편집자가 창의적인 한 개인을 지원하고, 작가의 독창성이 드러나는 작품을 소수의 인원으로 완성시켜 시장에서 히트작으로 이끌어나가는 모델이다.

3

닌텐도 vs. 세가 vs. 소니,
패권을 잡아라

미국에서 닌텐도를 바짝 뒤쫓은 '메가 드라이브'

지난 20년간 일본에서는 가정용 게임기가 매년 1,000만 대씩 팔렸다. 이 수치는 가정용 에어컨보다 많고, TV와 비슷한 수준이다. 게임기를 가전제품 중 하나라고 봐도 무방할 정도다. 최근에 출하되는 양을 보면 컴퓨터와 큰 차이가 없을 정도로, 광범위한 보급률을 자랑한다. 그러나 1980~1990년대까지 게임기는 '완구'로만 인식되었다.

가정용 게임 산업의 하이라이트는 2001년 세가가 게임기 '드림캐스트' 발매를 끝으로 철수했을 때까지라고 할 수 있다. 이후 게임기 하드웨어는 닌텐도, 소니, 마이크로소프트 세 회사가 독과점하는 시장이 되었다. 그전까지 약 20년 동안 가정용 게임계에 진출한 기업에는 그 이름을 나열하기만 해도 깜짝 놀랄 만큼 거물급 회사들이 많다(도표 8-3).

닌텐도와 소니에 버금가는 게임기도 있었다. 그중에서도 세가는 'SG1000', '마크 III', '메가 드라이브', '세가 새턴', '드림캐스트'로 닌텐도에 꾸준히 도전장을 내민 야심찬 기업이다. 세가는 또한 소프트웨어로도 업계를 이끌었는데, 〈쉔무〉, 〈세가 랠리〉, 〈사카츠쿠〉, 〈버추어 파이터〉 등 다양한 '원조' 타이틀을 만들어낸 창조적인 기업이기도 하다.

가정용 게임 하드웨어로서 닌텐도를 처음으로 몰아붙인 것은 1988년에 발매된 '메가 드라이브'미국에서의 판매명은 '제네시스'였다. 일본 판매량은 300만 대에 그쳐 눈에 띄는 성과를 거두지 못했지만, 북미에서는 2,000만 대라는 경이로운 실적을 거뒀다. 1990년 북미 게임 시장 점유율은 닌텐도 90%, 세가 5%였다. 그런데 1993년에는 닌텐도가 40%, 세가가 60%의 점유율을 차지하면서 판도가 바뀌었다.[7]

1990년대 중반 미국에서 세가라는 브랜드의 영향력은 막강했다. "10대 젊은이들에게 '세가'는 거대 미디어 회사 중 가장 영향력 있는 브랜드다. 세가와 맞붙을 만한 브랜드는 MTV뿐이다"라는

도표 8-3 가정용 게임기의 개발 연표

일본 발매 연도	제품명	제작사	가격	세계 판매량 (단위: 만 대)	대응 소프트 수 (일본)
2세대					
1981	카세트 비전	에폭	13,500	45	
1982	인텔레비전	반다이(마텔)	49,800	320	130
1982	퓨타	도미	59,800	(4)	19
1982	게임 컴퓨터	다카라&도시바	59,800	10	
1983	알카디아	반다이(Signetics)	19,800		51
1983	TV 보이	갓켄	8,800		6
3세대					
1983	마이비전	일본물산	39,800	5	
1983	PV-1000	카시오계산기	14,800		13
1983	아타리 2800	아타리	24,800	3000	36
1983	퓨타 주니어	도미	15,200	(12)	
1983	SG1000	세가	15,000	100	51
1983	패밀리 컴퓨터	닌텐도	14,800	6,191	905
1983	카세트 비전 Jr.	에폭	5,000		
1984	슈퍼 카세트 비전	에폭&NEC	14,800	30	29
1985	마크 III	세가	15,000	780	84
1986	아타리 7800	아타리	20,000	500	
1986	디스크 시스템	닌텐도	15,000	444	199
1986	트윈 패미컴	샤프	32,000	100	
4세대					
1987	PC 엔진	NEC&허드슨	24,800	1,000	650
1988	메가 드라이브(제네시스)	세가	21,000	3,075	554
1990	네오지오	SNK	58,000	110	241
1990	슈퍼 패미컴	닌텐도	25,000	4,910	1,437
5세대					
1994	플레이디아	반다이	24,800	12	44
1994	3DO	마쓰시타전기&EA	79,800	200	211

세대	일본 발매 연도	제품명	제작사	가격	세계 판매량 (단위: 만 대)	대응 소프트 수 (일본)
5세대	1994	플레이스테이션	소니	39,800	10,240	3,290
	1994	세가 새턴	세가	44,800	926	1,056
	1994	PC-FX	NEC&허드슨	49,800	11	62
	1994	아타리 재규어	아타리	30,000	25	12
	1995	버추얼 보이	닌텐도	15,000	77	19
	1996	피핀 앳마크	반다이&애플	49,800	4	
	1996	닌텐도64	닌텐도	25,000	3,293	208
6세대	1998	드림캐스트	세가	29,800	913	499
	2000	플레이스테이션2	소니	39,800	15,768	2,877
	2001	게임큐브	닌텐도	25,000	2,174	276
	2002	엑스박스	마이크로소프트	34,800	2,400	482
7세대	2005	엑스박스 360	마이크로소프트	29,800	8,580	720
	2006	플레이스테이션3	소니	62,790	8,741	970
	2006	위	닌텐도	25,000	10,163	461
8세대	2012	위 U	닌텐도	25,000	1,356	110
	2013	플레이스테이션4	소니	39,980	11,040	1,804
	2014	엑스박스 원	마이크로소프트	39,980	4,590	635
9세대	2017	스위치	닌텐도	29,980	10,000	1,598
	2020	플레이스테이션5	소니	49,980	1,340	
	2020	엑스박스 시리즈 X	마이크로소프트	54,978	1,000	

출처) 저자 작성.

말이 있을 정도였다.[8] 당시 세가는 젊은 세대에게 인기 있는 멋진 브랜드, 닌텐도는 어린이용으로 시대에 뒤처졌다는 이미지가 굳어져 있었다. 미국에서는 1,800만 세대가 제네시스(메가 드라이브)를 보유하고 있었으며, 테마파크에서 서비스하거나 케이블 회선으로 플레이하는 '세가 채널'이 구상되기도 했다. 또한 '장래가 기대되는 신생 IT 기업'에 마이크로소프트, AOL, 오라클, HP, 인텔, 컴팩과 더불어 당당히 이름을 올리기도 했다.

'플레이스테이션'의 등장과 닌텐도 '악몽의 10년'

세가의 부귀영화는 소니의 플레이스테이션PS, 이하 '플스'이 등장하면서 막을 내리기 시작했다. 세가와 닌텐도가 쌍벽을 이루던 시대가 끝난 것이다. 1990년대 후반에서 2000년대 전반이 되자 플스의 독주가 시작됐다. 닌텐도에는 그야말로 악몽 같은 10년이었다.

원래 소니는 닌텐도와 함께 가정용 게임기의 공동 개발을 진행하고 있었다. 그러나 야마우치 히로시의 번복으로 무산되었으며 (소니의 게임업계 잠식을 경계했기 때문으로 알려져 있다), 소니 내부에서도 거의 철수하기로 결정된 상황이었다. 하지만 담당자였던 구타라기 겐이 소니 창업자 세대인 오가 노리오와 직접 교섭하면서 개발을 계속 추진할 수 있었다. 대다수가 반대하던 임원 회의를 완강하게 뚫고 이루어낸 기적이었다. 그 후 플스가 등장하자, 유통면에서 규제가 심했던 닌텐도에 비해 민주적이고 개방적인 플스로 많은 소프트웨어 제작사들이 몰려들었다. 이와 더불어 〈드래곤 퀘

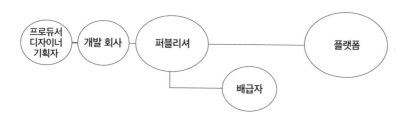

개발자 수입	퍼블리셔 수입	판매 수입	도매·소매 수입
• 전체의 10~20%. 개발비 부담에 따라 비중은 더 올라감. • 기본적으로 팀 작업으로 진행하며, 정보 기밀성이 높은 고액 개발비 제품이기 때문에 제작자는 개발 회사에 고용됨. • 예외적으로 무소속 프로듀서나 개발자가 로열티를 이익 분배제 등으로 계약하는 경우가 있음.	• 전체의 50%. 광고비와 개발비를 부담하지만 리스크 분산에 따라 몫이 달라짐. • 디지털 유통인 경우, 몫도 60~70%로 늘어남. • 영향력 있는 플랫폼 제공사가 퍼블리셔나 배급사를 겸하는 경우도 많음.	• 이용자가 많아 영향력이 큰 게임 콘솔 플랫폼의 이익 독점도가 높음. • 몫은 10~20%.	• 도매상이 10%, 소매상이 20~30%를 차지. • 이전에는 도매상·소매상이 게임 소프트의 중요한 유통자였으나, 최근엔 절반 이하로 떨어짐.

출처) 저자 작성.

스트〉와 〈파이널 판타지〉를 플스용 소프트웨어로 발매하면서 가정용 게임 시장에서 소니의 위상은 더욱 높아져만 갔다.

와중에 게임기 시장에 도전한 많은 회사들은 패배를 거듭했다. 반다이와 애플이 협업해서 개발한 가정용 게임기 '피핀 앳마크'는 260억 엔의 손실을 초래한 흑역사가 되어버렸다. 세가의 최후 도전으로 남은 '드림캐스트'는 800억 엔을 투자했지만 결국 실패했다. 그러나 CSK의 창업자이자 세가의 회장이기도 했던 오카와 이사오大川功가 개인 재산을 쏟아부어 벼랑 끝에 내몰려 있던 세가를 간신히 구해냈다. 한편, 닌텐도도 세계 최초의 VR 기기인 '버추얼 보이'를 출시했으나 쓰디쓴 고배를 마셨다. 수많은 회사가 존망을 걸고 개발에 투자하고, 또 많은 실패를 겪었다. 결국 현재의 닌텐도, 소니, 마이크로소프트만이 게임기 하드웨어 제조사로 남게 되었다.

대기업화된 일본 게임 산업, 경쟁력을 잃다

1970년대 후반부터 2000년대 전반까지 30년 동안의 하드웨어 경쟁 시대는 막을 내렸다. 이후 하드웨어를 바탕으로 닌텐도, 소니, 마이크로소프트 세 회사 간의 소프트웨어를 차별화하기 위한 경쟁이 극심해졌다. 그러면서 게임 소프트웨어 측면에서도 일본의 패권은 약화되어갔다.

이 시기에 미국은 게임 개발을 팀워크 방식으로 진행하면서, 팀 내에서 교육 시스템과 개발 기법을 연마해나갔다. 인재 육성에 적극적인 미국은 일본에 비해 미흡한 부분을 집단의 힘으로 채우고자 했던 것이다. 마이크로소프트는 개발 환경을 대학에 배포하는 등 무료로 개방했고, 게임 개발자 회의에서 업계 사례를 많은 이들과 공유하기도 했다.

1980~1990년대 일본 게임 소프트웨어업계는 모방에 관대한 자유로운 업계로, 보다 열린 환경에서 경쟁을 펼쳤다. 인재 스카우트 같은 수단을 포함해 각 회사가 서로 영향을 주고받으면서도 그 안에서 조금씩 차별화를 시도했다. 그러나 많은 경쟁을 거치며 노련해진 각 회사는 노하우를 유출하는 데 점차 소극적인 모습을 보였다. 게다가 2000년대가 되자 IP 관련 재판이 활발해지기 시작했다. 이런 분위기 속에서 일본 게임 산업은 전직轉職과 스카우트 문화가 사라지고 점차 '일반적인 대기업' 형태를 따르게 되면서 해외에서도 존재감을 급속도로 잃고 만다.

4

그리고 모든 것이
온라인화되었다

게임업계에 일대 혁신을 불러일으킨 DeNA, GREE

게임업계에선 아케이드 게임, 가정용 게임, PC 게임이 탄생하고 번성하는 등 많은 변화가 있었다. 하지만 '스마트폰 이전과 이후'로 나뉘는 변화만큼 충격적인 변화는 찾아보기 어렵다. 만화는 전자만화로 그 형태가 바뀌었다. 영화와 TV, 음악에는 온라인 제공 서비스가 도입됐다. 이 모두 스마트폰에 의한 온라인화를 통해 산업의 지평이 크게 넓어진 사례다. 각 업계에서 온라인 매출 비중은 아직 전체의 20~30%에 불과하지만, 전자만화는 2021년 급성

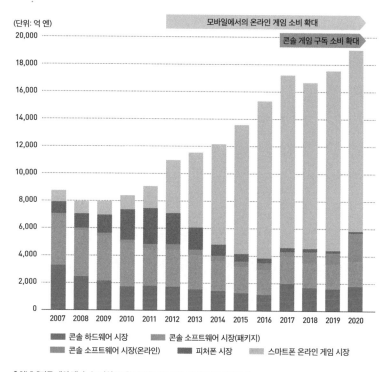

도표 8-5 일본 국내 가정용 게임 시장

(단위: 억 엔)

모바일에서의 온라인 게임 소비 확대

콘솔 게임 구독 소비 확대

범례:
- 콘솔 하드웨어 시장
- 콘솔 소프트웨어 시장(패키지)
- 콘솔 소프트웨어 시장(온라인)
- 피처폰 시장
- 스마트폰 온라인 게임 시장

출처) 『패미통 게임 백서』 '모바일 콘텐츠 포럼' 조사 자료를 바탕으로 저자 작성.

장하며 50%를 넘어섰다. 스마트폰으로 이동한 게임은 다른 업계들과 비교할 수 없을 정도로 현격한 변화를 겪었다. 스마트폰이 도입된 이후 게임 시장의 규모는 배 이상 성장했으며, 게임 시장의 80% 이상이 온라인화되었다(도표 8-5).

일본의 모바일 단말기 게임 시장은 2000년대 NTT도코모의 'i-

모드'로 시작되었다. 물론 이는 '이미 출시된 게임을 패키지만 바꿔 300엔에 파는 시장'에 불과했다. 별도의 오리지널 게임을 개발하지 않고 모바일 게임 부서가 사내에서 협조를 구해 모바일 환경에서도 플레이할 수 있도록 게임을 발매하는 식의 '소규모' 시장이었다.

해당 업계에 혁신을 불러일으킨 것은 게임업계가 아닌 외부에서였다. 웹 서비스를 기반으로 '게임 요소를 접목한 놀이'를 개척한 DeNA의 〈괴도 로얄〉(2009)과 GREE의 〈탐험 드리랜드〉(2011)가 대표적이다. 피처폰에서 스마트폰으로 교체되는 시기에 두 회사의 게임 SNS는 일본을 장악하면서 월매출 10억 엔, 연매출 100억 엔이라는 업적을 달성했다. 당시 GREE의 젊은 면접관이 말했다는 "닌텐도를 이기는 법, 알고 있습니다"라는 혈기 왕성한 발언에 고개가 끄덕여질 정도의 성장세였다.

2009년부터 2013년까지 총 5년간 GREE의 매출은 140억 엔에서 1,520억 엔으로, 시가총액은 1,000억 엔에서 6,000억 엔으로 증가했다. DeNA의 매출은 376억 엔에서 2,025억 엔으로, 시가총액은 1,000억 엔에서 4,000억 엔으로 늘어났다. 2013년에는 경호 GungHo의 〈퍼즐앤드래곤〉이 스마트폰 애플리케이션 게임 최초로 월매출 100억 엔 기록을 세우며, 쇠퇴하고 있던 닌텐도의 시가총액 1조 5,000억 엔을 앞지르기까지 했다. 과거 20년 동안 닌텐도가 소니 이외의 게임 회사에 시가총액을 추월당한 것은 이 시기가 유일하다.

가정용 게임 기업의 부활과 모바일 게임 기업의 진화

2017년 '스위치'를 통해 닌텐도가 기적같이 부활했지만, 그전까지 가정용 게임 기업은 쇠퇴의 길을 걷고 있었다. 유서 깊은 게임 대기업들은 모바일화에 실패하면서 대대적인 주가 폭락을 피하지 못했다. 그러다 2010년대 후반, 가정용 게임은 생기를 되찾기 시작했다. '가정용 게임' 전통 기업과 '모바일 게임' 신생 기업의 매출, 시가총액, 직원 수 추이를 살펴보면 〈도표 8-6〉과 같다. 가정용 게임 기업은 2014년 이후 모바일 게임 개발에는 실패했으나, IP로서 캐릭터 브랜드를 관리하거나 프로모션을 진행하는 '퍼블리셔' 역할을 하면서 자산을 최대한 활용해 수익을 거뒀다. 한편 모바일 게임 기업의 성장은 2013년 정점에 도달한 이후 그 한계를 뛰어넘지 못하고 있다.

주목할 점은 가정용 게임 기업의 인재들이 모바일 게임 기업으로 많이 이동하지 않았으며, 모바일 게임 기업은 다른 업종에서 인재를 영입하고 있다는 것이다. 가정용 게임 기업의 종사자는 3만 명 정도로 크게 달라지지 않았지만, 모바일 게임 기업 종사자는 1만 명 정도로(나도 그중 한 명이다) 컨설턴트나 IT 분야, 인적 자원 서비스업계, 통신업계, 출판업계 등 다른 기업에서 전직한 이들이 주축이 되었다. 가정용 게임 기업에서의 인재 이동은 정체됐지만, 모바일 게임 기업이 디지털 프로모션 등 IT나 광고에 대한 노하우,

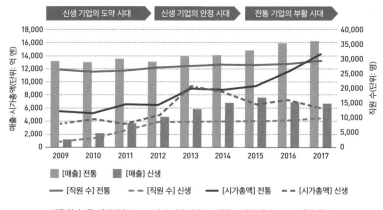

도표 8-6 일본 게임업계의 전통 회사 6곳과 신생 회사 10곳 비교(2009~2017)

전통 회사 6곳: 반다이남코HD, 코나미, 세가 사미 HD, 캡콤, 스퀘어 에닉스HD, 고에이 테크모
신생 회사 10곳: mixi, DeNA, GREE, GungHo, Colopl, Ateam, Crooz, Drecom, Gumi, KLab

출처) 각 회사 IR 자료를 바탕으로 저자 작성.

또 출판 IP를 관리하기 위한 노하우를 적용하며 모바일 게임 산업
은 점차 진화해나가고 있다.

게임, 하드웨어의 제약을 뛰어넘다

현재의 VR 게임에도 통용되는 이야기지만, 새로운 기술이 등
장했을 때 내용과 형식을 바꾸지 않고 겉포장만 바꾸는 것만으로
는 비즈니스의 성공을 기대할 수 없다. 'i-모드'의 게임은 작은 화

면으로 즐기던 과거의 방식에서 벗어나지 못했고, 결국 1,000억 엔 규모의 시장에 머무르고 말았다. 이에 비해 SNS 소셜 게임은 새로운 기술에 발맞춰 변화했다. 예를 들어, 빠른 화면 전환을 통해 게임의 흐름을 짧게 끊거나, 게임 내 실적을 서로 공유하는 소셜 시뮬레이션 장르의 특성을 살리고, 과금을 통해 가챠ガチャ, 무작위 뽑기를 하거나 플레이 타임을 단축할 수 있게 했다. 그 결과, SNS 소셜 게임은 5,000억 엔 규모의 시장을 일궈낼 수 있었다.

한편 스마트폰의 발전으로 등장한 애플리케이션 게임은 이전까지 즐기던 액션 게임의 특성이 반영되며 1조 엔 규모의 시장으로 성장했다. 이와 더불어 다른 업종의 노하우를 전수받고 만화, 동영상, 음악이 난무하는 전체 애플리케이션업계에서 디지털 프로모션 기술을 도입하는 등 다양한 시도를 하면서 게임업계 자체를 확 바꾸어놓았다. 이것이 지난 10년간 게임업계에서 일어난 일이다.

그저 온라인 환경에서 서비스하는 것만으로는 사람의 흐름과 시장의 규모가 바뀌지 않는다. 온라인에서만 즐길 수 있는 독자적인 방식이 갖춰져야 비로소 혁신적인 시장을 개척할 수 있다. 게임이 아케이드 게임에서 가정용 게임으로, 음악이 CD에서 구독 서비스로 넘어갈 때 우리 모두가 경험했던 일들이다. 만화가 웹툰으로, 게임 공간이 메타버스로 바뀌어가는 흐름에서도 마찬가지다.

이 같은 변화의 한가운데에서 '산업 인재'의 환원과 육성이 중요한 열쇠라는 것을 절실하게 깨닫게 된다. 사실 게임업계의 새로운 성장을 이끄는 인재와 노하우는 광고, 출판, 음악, 애니메이션, 영화, IT에서 받아들인 것이다. 이 같은 흐름이 최근 2~3년 동안 크게 퍼져나가고 있다.

2020년 현재 전 세계 게임 시장의 규모는 20조 엔에 이르렀으며, 2025년에는 30조 엔에 육박할 것으로 예상된다. 20조 엔 규모의 TV·홈 비디오 시장, 10조 엔 규모의 신문·잡지 시장과 광고 시장, 7조 엔 규모의 음악 시장을 훨씬 뛰어넘는 규모다. 게임은 엔터테인먼트 산업에서 최대 콘텐츠 시장이 되어가고 있다.[9] 이미 TV와 컴퓨터 등 하드웨어의 제약을 뛰어넘어 발전해나가고 있는 것이다.

5

망상과 기대로 돌아가는
게임 회사

'혹시 만점을 받을지도 몰라'

내가 게임업계에 몸담은 지 어언 10년이 넘었다. 2011년 DeNA에 입사했을 때는 회사 매출이 500억 엔에서 2년 만에 3배로 급성장했을 무렵이었다. 매달 새로운 직원이 50명 가까이 입사했는데, 액센츄어, P&G, 소니 등 다양한 업계의 기업에서 우수한 인재들이 모여들었다.

나 또한 리크루트 출신으로 DeNA에 입사했다. 입사 첫날 i-모드, 아이폰, 안드로이드 총 세 가지 휴대전화를 전달받았다. 사흘

째에는 '게임 컨설턴트'라는 직함을 달고 '모바게'モバゲー, DeNA가 개설한 일본 휴대전화 포털 사이트 중 하나에 게임을 출시하는 개발 회사 지원 업무를 시작했다. 완전히 컨설턴트로 전직한 뒤에는 고객사 중 하나인 반다이남코로 자리를 옮겼다. 캐나다 밴쿠버에서는 애플리케이션 개발 스튜디오를 만들었다. 〈팩맨256〉과 〈탭 마이 카타마리 Tap my katamari(塊魂)〉라는 타이틀을 개발해 전 세계에 선보이기도 했다. 이후 곧바로 싱가포르 거점으로 옮기고, 인도네시아에서도 게임을 개발했다. 말레이시아에서는 디자이너를 모아 아트 스튜디오를 설립했으며, 그 후 싱가포르에 해외 진출 본부를 두고 있는 부시로드로 옮겨갔다. 영어판 〈뱅 드림!〉과 일영日英 번역판 〈뱅가드 제로〉를 개발했고, 동시에 일본 국내용으로 〈명탐정 코난 러너〉라는 라이선스 계약 작품과 〈어설트 릴리〉, 〈신일본프로레슬링 스트롱 스피리트〉 등 프로듀서로서 미디어믹스 프로젝트를 진행했다.

새로운 사업을 만들어내는 일은 리크루트에 속해 있던 당시, 경영기획을 맡으면서 경험해본 바 있었다. 하지만 엔터테인먼트 산업은 모든 게 확연히 다르게 느껴졌다. '확실한 결과를 보장할 수 없기' 때문이다. 대부분의 사업은 직종마다 표준 지침이 있어 기대치를 80~120점 정도로 두고, 이를 바탕으로 인재 채용, 육성, 투자가 이루어진다. 그러나 엔터테인먼트 산업은 프로듀서, 기획, 엔지니어, 디자이너 등 직종마다 저마다의 기술을 정비해 벽돌을 쌓아 올려 건축물을 만드는 것처럼 작품을 만들어내지만, 그 결과

0점이라는 성적을 받을 수도 있는 세계다.

엔터테인먼트 산업에 종사하는 회사들은 직원들에게 주인의식을 부여하고 이를 바탕으로 결과물을 제작해나가도록 한다. 하지만 제품이 제때 출시되지 않을 때도 있고 출시되더라도 0점인 경우도 있다(아무도 사지 않는 게 바로 이런 경우일 것이다). 그럼에도 불구하고 직원들은 '혹시 만점을 받을지도 몰라'라는 기대를 품고 계속 나아간다. 이들은 사용자의 기대치를 시장 기회로 삼고, 투자자와 개발자의 기대치를 조정하며, '창조'라는 불안정한 아이디어를 흥미, 관심, 돈으로 바꿀 방법을 찾아 나선다. 경험하는 프로젝트 수가 늘어날수록 사용자의 기대치를 파악하는 데 점점 정확성이 올라간다. 이러한 제작자와 회사가 투자금을 통해 협업하면 '80% 정도는 실패하지 않겠다. 20% 정도는 홈런을 노릴 수도 있겠다'고 어림잡게 된다.

개발할 때는 대개 위험을 분산시키는 동시에 아군을 만들기 위해 다수의 회사와 공동 사업을 기획한다. 이를 위해 복잡한 저작권 계약, 투입 금액, 로열티 조건 등을 수익 패턴에 따라 시뮬레이션하는 과정을 거친다. 연관된 회사가 많아질수록 의사 결정 속도는 느려지지만, 서로 자극이 되어 예상치 못한 성과를 내는 경우도 있다. 이후 SNS와 비공개 베타 테스트(특정 사용자들이 시험해보는 것)로 결과물을 공개하는 등 선행 지표를 통해 '사용자의 기대치'라는 가장 중요한 지표를 파악하면서 투자할 부분을 조정한다. 경우에 따라서는 이 조정값이 크게 늘어나기도 한다.

이러한 작품 제작 프로세스는 게임뿐만 아니라 애니메이션, 영화, 음악 공연, 무대연극에서도 마찬가지다. 그야말로 늘 새롭게 시작하는 '기업起業' 프로세스인 것이다. 우리가 살아가는 데 있어 '비非'필수품인 '작품'을 세상에 내보내고 아무도 관심이 없는 상태에서 열광하는 단계까지 시장 환경을 처음부터 끝까지 창조하는 작업으로, 혁신적인 상품을 세상에 널리 알리고자 하는 벤처 기업과 별반 다르지 않다. 엔터테인먼트 작품을 제작하는 일은 기획, 재정, 인재, 개발, 마케팅, 고객 지원이라는 '기업' 프로세스를 반복하는 방대한 작업이다.

혼돈이야말로 바람직한 상태

게임업계는 다른 산업계의 부러움을 사고 있다. 해외에서도 그 위세가 강하며, 이익률도 높기 때문이 아닐까 싶다. 하지만 실상을 들여다보면 늘 공포와의 싸움이다. 회사가 가장 혼돈에 휩싸이기 쉬운 단계는 성장기에 접어들었을 때다. 까다로운 성장 요인을 찾기 위해 일손을 늘리다 보면 조직은 극심한 혼란을 겪게 된다. 지시는 틈만 나면 바뀌고, 각 부서는 제멋대로 동맹을 맺으며, 어떤 PDCA사이클Plan-Do-Check-Act, 이 4단계를 반복하며 품질을 향상시키는 업무 방식이 정답인지 도무지 알아낼 수 없다. 그러나 되돌아보면 이러한 상태야말로 바람직한 모습이다. 사내에서의 혼돈은 사용자의 기대치와 시장의 성장을 조직이 따라잡기 위해 고군분투하는 상태라 할 수 있다. 오히려 잠잠한 상태가 더 문제인지도 모른다.

전 세계적으로 20조 엔 이상의 규모를 형성하고 있는 게임 산업은 영화, 음악, 출판을 뛰어넘는 최대의 크리에이티브 산업이 되었다. 게임 한 편 한 편이 대개 개인의 '망상'과 '기대치'를 바탕으로 태어난다는 사실에 몸이 떨릴 만큼 감동을 느낀다. 게임 제작이란 쉽게 말해 100명이 투입되어 열광하는 만 명의 팬과 그 뒤에 디지털로 이어진 100만 명의 사용자가 즐길 수 있는 서비스로 발전시키려는 프로젝트다. 그 시초는 대개 '그때, 그 순간' 문득 떠오른 한 개인의 망상에 가까운 아이디어다. 중간에 절대 그만둘 수 없도록 아드레날린이 뿜어져 나오는 프로세스라고 할 수 있다.

지난 40년간 제작된 2만 편 이상의 게임 중 일본 기업에서 만든 대성공작이 상당한 비중을 차지한다는 점에 강한 긍지를 느낀다.

도표 8-7 세계 모바일 게임 개발 회사 수

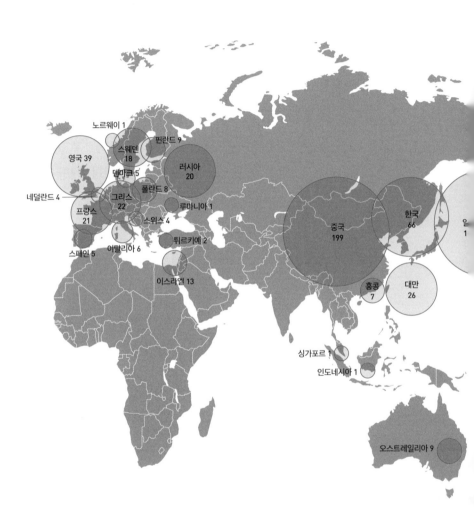

노르웨이 1
스웨덴 18
핀란드 9
덴마크 5
영국 39
러시아 20
네덜란드 4
폴란드 8
그리스 22
루마니아 1
프랑스 21
스위스 4
튀르키예 2
스페인 5
이탈리아 6
이스라엘 13
중국 199
한국 66
일 1
홍콩 7
대만 26
싱가포르 1
인도네시아 1
오스트레일리아 9

출처) gamebiz, 「'해외 진출의 반전기'…부시로드에 묻는, 북동유럽·동아시아와 비교해 ASEAN 개발 시장을 살릴 만한 곳」https://gamebiz.jp/news/168960, 2014년 4월~2016년 1월의 월별 매출 상위 1000위에 든 기업을 집계.

캐나다
16

미국
278

브라질 2

아르헨티나 2

랜드 2

9장

스포츠

로컬과 글로벌의 갈림길

1

아마 리그에서
프로 리그로

'고상한' 아마추어 스포츠, 돈만 밝히는 '천한' 프로스포츠

스포츠는 프로(그 일을 직업으로 돈을 버는 사람)가 해야 하는 것인지, 아니면 계속 아마추어(별도의 직업이 있는 사람)가 해야 하는 것인지를 놓고 성숙하지 못한 논쟁이 벌어질 때가 있다. 이는 오래전부터 스포츠의 근간을 흔드는 중요한 문제였다.

19세기에 전 세계로 스포츠를 확산시킨 대영제국(축구, 럭비, 크리켓, 테니스, 복싱 등은 영국에서 시작됐다)은 스포츠 종주국으로서 자국의 식민지에서 사람들이 즐기던 기존 오락(도박 및 동물 사격)

을 금지하고 대신 '질서 있고 건전한 육체와 윤리 육성'을 위해 스포츠를 전도했다. 따라서 스포츠는 절대 돈벌이로 전락하면 안 된다는 원칙이 있었다. 돈을 목적으로 하다 보면 결과만 중시하게 되기 때문이다. 이런 이유로 스포츠는 결과보다 과정이 중요하다고 생각하게 되었다.

일본에서 'TV의 신'이라 불리는, 니혼TV 설립자 쇼리키 마쓰타로는 야구와 프로레슬링계까지 아우르는 '스포츠의 신'이기도 하다. 사업 수완이 뛰어났던 쇼리키는 1934년 일본 최초의 프로스포츠팀인 '요미우리 자이언츠'를 창설한다. 당시는 쇼 비즈니스를 둘러싼 혐오감이 한껏 달아올랐던 시대였다. 〈아사히신문〉이 1915년부터 지원한 고시엔甲子園 고교야구는 '고상한' 아마추어 스포츠이고 돈이 목적인 프로야구는 '천한' 스포츠라며 당시 신문과 잡지들은 연일 비교하곤 했다.

철도 회사에 취직하기로 확정되었던 가와카미 데쓰하루가 단지 급여가 더 많다는 이유로 1938년 요미우리 자이언츠에 입단하기로 선택하자 그의 아버지는 "프로야구 선수는 노름꾼이나 마찬가지"라며 맹렬히 반대했다. 이듬해 호세이대학을 졸업한 후 바로 난카이 호크스(현 후쿠오카 소프트뱅크 호크스)에 입단한 쓰루오카 가즈토 또한 "대학까지 나오고 뭐하러 프로 선수가 됐냐는 분위기였다. 모교 야구부의 명예를 훼손하는 일이라며 주변인들과 마찰을 빚기도 했다. 야구부 제명까지 거론됐다"라고 말한 바 있다.[1] 프로팀에 입단하면 마치 폭력 조직에 들어가기라도 한 것처럼 다들 소란스러웠다.

쇼리키는 1935년 괴한이 휘두른 칼에 찔렸다. '요미우리가 미국 야구팀을 초청해 신성한 진구神宮구장을 사용했고, 천황기관설을 지지한다'는 황당한 이유에서였다. 즉 메이지 천황을 모시는 메이지 신궁이 소유한 진구구장을 돈놀이 스포츠에 사용하다니 당치도 않다는 것이었다.

그렇게 '야쿠자' 취급받던 프로스포츠는 머지않아 사람들의 관심을 한데 모으기 시작했다. 쇼와 시대1926~1989 초기에 요미우리 자이언츠 경기 입장권을 무기 삼아 신문 판촉에 크게 성공한 〈요미우리신문〉은 스포츠신문으로 발행부수를 늘리더니 단번에 업계 5위에서 2위로 뛰어올랐다.[2]

스포츠 비즈니스화, 시장의 파이를 키우다

FIFA국제축구연맹은 1930년 프로 선수도 월드컵에 출전할 수 있도록 규정을 개정했다. 1974년에는 아마추어 선수만 출전할 수 있었고 프로 선수는 제외됐던 올림픽 규정이 올림픽 헌장에서 삭제됐다. 그 뒤 1987년에는 축구에 이어 럭비 월드컵이 개최됐다. '신사 스포츠'라 불리며 보수적인 색채를 띤 럭비마저 프로화, 상업화

도표 9-1 프로 운동선수의 수입

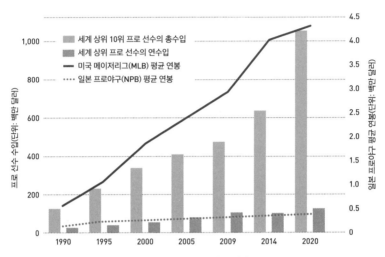

출처) 포브스, MLB, NPB 발표 자료 발췌 후 저자 작성. 1달러=110엔으로 계산.

되어간 것이다. 이처럼 아마추어를 지향하던 경기 단체까지 프로
화의 바람이 불기 시작한 계기는 1984년 개최된 로스앤젤레스 올
림픽이었다. 이때를 분기점으로 '스포츠는 비즈니스가 될 것'이라
며 분위기가 급전환되었다.[3]

몬트리올 올림픽이 열린 1976년 당시 10억 달러(현재 가치로 1조
엔 규모)의 큰 부채를 떠안고 있던 IOC국제올림픽위원회는 미국 2위 항
공사를 설립한 사업가 피터 우에베로스를 로스앤젤레스 올림픽
조직위원장으로 발탁하며 철저한 구조개혁에 나설 것을 천명했다.
그는 광고주를 모으고 중계권을 팔아 올림픽 사상 최초로 이익을

도표 9-2 일본과 서양의 스포츠 시장 규모

프로야구

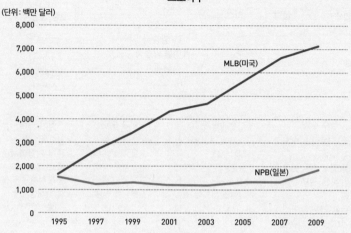

(단위 : 백만 달러)

MLB(미국)

NPB(일본)

프로축구

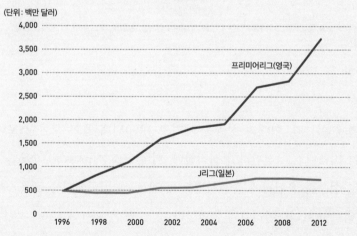

(단위 : 백만 달러)

프리미어리그(영국)

J리그(일본)

출처) 스포츠청·경제산업성, 『스포츠 미래개척회의 중간보고: 스포츠 산업 비전 책정을 향하여』, 2016년 6월.

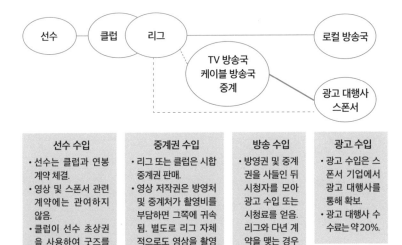

도표 9-3 일본 스포츠업계 밸류체인

선수 ── 클럽 ── 리그 ──────────── 로컬 방송국

TV 방송국
케이블 방송국
중계

광고 대행사
스폰서

선수 수입	중계권 수입	방송 수입	광고 수입
• 선수는 클럽과 연봉 계약 체결. • 영상 및 스폰서 관련 계약에는 관여하지 않음. • 클럽이 선수 초상권을 사용하여 굿즈를 판매하면 사용료를 배분받음.	• 리그 또는 클럽은 시합 중계권 판매. • 영상 저작권은 방영처 및 중계처가 촬영비를 부담하면 그쪽에 귀속됨. 별도로 리그 자체적으로도 영상을 촬영한 뒤 저작권을 확보한 영상을 사용하는 경우가 많음.	• 방영권 및 중계권을 사들인 뒤 시청자를 모아 광고 수입 또는 시청료를 얻음. 리그와 다년 계약을 맺는 경우가 많음.	• 광고 수입은 스폰서 기업에서 광고 대행사를 통해 확보. • 광고 대행사 수수료는 약 20%.

경기 개최
• 선수와 소속 클럽이 리그와 함께 정규 시즌을 개최하여 경기장 내 입장, 굿즈 판매, 푸드 사업 등을 실시.

출처) 저자 작성.

내기에 이른다. 이때의 성공을 계기로 1990년대 들어 모든 스포츠가 비즈니스로 전환하기 시작한다. 미국 프로농구NBA도 1992년 프로 선수를 올림픽에 출전시켰으며, 같은 해 영국에서는 프로축구 리그인 프리미어리그가 출범한다.

1984년 로스앤젤레스 올림픽을 계기로 스포츠업계는 성적이

우수한 선수들이 프로가 되어 매체를 끌어들여 수익을 내는 형태로 점차 바뀌어갔다. 선수들의 급여도 30년 동안 5~10배 늘어났다. 1993년에는 일본에서도 프로축구 J리그가 출범하는 등 스포츠 비즈니스화가 활발히 진행됐다. 그러나 서양과 일본은 '스포츠 비즈니스화'의 원동력이 크게 달랐다.

1980년대까지 서양과 일본의 축구와 야구 시장은 규모 면에서 큰 차이가 없었다. 그러다가 1990년대 이후 서양에서 인기 스포츠가 급성장한 것과 대조적으로 일본 스포츠 비즈니스 시장은 제자리걸음을 했다. 일본의 경우, 버블 경제가 붕괴된 데 따른 경기 침체의 영향도 있었으나 매체 또는 스폰서로부터 받는 지원 금액에 차이가 있었다. 이 차이는 MLB와 NPB, 프리미어리그(영국 프로축구)와 J리그(일본 프로축구)를 비교하면 알 수 있다.

스포츠업계의 밸류체인은 선수, 클럽, 리그, 경기장 같은 단순한 퍼포먼스 비즈니스와 중계권 수입 및 광고 수입 등 미디어 비즈니스로 구성된다. 서양과 일본 스포츠 비즈니스의 차이는 주로 후자에 따른 것인데, 올림픽을 예로 들어 간략히 설명하겠다.

2

올림픽,
스포츠 비즈니스로
얼룩지다

천정부지로 치솟는 중계권료, 치열한 광고 경쟁

1984년 로스앤젤레스 올림픽 이후 올림픽은 급속도로 비즈니스화되어갔다. 1992년 하계 올림픽과 동계 올림픽을 합한 IOC와 대회조직위원회의 총수익은 10억 달러에 불과했으나 2021년 도쿄 올림픽은 무관중 대회였음에도 불구하고 사상 최고치인 110억 달러의 수익을 올렸다. 이 중 '입장권 수입'은 전체 수입의 10%에도 미치지 못한다. 세계 각국 방송국이 내는 '중계권료'가 50%(IOC 수입), 광고주가 지급하는 '스폰서 수입'이 30~40%(업종

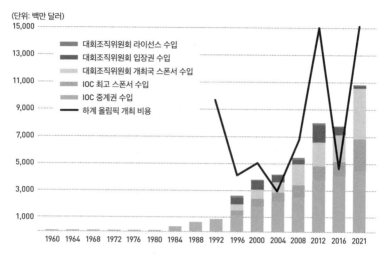

도표 9-4 **올림픽 수입(하계·동계 합계)과 하계 올림픽 개최 비용**

(단위: 백만 달러)

■ 대회조직위원회 라이선스 수입
■ 대회조직위원회 입장권 수입
■ 대회조직위원회 개최국 스폰서 수입
■ IOC 최고 스폰서 수입
■ IOC 중계권 수입
— 하계 올림픽 개최 비용

출처) 『올림픽 마케팅 팩트 파일』. 1992년까지의 수입은 해당 연도 하계와 동계의 합계임. 1996년부터는 하계와 2년 전 동계의 합계임.

별·기업별 세계 최고 스폰서 수입은 IOC가 가져가고 수십 개 회사에 달하는 개최국 스폰서 수입은 대회조직위원회가 가져간다)로, 이 두 가지가 수익원에서 가장 큰 부분을 차지한다. 전 세계 20억 명이 시청하는 올림픽은 월드컵과 함께 최대 시청자를 거느린 콘텐츠다. 중계권료와 스폰서 수입이 급등한 것은 치열한 '시선 쟁탈전'의 증거이기도 하다.

중계권료와 스폰서 비용 모두 천정부지로 치솟은 탓에 대형 매체들과 브랜드들이 한 해 두 번의 올림픽 예산을 모두 부담하기가 어려워지자 1994년부터는 2년 차이를 두고 하계 올림픽과 동계 올림픽을 번갈아 개최하기에 이른다. 더욱이 가장 많은 중계권료를 내는 미국 NBC 방송국을 배려해 '미국 시각'에 맞춰 경기 시간을 조정하거나 '극적인 장면의 연출'을 위해 규칙을 변경하는 등 예전의 '아마추어 시대'에는 상상조차 못했던 모습으로 스포츠는 프로화되어갔다.

덴쓰의 스포츠 비즈니스 독점화

도쿄는 2020년 하계 올림픽 개최지로 선정되면서 다시 한번 올림픽 무대를 마련했다. 코로나19 팬데믹으로 1년 늦게 개최되었으나 다행히도 성공리에 막을 내렸다. 그러나 2022년 8월, 대회조직위원회 이사였던 다카하시 하루유키高橋治之가 뇌물 수수 혐의로 구속되면서 올림픽과 돈 문제가 세상에 알려지게 되었다.

사실 스포츠와 뇌물의 관계는 어제오늘 일이 아니다. 2015년 발각된 FIFA 뇌물 스캔들의 경우, 100억 엔 이상의 검은돈이 오갔으며 연루자만 수십 명에 달했다. 2022년 카타르 월드컵에서도 뇌물 스캔들이 발생했다. 야구부터 스모까지 일본 스포츠업계도 스포츠가 가진 모객력과 수익력으로 인해 관심과 뒷돈이 끊이지 않고 있다.

구속된 다카하시 전 조직위원회 이사는 일본 광고 회사 덴쓰

電通 출신으로, 일본 스포츠의 비즈니스화에 혁혁한 공을 세운 인물이기도 하다. 그는 덴쓰 종합개발실에 근무하던 1977년 '축구 황제' 펠레의 은퇴 시합을 일본에서 개최한다. 당시 일본에서 축구는 비인기 종목이었는데도 불구하고 7만 명의 관객을 불러 모으며 큰 성공을 거뒀다. 〈아사히신문〉은 이를 두고 "스포츠라기보다 명배우 펠레가 출연하는 연극과도 같은 시합"이라고 평가했다. 이 성공을 계기로 덴쓰는 스포츠 비즈니스에 본격적으로 닻을 올렸다.

1980년대 들어와 일본 기업들이 세계 시장에 진출하면서 기업 브랜딩에 스포츠를 이용하기 시작했고, 그에 따라 스포츠에 거액의 광고비가 투입됐다. 1980~1990년대 세계를 석권한 일본 제조업체들은 덴쓰가 만든 스포츠 광고를 등에 업고 인지도를 넓혀 갔다.

덴쓰는 1984년 로스앤젤레스 올림픽 단독 중계권을 800만 달러(당시 환율 기준 18억 엔)에 사들였다. 심지어 선지급이었다. 광고비를 받아 적절한 광고 공간을 사들이고 거기에서 떨어지는 수수료를 수익으로 삼는 '대행사' 입장에서 보면 감히 내릴 수 없는 사업 판단이었다. 그러나 덴쓰는 엄청난 수의 방영처를 확보하고 광고주들을 구해 200억 엔이라는 큰 수익을 올렸다. 이 성공으로 '스포츠 하면 덴쓰'라는 포지션을 구축하는 동시에 스포츠라는 큰 수익원을 획득하게 됐다.[4]

덴쓰가 일본 스포츠 비즈니스를 주름잡게 된 것으로 이러쿵저러

쿵할 문제가 아니었다. IOC가 요구하는 중계권료는 30년 동안 5배 가까이 치솟았다. 글로벌 스포츠 조직을 상대로 그 비용을 사전에 마련하고 많은 매체와 스폰서를 끌어모은 경험이 있는 기업은 덴쓰가 거의 유일했다. 국제 행사 개최를 비롯해 프로 조직 설립 등 일본 스포츠 비즈니스 영역 대부분이 덴쓰에 의지했다.

이런 시대가 과연 언제까지 이어질까? 아마존 창업자이자 현 이사회 의장인 제프 베이조스는 2020년, 미국 시애틀에 있는 스포츠 아레나의 명명권을 사들여 '기후 공약 경기장Climate Pledge Arena'이라고 이름을 지었다. 기업명은 전혀 사용하지 않았다. 이제 기업이나 상품을 전면에 내세우는 광고 방식은 오히려 역효과를 부르는 시대에 접어든 것이다.

3

중계권료,
가성비 좋은 콘텐츠

만원이어도 전체 수입의 10~20%에 불과한 입장권 수입

스포츠 리그나 클럽에는 다섯 가지 수익원이 있다. '중계권료', '스폰서 수입', '(상품화 등의) 라이선스 및 굿즈 판매 수입', '경기장 수입(경기장 자체 운영 및 음식 판매 등)', '입장권 수입'이 바로 그것이다. 1970년대까지는 스포츠도 공연예술과 마찬가지로 빌린 장소에 관객을 모아 얻은 입장권 수입으로 운영됐다. 하지만 이제는 입장권 수입 의존도가 많이 낮아졌다. 유럽 축구 리그는 입장권 수입이 전체의 10%에 불과하다. 경기장이 관중으로 가득 차도 이 정

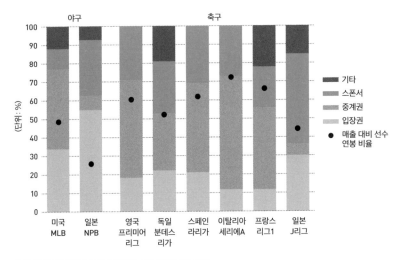

출처) 각 리그 연차재무보고서, 닐슨 자료 등을 참고로 저자 작성.

도다. 그렇다고 입장권 단가가 아주 저렴하거나 객석 수가 적은 것도 아니다. 중계권료가 너무 오른 탓이다. 다만 서양 프로스포츠 리그와 비교하면 일본은 입장권 수입이 프로야구가 50%, J리그가 30% 정도로 아직 높은 비중을 차지하고 있다. 서양 리그에 비해 중계권료 수입이 적기 때문이다.

일본은 왜 중계권 수입이 적은 것일까? 일본도 과거에는 중계권료가 비쌌다. 1990년 즈음 저녁 황금 시간대에 프로야구 요미우리 자이언츠 경기를 중계하려면 중계료만 1억 엔에 달했다. 요즘은 홈에서 연간 72경기를 치러도 중계권 수입이 1억 엔이 채 되지 않는 구단도 있다.

　일본 TV 방송국의 콘텐츠 조달비는(NHK 제외) 최근 20년 동안 하락세를 보이고 있다. 한편 고객을 확보하는 데 혈안이 된 신규 매체의 입장에서 스포츠는 반드시 손에 넣고 싶은 콘텐츠다. J리그는 일본 유료 방송 플랫폼인 스카이퍼시픽TV와 연간 50억 엔에 중계 계약을 맺었으나 2017년부터 영국의 스포츠 OTT 기업 DAZN으로 중계처를 변경하면서 4배에 달하는 수입을 올리게 되었다. 해외 매체에 거액으로 중계권이 팔리면 스포츠 비즈니스는 한 단계 업그레이드되는 셈이다.

매체들의 몸집 키우기로 중계권 쟁탈전 과열 양상

　서양 매체들은 몸집이 커지면서 제작비나 조달비를 점점 늘리고 있는 데 비해 일본 매체들은 반대로 줄이고 있다. 미국과 일본의 매체 광고비는 1980년대까지 400억 달러로 거의 차이가 없었는데, 1990년대부터 차이가 벌어지기 시작했다.

　미국의 경우, 케이블 방송 시장이 1조 엔을 넘어서더니 2000년대 들어서는 지상파 방송 시장을 앞질렀고 위성 방송도 다양해졌다. 매체들은 인수·합병을 통해 몸집을 키웠다. 디즈니는 지상파 채널 ABC와 케이블 채널 ESPN을 인수했고, 케이블 채널 컴캐스

도표 9-6 일본과 미국 매체의 광고비 추이

일본

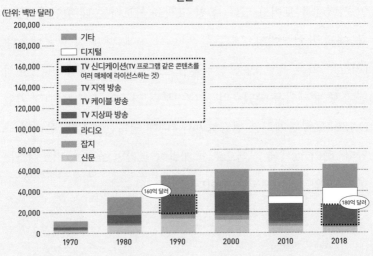

(단위: 백만 달러)

범례:
- 기타
- 디지털
- TV 신디케이션(TV 프로그램 같은 콘텐츠를 여러 매체에 라이선스하는 것)
- TV 지역 방송
- TV 케이블 방송
- TV 지상파 방송
- 라디오
- 잡지
- 신문

160억 달러
180억 달러

미국

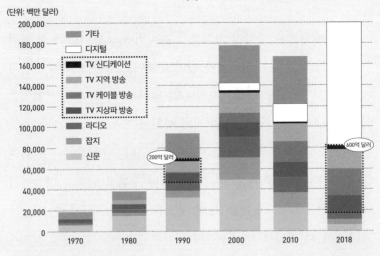

(단위: 백만 달러)

범례:
- 기타
- 디지털
- TV 신디케이션
- TV 지역 방송
- TV 케이블 방송
- TV 지상파 방송
- 라디오
- 잡지
- 신문

200억 달러
600억 달러

출처) SPEEDA.

트는 지상파 채널 NBC를 흡수하고 영화 제작사 유니버설스튜디오까지 통합하면서 5조~10조 엔 규모의 매출을 올리는 괴물 미디어 기업이 되었다.

일본은 주요 방송국이 지상에 방송 전파를 수신하는 위성인 방송위성과 통신위성을 꽉 잡고 있어 대항마가 성장하지 못한 채 매출 5,000억 엔이 되지 않는 '작은' 방송 그룹들이 규모를 축소하며 예산을 줄이고 있다.

스포츠는 국경을 초월한 콘텐츠다. 미국 매체가 전 세계로 시청자를 확대하는 과정에서도 프리미어리그나 세리에A 같은 유럽 스포츠 중계권이 큰 공을 세웠다. 시청률이 잘 나오는 스포츠는 영화나 드라마에 비해 '가성비 좋은 콘텐츠'다. 케이블 방송은 지상파 방송에서 시청자를 빼앗기 위해, OTT는 케이블 방송에서 시장점유율을 빼앗기 위해 스포츠 중계권을 획득하려고 한다. 매체들이 패권 경쟁에 나서면서 서양 스포츠의 가치는 지난 30년 동안 계속 높아졌다.

일본 콘텐츠 중에서 애니메이션 방영권료가 최근 10년간 상승한 것도 같은 맥락으로 볼 수 있다. 전 세계 사람들이 주목하는 애니메이션은 시청률이 잘 나오는 콘텐츠로서 가치가 상승했는데, 그 외에 드라마나 영화, 음악 같은 콘텐츠는 반대 양상을 보였다. 일본 스포츠도 마찬가지다.

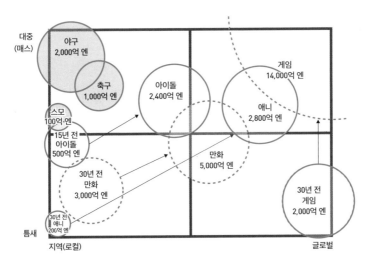

도표 9-7 일본 스포츠 및 엔터테인먼트 콘텐츠의 글로벌화

출처) 나카야마 아쓰오, 『오타쿠 경제권 창세기』, 닛케이BP, 2019.

'대중(매스)화'되었지만 '지역(로컬)'을 벗어나지 못하다

나는 저서 『오타쿠 경제권 창세기』에서 이 문제를 〈도표 9-7〉 같이 정리한 바 있다. 지난 30년 동안 애니메이션, 게임, 만화는 '매스 글로벌'한, 즉 전 세계 대중을 사로잡는 작품으로 크게 성장했다. 과거에는 일부 오타쿠만 좋아하는 틈새 장르였으나 상품화에 열심히 공을 들인 결과, 2010년대 OTT 플랫폼 시대가 되면서 해외 팬이 대거 생기고 매출이 성장했다. 그러나 야구, 축구를 비롯한 스포츠는 여전히 '대중화되었으나 지역을 벗어나지 못하는' 콘텐츠에 머물며 성장을 거듭하는 글로벌 매체에 편승하지 못하고 있다.

일본 스포츠업계는 해외 매체가 군침을 흘리는 콘텐츠가 될지, 아니면 일본 국내에서 중계권 이외의 비즈니스를 개척해야 할지 선택의 갈림길에 서 있다. 동남아 선수를 영입한 J리그는 이들의 활약을 바탕으로 시청률이 올라가며 중계 수입의 상승을 도모하는 비즈니스 모델이 어느 정도 성과를 내기 시작했다. 국내 매체에 의존하지 않는, 콘텐츠의 글로벌화가 스포츠 비즈니스의 주류로 자리 잡고 있다.

4

스포츠용품이
시장을 이끈다

'스포츠 비즈니스의 대부'가 된 아디다스, 이를 제친 나이키

지금까지 스포츠가 프로화하며 비즈니스도 확대됐음을 짚었
다. 실제로 일본의 스포츠 관련 시장은 전체적으로 10조 엔 규모
에 달하는데, 최상위 선수들의 경기조차 관전과 중계가 차지하는
비중은 채 3%가 되지 않는다. 일본 프로야구의 요미우리 자이언
츠나 소프트뱅크 호크스처럼 규모가 큰 곳도 연간 매출 200억 엔
에 불과하다. 프로축구의 경우, 비셀 고베가 100억 엔 정도다. J리
그 평균으로 보면 30억 엔 이하, 프로농구는 1부 리그인 B1의 평

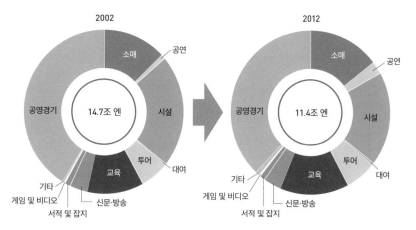

도표 9-8 **일본 스포츠 관련 시장**

2002

소매
공연
공영경기
14.7조 엔
시설
기타
게임 및 비디오
서적 및 잡지
신문·방송
교육
투어
대여

2012

소매
공연
공영경기
11.4조 엔
시설
기타
게임 및 비디오
서적 및 잡지
신문·방송
교육
투어
대여

출처) 경제산업성, 『스포츠산업의 방향성 및 활성화에 관한 조사연구사업』, 2014. '공영경기'는 경마, 경륜 등을 가리킴.

균은 6억 엔으로 전체를 합해도 300억 엔이 되지 않는다.

그렇다면 스포츠 시장은 대부분 무엇으로 구성되어 있을까? 간단히 살펴보면 2012년 기준으로 운동화·라켓·공 같은 스포츠용품 소매가 2조 엔, 경기장 등 시설 운영비 및 대여료를 포함한 시설이 2조 엔, 학교에서의 교육 및 투어가 2조 엔, 경마·경륜_{자전거의}빠르기를 겨루는 경기·경정_{보트를 저어 스피드를 겨루는 경기로, 조정이라고도 한다} 등 공영_{公營}경기가 4조 엔을 차지한다. 이들을 모두 합쳐 만들어진 일본 스포츠 시장은 지난 20년 동안 꾸준히 규모가 줄고 있다.

스포츠 시장에서 경쟁이 가장 치열한 부문은 스포츠용품이다. 양대 산맥인 미국의 나이키와 독일의 아디다스가 세계 시장에서 활발히 마케팅을 벌이고 있다. 처음에는 아디다스가 압도적으로 치고 나갔으나 곧 나이키가 따라잡았다.

1960년대에는 올림픽 금메달리스트의 80%가 아디다스 운동화를 신는다는 말이 나올 정도로 아디다스가 시장을 독점하는 양상을 보였다. 아디다스는 업계 최초로 선수에게 무상으로 운동화를 제공하는 홍보 전략을 시도했다. 1954년 스위스 월드컵 대회에서 서독이 우승했을 당시, 서독 팀 감독이 감사의 뜻으로 아디다스 창립자이자 당시 사장이었던 아돌프 다슬러를 표창식에 초대한 것도 이런 전략 덕분이었다. 이때 찍힌 사진은 올림픽 사상 유일무이한 '운동화 장인이 참가한 표창식 사진'으로 남아 있다.

일본의 아식스1949년 '오니츠카 타이거Onitsuka Tiger'라는 이름으로 운동화를 팔다가 해외 진출을 목적으로 1977년 사명을 '아식스'로 변경했다, 아식스의 미국 대리점이었던 나이키 모두 1970년대까지는 약세를 보였다. 유일하게 푸마만이 아디다스에 대항했다. 푸마는 아돌프의 동생 루돌프 다슬러가 형과 다투고 갈라서서 같은 동네의 강 건너편에 만든 브랜드다.

이렇게 시장을 독점한 아디다스가 월드컵이나 올림픽에서 위세를 떨치는 것은 당연한 결과였다. 아돌프 다슬러의 장남 호르스트 다슬러는 앞서 등장한 2020 도쿄 올림픽 조직위원회 전 이사 다카하시 하루유키와 결탁해 국제 마케팅 기업 ISL을 설립하고 스포츠 대회 광고, 스폰서, 중계 계약을 하려면 ISL을 거쳐야 하는 구조를 만들었다. ISL의 비즈니스 모델은 매출 총이익률이 90%에

이를 정도로 크게 성공했다. 호르스트는 '스포츠 비즈니스의 대부'로 불렸다.[5] 이런 관계는 현재까지 뇌물의 온상으로 작용하고 있다.

IOC 회의에서는 아디다스가 주최하는 만찬 및 환영회가 일상 다반사로 열렸고, 호르스트는 종일 위원회 멤버로서 자리를 지켰다. 조직위원회 위원들은 아디다스 계열 여행사로부터 무료 항공권을 제공받기도 했다. 1980년대 말 호르스트가 사망하자 ISL은 다슬러 가문에 계승된 뒤 확대 노선을 걷더니 2001년 경영 파탄을 맞았다. 아디다스도 유럽 생산만 고집한 결과, 1990년대에 부도 직전까지 몰리며 실적 악화에 빠졌다.[6]

이에 반해 일본에서 대만, 그리고 중국으로 공장을 이전한 나이키는 약진하면서 스포츠용품 시장 1위 자리를 차지했다. 자체 생산을 고집한 유럽과 일본 기업은 1990년대 쇠퇴의 길을 걷고, 생산은 외주를 맡긴 채 기획과 마케팅에 주력한 미국 기업(나이키, 애플 등)이 시장을 제압하는 현상이 다른 업계와 마찬가지로 스포츠용품 소매업계에도 나타난 것이다.

일본과 미국 스포츠 시장의 유일한 차이점

운동화 시장을 보면 나이키, 아디다스, 푸마뿐 아니라 일본의 아식스와 미즈노ミズノ도 세계적으로 알아주는 브랜드로 성장했다.

사실 일본과 미국 스포츠업계 사이에 절대적인 차이는 없다. GDP 가 일본의 2.6배 규모인 미국은 스포츠 시장에서도 거의 비슷한 비중을 보인다. 일본인들은 미국인들과 마찬가지로 스포츠용품을 사고 경기장에 직접 방문해 경기를 관전한다. 세계 스포츠 리그의 연간 관중 동원 수는 MLB가 7,000만 명으로 단연 1위이고, 이어서 NPB가 2,600만 명으로 2위를 차지하고 있다. MLB는 30개 팀, NPB는 12개 팀이기 때문에 구단 수로 나누면 관중 수는 비슷하다. 미국 프로농구 NBA나 영국 프로축구 프리미어리그보다 많은 수준이다. J리그의 관중 수도 세계에서 열 손가락 안에 든다.

일본과 미국 스포츠 시장의 유일하게 큰 차이점은 10배 가까이 차이 나는 팀 매출, 즉 '중계권 수입'이다. 세계적으로 7조 엔에 달하는 중계권 시장의 반을 축구가 차지하고 있는데, 그중 무려 3조 엔이 유럽의 몫이다. 그다음으로 미국 4대 스포츠 NFL, MLB, NBA, NHL(미식축구, 야구, 농구, 아이스하키)가 3조 엔을 차지한다. 이 두 영역, 두 지역에 중계권 비즈니스가 집중되어 있는 셈이다.

경마의 경우, 일본 시장은 미국의 4배 규모다. 영국이나 중동과 비교해도 자금이며 매출이며 일본중앙경마회JRA가 세계 시장을 압도한다. 민영 북메이커경마 당국에 의해 허가받은 사설 마권 취급자가 존재하지 않는 독점 사업인 덕분이지만(이는 NHK나 BBC도 마찬가지다), 1990년대에 일본의 경주마들이 해외에서 활약하기 시작한 것은 야구계의 노모 히데오, 스즈키 이치로, 오타니 쇼헤이, 그리고 축

(단위: 백만 달러)	일본	미국	배율(미국/일본)
스포츠 소매	16,670	40,657	2.4
스포츠팀 매출	3,000	25,864	8.6
그중 입장권 판매	2,843	8,089	2.8
스포츠 시설	21,148	54,052	2.6
스포츠 투어	7,419	17,428	2.3
경마(도박)	27,760	7,437	0.3
연간 GDP(단위: 십억 달러)	6,203	16,197	2.6
인구(단위: 백만 명)	127	314	2.5

출처) JETRO의 『미국 스포츠 시장 및 산업 동향 조사』(2018. 3)와 경제산업성의 『스포츠 산업의 방향성 및 활성화에 관한 조사연구사업』(2014)에서 발췌하여 저자 작성. 일본은 2010년, 미국은 2012년도 기준.

구계의 나카타 히데토시, 가가와 신지 등이 해외에서 활약하는 것과 비슷한 상황이라 볼 수 있다.[7]

　이 점은 일본 프로레슬링이 미국에 진출했을 때 나 역시 실감한 부분이다. 일본 선수가 가진 본질적인 기량은 미국이나 유럽 선수들과 비교했을 때 절대적으로 뒤처지지 않는다. 양국 스포츠 비즈니스에서 나타나는 큰 차이는 어디까지나 매체의 거대화와 중계권에서 비롯된다. 미국과 유럽에서는 거대 자본이 움직이는 스포츠 산업이 자리 잡았고, 아시아가 거기에 편승하지 못하고 있는 것일 뿐이다.

　중계권의 차이와 더불어 언급해야 할 점은 비즈니스 전문가의

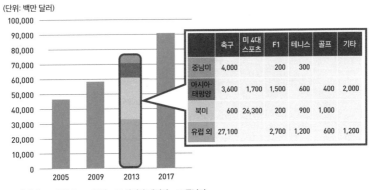

도표 9-10 **종목 및 지역별 스포츠 중계권료**

(단위: 백만 달러)

	축구	미 4대 스포츠	F1	테니스	골프	기타
중남미	4,000		200	300		
아시아·태평양	3,600	1,700	1,500	600	400	2,000
북미	600	26,300	200	900	1,000	
유럽 외	27,100		2,700	1,200	600	1,200

■ 전 세계 ■ 유럽 외 ■ 북미 ■ 아시아·태평양 ■ 중남미

출처) A.T. 커니.

차이다. MLB에는 MBA 출신을 포함해 500~600명의 비즈니스 전
문가가 있는데, NPB에는 몇 명에 불과하다.[8] 여전히 야구 관계자
로만 구성되어 있는 운영진 체계는 야구 이외의 스포츠도 마찬가
지다. 미일美日 야구계에 정통한 나미키 유타는 "기득권자의 현상
유지를 향한 고집", "변화를 둘러싼 산업계의 거부감", "상황이 다
르다는 이유로 선구자들의 지혜를 부정하는 태도"[9]를 일본 야구
구단의 경영 과제로 지적했다. 결국 원인은 대부분 조직과 사람에
게 있다. 즉, 외부 인재를 영입해 비즈니스 모델을 확립해야 한다
는 단순한 결론이 도출된다.

5

프로야구,
일본 스포츠 비즈니스의
미래

일본 최고 스포츠 비즈니스의 전환점

일본 프로스포츠의 중심은 여전히 야구다. 축구에 인기를 빼앗겼다고는 하나 연봉 1억 엔을 버는 선수가 J리그는 30명 정도고 프로야구는 100명 이상이다. 관중 수도 야구가 연간 2,600만 명으로 J리그보다 2배 이상 많다(코로나19 팬데믹 전 기준). 클럽 및 구단 수를 보면 J리그 58개, 프로농구 B리그 38개인데 NPB는 12개밖에 안 된다. 그런데도 NPB는 다른 스포츠에 비해 월등한 관중 동원력을 자랑하며 미국의 NFL, NBA, NHL보다 관중 수가 많을 정

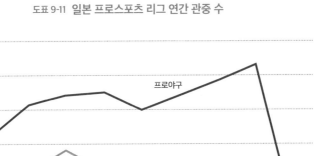

도표 9-11 **일본 프로스포츠 리그 연간 관중 수**

(단위: 백만 명)

출처) 각 리그에 발표된 수치를 참고하여 저자 작성.

도다. 결국 일본에서 스포츠 비즈니스를 논하려면 야구를 빼놓을
수 없다. 그처럼 대단한 위치를 점하는 야구지만 구단을 '비즈니스
화'해야 한다는 경영론이 도입된 지는 불과 20여 년밖에 되지 않
았다. 20세기에 프로야구팀은 모회사의 비즈니스를 위한 광고 수
단 또는 고객 확보 장치에 불과한, 적자를 내도 상관없는 존재였
다. 야구에 대해 아무것도 알지 못하는 모회사 직원이 관리자가 되
어 구단을 운영했으니 할 말 다 한 셈이다.

그러나 광고탑 또는 고객 확보 장치였던 구단의 역할이 끝나
면서 모회사의 경영이 어려워지자 더 이상 적자를 방치할 수 없

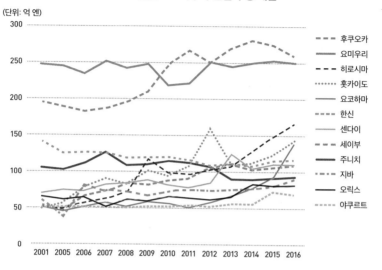

(단위: 억 엔)

후쿠오카
요미우리
히로시마
홋카이도
요코하마
한신
센다이
세이부
주니치
지바
오릭스
야쿠르트

2001 2005 2006 2007 2008 2009 2010 2011 2012 2013 2014 2015 2016

출처) 이토 아유미, 『짠돌이 히로시마, 스마트한 닛폰햄, 하나부터 열까지 특수한 자이언츠, 구단의 경영 방식을 보면 프로 야구가 이해된다』, 세이카이샤, 2017.

게 되었다. 모회사들이 잇따라 구단을 매각하면서 경영 상황이 크게 달라졌다. 후쿠오카 소프트뱅크 호크스 구단의 변천사를 예로 살펴보자. 1988년 난카이 호크스(모회사 난카이전철)에서 후쿠오카 다이에 호크스(모회사 다이에)로 바뀌었고, 2005년에는 소프트뱅크에 인수되어 매출이 170억 엔에서 270억 엔으로 뛰어올랐다. 이 외에도 오릭스 블루웨이브와 긴테쓰 버팔로스의 통합을 계기로 2004년 창단한 도호쿠 라쿠텐 골든이글스처럼 IT 기업이 모회사가 되어 대대적인 체질 개선에 착수한 사례도 있다. 요코하마

DeNA 베이스타스도 2012년 일본 게임사 DeNA에 인수되어 매출이 58억 엔에서 200억 엔 이상으로 급성장했다.

그 외에도 시민 구단으로 시작하여 마쓰다자동차가 최대 주주인 히로시마 도요 카프(매출 50억 엔→150억 엔 이상), 2024년 도쿄에서 홋카이도로 거점을 옮기고 다르빗슈 유ダルビッシュ有와 오타니 쇼헤이를 메이저리거로 키운 닛폰햄 파이터스(매출 50억 엔→150억 엔 이상)도 경영 전환에 따른 성과가 뚜렷하게 나타났다. 나머지 구단들은 지난 20년 동안 매출과 이익 모두 큰 변화가 없었다. 21세기 들어 프로야구의 TV 중계가 줄어들면서 중계권에 의지할 수 없게 되자 구단별 경영 능력의 차이가 여실히 드러난 것이다.

인기 좋은 센트럴리그, 실력 좋은 퍼시픽리그 시대는 막을 내리고, 구단 경영 경쟁 시대로 돌입

일본 프로야구계에선 '인기 좋은 센트럴리그', '실력 좋은 퍼시픽리그'라는 이중 구조가 오랫동안 이어져왔다. 양 리그로 나뉜 이유는 신문사들 사이의 경쟁 때문이었다. 1934년 요미우리 자이언츠를 창설하고 일본 프로야구 문화를 키워온 〈요미우리신문〉으로서는 전후 야구의 인기에 편승해 야구계에 진출하려는 움직임이 달갑지 않았다. 무엇보다 치열한 경쟁을 통해 1950년 겨우 어깨를 나란히 하게 된 〈마이니치신문〉의 진출(현 지바 롯데 마린스)에 거세게 반발했다. 그래서 요미우리파派인 센트럴리그와 마이니치파면서 간사이 지방 전철 회사가 중심이 된 퍼시픽리그로 나뉘게 된 것이다.

그 뒤 일본 야구계의 전설 나가시마 시게오의 활약, 1935년 창단된 한신 타이거스와 요미우리 자이언츠의 대결 구도가 마중물로 작용하면서 센트럴리그가 일본 프로야구계의 인기를 견인했다. 1980~2010년 즈음까지 남자 초등학생들이 선망하는 직업 1위가 야구 선수였다는 데서도 야구의 인기가 얼마나 대단했는지 짐작할 수 있다. 1990년대부터 순위가 급상승한 축구 선수에 따라잡힐 때까지 프로야구 선수는 부동의 1위였다.

요미우리 자이언츠 1강 시대였던 20세기 일본 프로야구계는 요미우리 자이언츠의 경기에 과하게 의존하는 경향을 보였다. 센트럴리그 소속 구단들은 요미우리 자이언츠가 자신의 홈구장에 와서 맞대결을 펼치면 황금 시간대에 TV로 중계해 1억 엔의 수입을 낼 수 있었다. 1990년 요미우리 자이언츠는 35억 엔, 한신 타이거스는 18억 엔의 중계권 수입을 올렸다(센트럴리그의 나머지 구단들도 평균 15억 엔 이상 수입을 냈다). 이에 비해 퍼시픽리그 소속 6개 구단은 중계권료를 모두 합해도 연간 3억 엔밖에 되지 않아 굿즈 판매, 라이선스 수입, 팬클럽 수입으로 구단 살림을 꾸려야 했다.

도표 9-13 일본 남자 초등학생 '장래 희망 직업' 순위

	1933	1970	1980	1990	2000	2010	2020
1위	군인	엔지니어	야구 선수	야구 선수	야구 선수	야구 선수, 심판	축구 선수, 감독
2위	의사	야구 선수	전철 관련 (운전사, 차장)	경찰관	축구 선수	축구 선수, 지도자	야구 선수, 감독
3위	상업 종사자	회사원	조종사	장난감 가게 주인	학자, 박사	게임 관련 (개발자 등)	의사
4위	교육자	조종사	연구자, 대학교수	축구 선수	목수	의사	회사원, 사무직
5위	공업 종사자	전기기사	목수	조종사	음식점 주인	학자, 연구자 등	게임 제작 관련
6위	학자	의사	의사	목수	소방관, 구급대원	스포츠 선수	유튜버
7위	정치가	자영업자	교사	의사	경찰관, 형사	농구 선수	교사
8위	회사원, 은행원	과학자	경찰관	교사	교사	경찰관, 경찰 관련	요리사
9위	기업가	건축설계사	만화가	회사원	조종사	요리사, 요리 관련	건축사
10위	공무원	만화가	축구 선수	학자, 박사	장난감 가게 주인	목수	수의사

출처) 1993년은 오사카부 중등학교 교외교호연맹이 편집한 『중등 학생 사상에 관한 조사3』(1934), 1970년은 〈아사히신문〉에 실린 「현대 아이들이 "되고 싶은 직업"」, 1980년은 『청년층 직업 생활 실태 조사 보고서』, 1990년과 2000년은 다이이치세이메이의 『어른이 되면 갖고 싶은 직업』, 2010년과 2020년은 일본FP협회 참고.

하지만 어제의 승리 요인이 오늘은 패배 요인이 되기도 하는 법이다. 2010년대 들어와 프로야구 TV 중계가 점점 줄어들자 중계권에 의지하던 센트럴리그는 급격히 빈곤해졌다. 반대로 퍼시픽리그가 공들여온 중계권 외의 수입원이 스포트라이트를 받기 시

작했다. 2007년에는 공동 출자로 퍼시픽리그 관련 SNS 및 스트리밍 서비스를 총괄하는 퍼시픽리그 마케팅 주식회사가 설립되기에 이른다. 퍼시픽리그의 SNS 구독자 수는 100만 명을 넘어섰고, TV 유료 회원 수도 7만 명을 뛰어넘었다.

퍼시픽리그 소속 구단으로 출발한 소프트뱅크 호크스(후쿠오카), 라쿠텐 골든이글스(센다이), 닛폰햄 파이터스(삿포로)는 독점적인 상권을 효과적으로 활용한 성공 사례로 꼽힌다. 북적거리는 대도시를 연고지로 둔 다른 구단들과 달리 각자의 상권에서 확고한 팬층을 구축했고, 연고지의 방송국과 연계해 제공하는 중계 방송은 높은 시청률을 기록했다. 퍼시픽리그 소속 구단들은 경기장에도 투자를 아끼지 않았다. 소프트뱅크 호크스는 총 860억 엔에 경기장을 매입했고, 라쿠텐 골든이글스는 90억 엔을 들여 경기장을 대대적으로 리모델링했다. 닛폰햄 파이터스는 600억 엔을 투입한 초대형 야구 구장 에스콘 필드 홋카이도를 2023년 3월에 선보였다.

6

스포츠 스타,
상품이 되다

일본 프로레슬링의 인기와 쇠락, 부활

격투기와 프로레슬링의 시장 규모는 야구나 축구에 비해 작은 편이다. 그러나 격투기와 프로레슬링 세계야말로 일본이 스포츠 강국이라는 증거라 할 수 있다. 프로복싱 역대 세계 챔피언은 100명이 약간 넘는데, 미국과 멕시코에 이어 일본이 세계 3위(여자는 2위)다. 레슬링 올림픽 메달리스트 수도 미국과 소련에 이어 일본이 세계 3위이며, 유도 메달리스트는 일본이 당연히 세계 1위다. 프로레슬링, 그리고 K-1과 프라이드PRIDE를 비롯한 격투기 단체들도 미국 다음으로 긴 역사를 자랑한다.

　프로레슬링은 야구와 함께 TV 보급의 한 축을 담당한 스포츠였다. 스모 선수 출신인 역도산이 서양인 레슬러에게 필살기인 가라테 촙스모와 가라테를 접목한 기술로 손날을 세워 상대의 경동맥이나 쇄골 부근을 내리친다을 날려 넘어뜨리는 장면은 패전 후 미국의 관리하에 있던 일본인들에게 카타르시스를 안겨주었다. 1963년 펼쳐진 역도산과 더 디스트로이어의 대결은 64%라는 경이적인 시청률을 기록하며 1965년 도쿄 올림픽, NHK 홍백가합전과 함께 역대 시청률 상위 5위권을 장식하고 있다.

　1960년대 후반부터 1970년대 전반에 걸쳐 어린이들에게 크게 인기를 끈 것이 무엇인지 살펴보면 프로야구팀 '요미우리 자이언츠', 스모 선수 '다이호'大鵬幸喜, 1961년부터 10년 동안 스모 대회 통산 32회 우승을 기록하며 스모 선수 최고 지위인 요코즈나에 올랐던 인물, '달걀말이' 정도를 꼽을 수 있다. 조금 앞선 시기인 TV 보급기에는 프로레슬링이 야구, 스모 같이 만인이 즐겨보는 콘텐츠였다.

　NHK방송문화연구소가 1955년 10월 조사한 결과에 따르면 '1개월 동안 자신의 의지로 가두 TV를 보러 간 사람'은 30%였는데, 그중 프로레슬링을 보러 간 비중이 80.2%, 야구 36.1%, 스모 35.4%, 영화 12.4%로 프로레슬링이 가장 인기 있는 콘텐츠였다.[10] 일본 프로레슬링 초대 커미셔너(최고 권위자)는 역도산이 맡았으며, 이후 역대 자민당 부총재가 여럿 이 자리에 취임했다.

한편, TV 방송국들은 프로레슬링 콘텐츠를 놓고 앞다퉈 쟁탈전을 펼쳤다. 1954년부터 프로레슬링 중계를 시작해 금요일 저녁 8시에 '미쓰비시 다이아몬드 아워'1958년부터 1972년까지 미쓰비시전기가 고정으로 협찬한 특정 방송 시간대를 정규 프로그램으로 편성한 니혼TV에 대항해 프로레슬링 중계 시장에 진출하려고 나선 TV아사히는 1969년부터 수요일 저녁 9시(나중에 금요일 저녁 8시로 변경됐다)에 '월드 프로레슬링'TV아사히 계열 방송국에서 방송되는 프로레슬링 중계 프로그램을 편성했다. 후일 자이언트 바바가 이끄는 전일본프로레슬링은 TV아사히와 결별한다.

TBS TV와 TV도쿄가 국제프로레슬링을 포함해 중계 방송을 개설하고, 후지TV가 전일본여자프로레슬링 프로그램을 편성하는 등 방송국들은 시청률이 잘 나오는 프로레슬링 단체를 호시탐탐 노렸다. 이 같은 분위기에 힘입어 1988년까지 프로레슬링은 황금 시간대에 중계됐다. 일본은 1980년대에 저물어간 프랑스 외 유럽 국가들의 프로레슬링 문화와 달리 격투 콘텐츠 강국으로서 유일하게 미국과 어깨를 나란히 한 시장이다. 이렇듯 인기를 구가하던 프로레슬링은 야구와 축구 같은 메이저 스포츠의 기세에 눌려 심야 중계로 밀려나면서 일반 시청자들의 눈에서 벗어나게 된다.

2000년대 후반이 되자 프로레슬링을 비롯해 모든 격투기 스포츠는 암전의 시대를 맞이한다. 2010년 전후에는 어느 단체가 해체되어도 이상하지 않을 정도로 프로레슬링업계 전체가 정체되어 있었다. 프로레슬링은 이제 '한물간 콘텐츠'라는 분위기가 대세였다. 그러다가 2012년 카드게임 회사 부시로드가 인수한 것을 계기로 신일본프로레슬링의 부활극이 시작된다. 빈사 상태였던 프로레슬링은 매출이 급속도로 회복되며 2019년 역대 최고치인 1997년의 기록을 크게 뛰어넘는 54억 엔의 매출을 기록한다. 어떻게 이같은 부활이 가능했을까? 부시로드는 3차원인 프로레슬링을 2차원적인 캐릭터 비즈니스로 탈바꿈시켰다. 더불어 레슬러들의 연예인화, 캐릭터화를 적극적으로 진행했다.

콘텐츠 가치를 급상승시킨 WWE와 UFC

미국 프로레슬링 시장에선 WWEWorld Wrestling Entertainment가 군림하고 있다. 1990년대까지 매출 100억 엔이 안 됐던 WWE는 인수에 인수를 거듭하며 경쟁자들을 흡수한 결과, 현재 매출이 1,000억 엔에 달하는 거대 기업으로 성장했다. 이벤트를 개최하면 수만 명의 팬이 몰려든다. 축구나 야구처럼 리그 전체가 아닌 한 개 회사가 초대형 비즈니스를 일궈낸 셈이다.

WWE는 구독 회원 전용 스트리밍 서비스 및 방송국 중계권 같은 '영상 활용 비즈니스'로 성장했다. 레슬러가 싸우는 시간보다 마이크를 잡고 쇼 하는 시간을 더 길게 잡는 등 '시합보다 연출'을

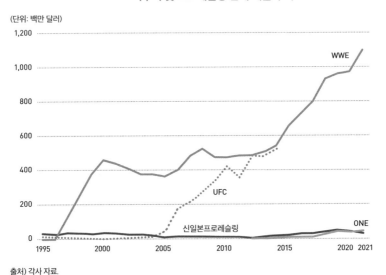

도표 9-14 **격투기 및 프로레슬링 단체 매출 추이**

(단위: 백만 달러)

WWE

UFC

신일본프로레슬링

ONE

출처) 각사 자료.

중시하면서 가능한 한 많은 시청자를 확보하려는 미국 미디어업

계의 조류에 제대로 편승한 것이다.

　그런 미국 시장에서 WWE를 추격한 UFCUltimate Fighting

Championship는 말 그대로 아메리칸 드림을 실현한 조직이다. 2001

년 주파ZUFFA가 200만 달러에 인수했을 당시 UFC는 매출 400만

달러로 적자 폭이 그리 크지 않은 단체였다. 그러나 파라마운트+

미국 지상파 방송국 CBS가 운영하는 온라인 스트리밍 서비스의 케이블 채널 스파이

크TV(현 파라마운트네트워크)로부터 중계권 계약을 제안받고 1,000

만 달러를 들여 제작한 리얼리티 쇼 프로그램 〈TUF〉MMA 유망주나 무

명 선수들을 훈련시켜 UFC에 데뷔하는 과정을 다루는 예능 프로그램이 '대박'을 터뜨리며 2005년 매출이 10배로 성장했다. 그런 UFC가 경쟁 상대로 삼은 곳이 일본으로, 프라이드(현재 종합격투기 단체 라이진RIZIN을 이끄는 시카키바라 노부유키가 사장이었다) 개최권을 7,000만 달러에 인수했다. 당시 일본 격투단체는 그만큼 가치가 높았다. UFC는 2014년 미국 스포츠 에이전시인 WME에 40억 달러라는 경이로운 가격에 매각된다. 2001년 인수 가격의 2,000배에 달하는 금액이었다.

WWE, UFC의 주요 매출은 모두 중계권료에서 발생하는데, 연간 수백억 엔에 달하는 규모다. 다른 스포츠와 마찬가지로 프로레슬링과 격투기도 2000년대 미국 미디어들의 패권 경쟁 속에서 콘텐츠로서의 가치가 급상승했다. 수천억 달러로 성장한 NFL과 NBA에 비하면 상대적으로 작은 규모이지만 2010년대 스트리밍 시대에 들어오면서 매출이 더 늘어나고 있다.

아시아에서 중계권 비즈니스에 도전하는 원챔피언십

앞에서 설명한 바와 같이 중계권 비즈니스는 유럽 축구와 미국 4대 스포츠에 편중되어 있다. 그렇다면 아시아에서는 중계권 비즈니스를 만들 수 없을까? 싱가포르에서 유니콘(미상장 상태로 시가

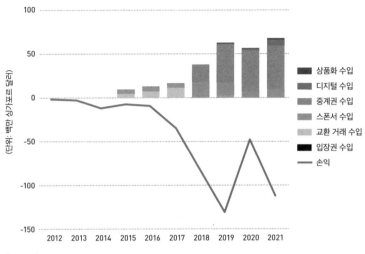

상품화 수입
디지털 수입
중계권 수입
스폰서 수입
교환 거래 수입
입장권 수입
— 손익

출처) IR 자료.

총액이 1,000억 엔을 넘은 기업)이 된 격투기 단체가 있다. 바로 원챔

피언십ONE Championship이다. 동아시아를 중심으로 사업을 전개하는

격투기 단체로 아오키 신야가 이 단체에 소속되어 활약하고 있다.

원챔피언십의 최근 10년간의 실적은 아시아에서 시작된 격투기

비즈니스의 가능성과 한계를 동시에 보여준다.

  원챔피언십이 가진 무기는 풍족한 자금과 디지털이다. 특히

3,000만 명에 달하는 페이스북(현 메타Meta) 이용자는 유럽권과 미

국권 리그를 뛰어넘는 규모여서, 페이스북 이용자가 많은 아시아

에 적합한 프로모션을 무기로 삼고 있다. 2017년 이후 입장권 수

입은 200만 달러 정도이나 폭스와 중계권 계약, 디즈니 자회사인 마블과 스폰서 계약을 하면서 중계권 수입과 스폰서 수입만으로 5,000만 달러 규모로 성장했다. 아시아 최대 격투기 단체였던 신일본프로레슬링의 매출을 제친 것이다.

디지털 노출 기회와 인지도를 확보하려면 막대한 광고비를 투자해야 한다. 원챔피언십은 코로나19 팬데믹 시대에도 광고 전략을 적극적으로 밀어붙임으로써 지출이 불어나 누적 적자가 4억 달러에 달했다. 하지만 중요한 사실은 영업이익률이 마이너스 200%나 될 정도로 적자를 떠안게 되었어도 원챔피언십의 인지도는 전 세계적으로 높아졌고 시가총액도 계속 늘어나 추가 자금 조달이 원활히 이루어지고 있다는 점이다.

원챔피언십이 이렇게까지 속도를 내는 이유는 최종 목표가 WWE와 UFC이기 때문이다. 광고 단가가 낮은 아시아를 중심으로 비즈니스를 해나가다 보니 수백억 엔에 달하는 중계권 수입은 아직 감히 기대할 수조차 없다. 그러나 중국 등 동아시아에서 스포츠 판권 매출이 급증한 것처럼 현재 유럽, 미국 중심인 중계권 독점 양상도 언젠가 아시아 퍼스트 시대로 확연히 바뀔 것이다. 원챔피언십이 노리는 게 바로 이 부분이다.

매체와 중계권을 중점으로 보면 할리우드와 함께 영상 콘텐츠를 전 세계로 유통하는 구조를 만든 북미 매체의 존재감은 압도적이다. 이에 대항해 중국은 자국 최대 IT 기업 텐센트와 숏폼 동영상 플랫폼 틱톡 등 'GAFAM'미국 5대 IT 기업인 구글·애플·페이스북·아마존·마이크로소프트의 첫 글자를 따서 만든 용어에 대적할 만한 매체를 동원해 음악, 영상 같은 콘텐츠를 일상화하는 데 성공했다. 한국도 네이버와 카카오의 적극적인 공세에 힘입어 드라마와 음악 등 K-문화를 세계 곳곳에 전파하며 미국, 중국과 어깨를 나란히 하고 있다.

일본은 야구 선수 스즈키 이치로와 오타니 쇼헤이처럼 선수들은 해외에서 큰 성과를 올리고 있으나 미디어 비즈니스는 뒤처진 상태다. 과연 일본 스포츠 비즈니스는 원챔피언십처럼 서양형 비즈니스 모델 노선을 걷게 될지, 아니면 애니메이션처럼 서양에 팔리는 양질의 콘텐츠를 제공하게 될지 궁금하다. 만들어놓은 '최고'의 작품을 '최대'로 실현하는 길은 험난하기만 하다.

에필로그

엔터테인먼트는 늙지 않는다

크리에이터, 미래 산업의 엔진

프롤로그에서도 이미 이야기했지만, 미국과 비교할 때 일본은 엔터테인먼트 산업을 육성하는 데 학문적으로나 행정적으로나 뒤처져 있는 게 사실이다. 하지만 막상 자세히 들여다보면 다양한 분야의 성공작과 훌륭한 비즈니스 모델도 많다. 지금까지 일본, 때로는 해외도 포함해서 공연예술, 영화, 음악, 출판, 만화, TV, 애니메이션, 게임, 스포츠 분야에서 50~100년간 금자탑이 된 작품, 창작자, 기업, 소비 형태와 미디어의 변화에 관해 살펴봤다. 엔터테인먼트는 하향식으로 시작된 산업이 아니다. 여기저기에서 자연적으로 발생하더니 어느새 상향식으로 발전했다. '또 다른 망둥이'를 노리는 야심만만한 크리에이터들이 한 사람의 우연한 성공을 모방하고, 그것이 차츰 엔진이 되어 산업 전체를 거침없이 회전시켰다. 하지만 어느덧 역사가 쌓이면서 대기업이 난립하는 성숙기로 들어서자 환경의 변화가 위협으로 바뀌면서 수동적으로 방어만 하는 상황이 되었다.

크리에이터 개인의 입장에서 보면 환경의 변화는 위협이라기보다 오히려 기회다. 특히 작가, 만화가, 뮤지션 등은 주로 적은 인원으로 작품을 창조하기 때문에 산업이나 기업이 지닌 조직적 제약에 얽매이지 않고 창조적인 피벗(방향 전환)을 능숙하게 되풀이해왔다. 이를테면 뮤지션은 전쟁 후에는 공연예술 출연료가 기본 수입이었지만, 레코드와 CD가 등장하면서 로열티 장사로 바뀌었고, TV가 전성기를 맞은 1980~1990년대가 되자 TV 광고가 큰 수입원이 되었으며, 스트리밍을 통한 몫이 적어지자 즉시 콘서트 상품 로열티로 방향을 틀었고, 코로나19 팬데믹 상황에서는 유튜브나 라이브 방송의 후원금 수입을 기대하게 되었다. '재미있는 것을 만들고 싶다'는 크리에이터로서의 감각과 '매끄럽게 전달하고 수입을 얻을 수 있는 비즈니스 모델을 구축하고 싶다'라는 프로듀서로서의 감각을 겸비한 명민한 이들은 시대에 발맞춰 유연하게 제작 방식과 전달 방식을 수정했다. 한마디로 이런저런 시행착오가 우연한 성공을 낳으며, 그것이 미래의 산업 엔진 형태를 결정지은 게 오늘날 엔터테인먼트 산업의 특징이다.

결코 멸종하지 않는 산업

엔터테인먼트 산업의 역사를 들여다보면서 얻을 수 있는 교훈은 어떤 모델도 '멸종'에 이르지 않는다는 사실이다. 노와 가부키가 유행했던 수백 년 전에는 공연예술을 지원하는 스폰서의 존재가 반드시 필요했다. 요즘으로 치면 이 스폰서는 쉽게 말해 브이튜버의 관심을 끌기 위해 후원금 기능인 슈퍼챗을 마구 보내는 시청자들과 다를 바 없다. 10년 전에는 아이돌 사진 촬영회에서 최대한 본전을 뽑을 수 있는 시스템에 지갑을 열던 사람들이, 지금은 라이브 채팅에서 기프트 아이템을 구입해 대화 사이사이에 뿌리고 있다.

그것이 적절한지 여부와는 상관없이 배우와 가까워질 수 있다면 기꺼이 금전을 지원하는 팬은 에도 시대부터 수백 년 동안이나 존재해왔다. 다만 형식이 바뀌었을 뿐이다. 수백 년간 이어진 '후원금'의 역사는 2020년대 들어 다시 활성화되고 있다.

2010년대에는 라이브 시장이 크게 성장했다. "인터넷 세계가 도래하면 언제 어디서든 같은 콘텐츠에 접속할 수 있다. 언어의 장벽조차 없이 전 세계 콘텐츠를 언제든 즐길 수 있게 된다면, 지금까지 존재했던 엔터테인먼트는 사라져버릴지도 모른다." 인터넷 여명기인 1990년대에는 실제로 이런 우려가 제기됐다. "무료 음원을 주고받는 시대가 온다면 아무도 라이브 공연에 가지 않을 것이고 CD도 사지 않을 것이다. 그렇게 된다면 인터넷에 의해 음악 산업 자체가 붕괴할 것이다"라고 말했다. 하지만 막상 뚜껑을 열어보니, 인터넷 세계가 가져다준 것은 '라이브의 가치 재발견'이었다. 일본 동영상 사이트 니코니코동화에서 다양한 '사건'이 일어난 것은 라이브 공간에서 사람들과 동기화해 똑같은 열광의 소용돌이 속에 있었기 때문이다.

단카이 세대, 엔터테인먼트를 키우다

지금의 엔터테인먼트는 단카이 세대와 함께 성장했다. 이 또한 역사를 훑어보면 드러나는 사실이다. 엔터테인먼트가 '소비'를 최우선으로 했던 최근 반세기 동안, 미디어와 콘텐츠는 늘 구매력의 볼륨 존중산층을 의미하는 일본의 마케팅 용어인 1947~1949년생 '단카이 세대'를 의식하면서 성장해왔다.

『주간 소년 매거진』은 1967년까지 14세(중학교 2학년) 이하 독자가 전체의 80%에 이르렀는데, 1969년이 되자 20%가 되었다. 단카이 세대가 고등학생·대학생이 되고서도 그대로 독자로 남은 것이다.

대여 만화의 역사가 1953년에 시작되어 1968년에 끝난 것 역시 단카이 세대의 소비 행동 변화와 궤를 같이한다. 일주일마다 돌아오는 TV 프로그램과 주간 만화 잡지 때문에 '일주일을 기준으로 동일 콘텐츠를 계속 소비한다'는 습관이 구축되자, 그 틈을 메우던 대여 만화가 진부해지고 만 것이다.

단카이 세대의 청춘기에 보급된 TV는 아이돌을 탄생시키고 하루아침에 뮤지션과 기타 붐을 만들어냈으며, 예능사무소는 레코드·LP라는 기술과 원반 인세라는 비즈니스 모델의 발명품을 이용해 음악과 뮤지션을 양산해나갔다.

전쟁 전에 "돈벌이용 스포츠는 더럽다"라며 멸시받던 프로야구는 '요미우리 자이언츠 대 한신 타이거즈'라는 새로운 구도를 통해 단카이 세대를 TV의 포로로 만들었다. 전일본과 신일본으로 파가 나뉜 프로레슬링 역시 비슷한 구도를 보여주었다.

〈우주소년 아톰〉에서 〈울트라맨〉에 이르기까지 로봇과 SF가 보여준 '과학의 미래'는 〈우주전함 야마토〉와 〈기동전사 건담〉으로 발전하면서 완구와 애니메이션 붐을 일으켰다. 인베이더 게임은 일본 전국에 50만 대라는 전대미문의 보급량을 기록하며 '사회의 퇴폐'라고 야유받기도 했지만, 가정용 게임으로 이어지는 1세대 게임의 기반을 굳히고 전자 대국 일본이 자랑할 만한 산업을 만들어냈다.

단카이 세대는 그 이전 세대가 맛본 '극장에서 영화관으로'라는 붐을 경험하지 않았다. 이들은 손쉽게 TV로 갈아탔으며, 극장과 영화는 전쟁 전부터 존재하던 오래된 팬과 함께 쇠퇴해갔다.

1970년대에 도호, 도에이, 쇼치쿠밖에 살아남지 못했던 영화 산업이 재구축될 수 있었던 것은 '신흥 세력'인 가도카와쇼텐, 도쿠마쇼텐 등 출판업자가 영화 사업에 뛰어든 데다 영화관이 애니메이션과 TV, 출판 등 다른 산업을 끌어들여 '사람들을 모으는 라이브 시청 공간'으로서의 기능을 갖게 되었기 때문이다.

놀아본 세대가 놀 줄 아는 세대를 낳는다

일본은 미국의 뒤를 이어 GDP 세계 2위인 '소비 대국'이다. 따라서 일본 엔터테인먼트 산업의 동향은 세계적인 영향력을 갖고 있다고 할 수 있다. 1970~1980년대 염가 일본 애니메이션, 특히 SF물은 미국뿐만 아니라 전 세계에서 소비되었다. 일본 영화 산업과 마찬가지로 쇠락의 늪에 빠져 있던 미국 영화계에서 할리우드를 부활시킨 것은 〈스타워즈〉다. 〈스타워즈〉로 인해 SF 붐이 일었는데, 난처하게도 미국에는 달리 이렇다 할 SF 상품이 없었다. 그 결핍을 메우는 원천이 된 것이 〈마징가 Z〉에서 〈독수리 오 형제〉까지 일본에서 양산되었던 1960~1970년대 SF 애니메이션이었다.

그래서 (당시에는 일본 상품이라는 사실을 모른 채 소비되곤 했지만) 북미와 아시아 영화업계, 게임업계, 완구업계에는 놀랄 만큼 일본

SF의 영향을 받은 크리에이터가 많다. 그리고 그들이 지금의 엔터테인먼트 산업을 이끌어가는 선두 주자인 경우도 많다. 21세기 들어 일본의 오래된 캐릭터물이 할리우드에서 종종 리메이크되곤 하는데, 그 배경에는 어릴 적 일본 콘텐츠에 푹 빠졌던 크리에이터들이 있다.

단카이 세대가 TV, 주간지, 만화 주간지를 길러내고, 단카이 주니어가 게임과 애니메이션을 길러냈다. 단카이 세대가 그만한 엔터테인먼트를 경험하지 않았다면, 단카이 주니어 또한 엔터테인먼트를 마음껏 소비하는 일에 '어른의 이해'를 얻을 수 없었을 것이다. 단카이 주니어 또한 자식 세대인 Z세대가 틱톡과 유튜브, 게임 실황과 브이튜버를 성장시키는 과정을 나름대로 따뜻한 시선으로 지켜봐주는 것 같다. 엔터테인먼트의 경험치는 자식 세대에게도 그대로 영향을 미치며 풍요로운 산업 엔진을 돌리는 하나의 톱니바퀴가 된다.

어느 시대든 대히트작은 있게 마련이지만, 1960~1980년대의, 현재의 2배가 넘는 '젊은이'가 엔터테인먼트를 미친 듯 탐닉하던 열광의 시기는 두 번 다시 돌아오지 않을 것이다. '구입하고 소비하게 한다'라는 전제 아래 일본 엔터테인먼트의 황금기를 되돌리는 것은 아무리 애를 써도 불가능하다. 그렇다면 자연스럽게 일본 엔터테인먼트를 보고 자란 해외 사용자를 향해 뻗어나가는 것밖에 달리 방법이 없다는 결론이 나온다.

제품이 아니라 마케팅을 바꿔야 한다

하지만 해외로 눈을 돌리려고 할 때, 일본의 높은 장인 정신과 언어, 문화의 벽으로 보호되던 폐쇄성은 '팔러 가는' 마켓인market-in 전략소비자가 필요로 하는 물건을 먼저 제공하는 전략과 궁합이 좋지 않다. 이렇게나 인종·언어·문화·성별이 동질적인 팀이 하나의 작품을 끊임없이 파고들며 창조하는 형식은 다른 국가에서는 유례를 찾아볼 수 없다. 그러나 구성원들이 대부분 30~70대 남성인 일본인 집단에서 만들어낸 애니메이션이 전 세계에서 인기몰이하는 모습을 우리는 보고 있다. 다른 나라 스타일을 쓸데없이 모방해서 창조적인 팀을 비창조적으로 해체해버릴 필요는 없다.

2023년 현재 일본은 재미있는 크리에이터와 작품이 이미 해외에서도 충분한 사랑을 받으며 풍요롭게 태어나는 비옥한 토양을 갖고 있다. 사용자 또한 그에 힘을 보태고 있다. 또 하나의 크리에이터나 다름없는 팬을 바탕으로 한 '최애 문화'는 크리에이터와 작품을 동시에 전파하며 성장시키는 희소한 엔진이다. 동남아시아 국가들을 방문해보면, '바야흐로 아이돌 시대!'라며 빛나는 성장세를 보이다가도 몇 년 뒤에는 모두 브이튜버가 돼 있곤 한다. 소비와 성장이 좋은 시장이라고 해서 반드시 무언가를 창조하기 쉬운 토양인 것은 아니다.

오히려 수치상으로는 한참 정체돼 있는 일본이, 보컬로이드와 니코니코동화의 사례에서 볼 수 있듯 독자성이 높은 산업을 구축할 수도 있다. 일본은 지속가능한 소비와 창조를 배양해 일시적일지언정 언제나 성장하는 수단을 지닌 특이한 토양이다. 이런 균형을 무너뜨리는 것은 어쨌든 바람직하지 않다.

해외를 목표로 할 때 바꿔야 할 것은 '제품'이 아닌 '마케팅'이다. 가전, 반도체, 자동차처럼 가정용 게임 등 하드웨어와 콘텐츠가 하나로 엮여 있던 시대에는 일본에 유리한 점이 있었다. '제품'을 만들어내는 능력은 지금도 여전히 그 뛰어남을 인정받고 있다. 하지만 디지털 플랫폼이 석권한 세상에서, 최근 20년간 세계 시장에서 일본의 부족한 마케팅 능력이 여실히 드러나고 있다. 바로 만드는 것은 잘하지만 파는 것은 상사나 대리점에 맡긴 채 수수방관하는 모습이다. 엔터테인먼트 산업에 부족한 것은 '제품' 사용자가 누구인지, 어떤 프로세스로 전달할지, 어떤 형식으로 돈을 내게 할지 등 말하자면 기본적인 마케팅 방법이다.

일본의 많은 대형 엔터테인먼트 기업에서 절망적일 정도로 해외 소비자에 대한 이해가 부족한 경우를 가끔 본다. 경영기획부나 마케팅부에 제작과 판매 방법을 포함해 정기적으로 커뮤니케이션할 소통 채널조차 없는 경우도 종종 있다. 영어를 구사할 수 있는 사원 몇 명을 모아둔 로컬라이즈팀이 '해외사업부', '해외전략부'라는 식으로 간판을 바꿔 달았지만, 모두의 기대를 한 몸에 안고 배치된 부장이 정작 영어를 못하는 데다 해외 근무 경력이 없는 경우도 드물지 않다.

"이거, 해외에서도 팔아봐"라는 식으로 말하며 제품을 내놓고는 일본어에 능숙한 해외 대리점에 거의 독점적으로 '늘 거래하던 가격'에 떠맡기듯 일임한다. 막상 "해외에서도 인기몰이를 한다"는 말을 들어도 이런저런 것들이 공제된 라이선스료라는 최종 숫자밖에 보지 못한 채 기업설명회IR에서는 "해외 매출 사상 최고!"라고 강조하면서도 "북미가 아니라 아시아에서 팔린다"는 것 이상의 분석을 하지 못하는 경우도 있다. 현장의 독촉에 떠밀려 2~3개월 동안 현지 대리점과 도매상에서 데이터를 모아 번역해도, 점포별로 무수한 세부 항목으로 쪼개진 데이터 뭉치로는 '늘어나고 있다' 이외의 분석이 나올 리 없다. 1980년대의 플라자 합의 후 해외 매출을 늘려나간 일본 제조사의 마케팅 조직에서 보면 놀랄지도 모른다.

게임, 애니메이션, 만화가 해외 시장을 개척하는 데 있어 강력한 무기라는 점에는 이견이 없을 것이다. 그렇다면 어떻게 도매와 소매를 연결하고 마케팅으로 제품의 잠재성을 넓혀나갈 수 있을까. 반대로 말하자면, 마케팅 능력이 절대적으로 부족한 현 상황에서 이만큼 널리 침투했다는 사실은 "무엇이든 할 수 있다(The sky is the limit)"는 일본 엔터테인먼트의 끝없는 잠재력을 증명해주는 것이 아닐까 하는 생각도 든다.

이 책을 통해 창조적 프로세스에 참가하는 크리에이터가 앞으로 더욱 늘어나길 바라지만, 그보다 더 중요한 것은 비즈니스 개발과 마케팅을 할 수 있는 인재가 엔터테인먼트업계에 더 많이 모이고 성장해나가는 일이다. 그러한 바람으로 이 책을 집필했다.

서로 공생하는 미디어와 콘텐츠

"문화란 입구와 출구에서 탄생한다"라는 말이 문득 떠오른다. 인간은 다른 생물과 똑같이 '하나의 관'으로 이루어진 존재로, 먹고 싸는 생물이다. 하지만 다른 생물과 어떻게 다른지 강조하고자 '문화'라는 얇은 옷으로 열심히 위장하는 것이 바로 이 '입구(먹을 때)'와 '출구(쌀 때)'라는 외부 세상과의 접촉점이다. 식사와 배설과 섹스는 인간이 동물에 가장 가까워지는 순간이다. 그것을 어떻게 장식할지는 인간 사회가 가장 깊이 감추면서도 가장 강하게 관심을 보이는 부분이다. 그래서 식사 예절부터 화장실 매너, 방중술에 이르기까지 인간 사회는 입구와 출구를 세련되게 만드는 방법을 지극히 고도의 '문화적 행위'로 자리매김하며 '인간다움'이라는 아이덴티티를 확립해왔다.

국가와 사회를 신체라고 간주할 때, 입구·출구와 가장 가까운 산업 중 하나가 '엔터테인먼트' 아닐까. 신문·출판이라는 미디어는 16세기 영국의 '국가화'와 함께 일반화되었는데, 세상의 위정자들이 분서갱유를 하거나 신문을 완전한 허가제로 만들고자 했던 것은 미디어가 사회의 입구와 출구를 사람들에게 알릴 위험을 내포하고 있었기 때문이다.

역사상 최초의 신문은 고대 로마의 카이사르에 의해 발행됐다. 전쟁으로 유린된 지역의 사건, 신기한 이야기, 모험담 등 '입구'가 위장된 모습으로 그려지면서 사람들의 마음을 장악하고 로마 제정을 강고하게 만드는 등 사회에 공헌했지만, 반대로 카이사르의 불륜 가십이라는 '출구' 또한 그려지기도 했다.

'미디어'는 국가원수와 같이 사람들의 주목을 받는 스타의 가십이라는 '콘텐츠' 덕에 성장하며, 사회의 입구·출구에 자리 잡는 제3의 권력이 된다. 신문기자든 편집자든, 규제가 강한 시대·국가에 살면서도 기사를 써내는 매력에는 저항하지 못했다. 투옥될 위험까지 있었던 시대에 왜 목숨을 걸고 권력자의 신변을 밝히고자 했을까. 옛날에는 정치가, 지금은 연예인. 어째서 스타는 위험을 부담하면서까지 미디어와 더불어 가려고 하는 걸까. 그것이 '엔터테인먼트의 매력'이다. 사람들은 국가·사회·문화가 어떻게 성립하고 어떻게 저물어가는가에, 깊이 감춰진 입구와 출구에 끝없는 흥미를 느낀다. 그 흥미를 단번에 사로잡고 스타성을 연출해주는 것이 바로 미디어다.

콘텐츠는 미디어의 힘으로 성립하고, 미디어는 콘텐츠의 힘으로 성장해간다. 서로 공생하는 미디어와 콘텐츠, 바꿔 말하자면 미디어와 콘텐츠와 크리에이터, 다시 바꿔 말하자면 사용자와 미디어와 크리에이터에 의한 이 '엔터테인먼트의 트라이앵글'은, 사회의 인프라라고 말하기는 어려운 비실질성을 가지면서도 사실상 늘 인간 사회와 나란히 달려왔다.

새 시대의 징조가 되다

신문과 잡지는 그때그때 사서 읽는 모델에서 정기구독 모델로 변화했고, 극장과 공연장 등 무대예술도 입장료를 받는 모델을 유지하면서도 CD와 상품 판매, 팬클럽 등 '공연 외'의 수익을 추구하는 모델을 연구했다. 온 일본에 방송망을 확립하고 무료 방송 모델을 만든 라디오와 TV는 높은 시청률을 이용해 광고만으로 수조 엔 규모의 시장을 형성했으며, 가십의 쓰레기장 같던 인터넷 세계도 검색 엔진과 SNS에 의한 적절한 흥미 광고 모델로 이행하면서 드디어 무료로도 성립하는 비즈니스 모델이 확립됐다.

흥미 본위면서 비실질적인 것이기 때문에 엔터테인먼트 산업의 비즈니스 모델을 구축하는 과정은 무척 전위적이고 실험적이었다. 이 실험이 선행함으로써 기술적 혁신이 있을 때마다 사용자가 어떻게 변화하는지 다른 산업은 천천히 수용하고 그에 맞춰 자신을 조정해나갈 수 있었다. '엔터테인먼트 산업의 카나리아'인 음악 산업이 이전에 받았던 충격을 보면서, 다른 엔터테인먼트 산업을 비롯해 중후장대 산업重厚長大, '무겁고, 두껍고, 길고, 큰 것'이라는 의미로 철강, 화학, 자동차, 조선 등의 제조업을 가리킨다까지도 새 시대의 징조를 파악했다. 한마디로 엔터테인먼트는 사회의 입구·출구에 항상 나타나는 '산업의 양식미'라고 할 수 있다.

나 또한 엔터테인먼트의 매력에 사로잡힌 한 사람으로, 이 비실질적이고 비생산적이며 '미적지근한' 시선이 쏟아지기 일쑤인 산업의 실로 매우 실험적이고 전위적인 특성을 공명정대하게 전달하는 산업 전체의 대변자가 되고 싶다고 생각할 뿐이다.

이 책은 비즈니스 영상 미디어를 운영하는 피벗PIVOT에 연재된 『엔터테인먼트 비즈니스 대전』을 바탕으로 쓰였다. 2022년 4월에 시작해 이 책에 수록한 게임, 영화, 출판, 공연예술, 음악, TV, 애니메이션, 만화, 스포츠, 나아가 테마파크, 완구를 테마로 거의 1년간 글을 연재했다. 앞으로도 기업 중심, 시장 중심(일본·북미·아시아 등) 등 다양한 기준으로 다층적으로 파고들어 내 필생의 작업을 집대성한 형태로 계속 증보판을 출판하고 싶다. 창작의 장을 마련해 준 사사키 노리히코, 우에다 마오에게 깊은 감사를 전한다.

2023년 2월
나카야마 아쓰오

본문의 주

프롤로그

1 　필리프 아리에스Philippe Aries, 스기야마 미쓰노부杉山光信·스기야마 에미코杉山惠美子 역,
『'아동'의 탄생: 앙시앵 레짐 시기의 어린이와 가족 생활'子供'の誕生—アンシァン·レジーム期の
子供と家族生活』, 미스즈쇼보, 1980.

2 　로런스 레비Lawrence Levy, 이노쿠치 고지井口耕二 역, 『픽사: 세계 제일의 애니메이션
기업의 지금껏 알려지지 않았던 돈 이야기PIXAR-世界一のアニメーション企業の今まで語られなかった
お金の話』, 분쿄샤, 2019.

3 　https://www.cgarts.or.jp/report/rep_sin/rep0223.html.

1장 공연예술

1 　마스다 쇼조增田正造, 『제아미의 세계世阿彌の世界』, 슈에이샤, 2015.

2 　오자와 쇼이치小澤昭一, 『나는 딴따라, 생각하다私は河原乞食·考』, 이와나미쇼텐, 2005.

3 　야스오카 쇼타로安岡章太郎, 『대세기말 서커스大世紀末サーカス』, 아사히신문, 1984.

4 　마스다 슌야增田俊也, 『기무라 마사히코는 왜 역도산을 죽이지 않았을까木村政彥はなぜ力
道山を殺さなかったのか』, 신초샤, 2011.

5 　나카가와 유스케中川右介, 『쇼치쿠와 도호, 흥행을 비즈니스화한 남자들松竹と東寶　興行を
ビジネスにした男たち』, 고분샤, 2018.

6 　이케다 준池田純, 『최강 스포츠 비즈니스 넘버 스포츠 비즈니스 칼리지 강의록最強のス
ポーツビジネス Number Sports Business College講義録』, 분게이슌주, 2018.

7 　다카하시 긴지로高橋銀次郎, 『쾌남! 일본 엔터테인먼트의 여명기를 지탱한 남자快男兒!
日本エンタメの黎明期を支えた男』, 닛케이BP, 2020.

8 　사사야마 게이스케笹山敬輔, 『흥행업자 열전, 사랑과 배신의 근대 예능사興行師列傳 愛と裏
切りの近代藝能史』, 신초샤, 2020.

9   후지타 도시오藤田敏雄, 『뮤지컬 좋아하나요? 일본인과 뮤지컬ミュージカルはお好き? 日本人と
    ミュージカル』, NHK출판, 2005.

10 루돌프 줄리아니Rudolph Giuliani, 니레이 고이치楡井浩一 역, 『리더십leadership』, 고단샤,
    2003.

11 이노우에 가즈마井上一馬, 『브로드웨이 뮤지컬ブロードウェイ·ミュージカル』, 분게이슌주, 1999.

12 요네야 나오코米屋尚子, 『연극은 직업이 될까? 연극의 경제적 측면과 미래演劇は仕事にな
    るのか? 演劇の經濟的側面とその未來』, 알파베타북스, 2016.

13 도모토 고이치堂本光一, 『엔터테이너의 조건エンタテイナーの條件』, 닛케이BP, 2016.

2장 영화

1   주조 쇼헤이中條省平, 『프랑스 영화사의 유혹フランス映畫史の誘惑』, 슈에이샤, 2003.

2   난바 도시조難波利三, 『웃음으로 천하를 손에 쥔 남자: 요시모토 왕국의 지도자笑いで天
    下を取った男 吉本王國のドン』, 지쿠마쇼보, 2017.

3   팀 우·Tim Wu·사이토 에이이치로齊藤榮一郎 역, 『마스터 스위치The Master Switch』, 아스카
    신샤, 2012.

4   가스가 다이치春日太一, 『의리 없는 일본 침몰仁義なき日本沈沒』, 신초샤, 2012.

5   군지 사다노리軍司貞則, 『나베프로 제국의 흥망ナベプロ帝國の興亡』, 분게이슌주, 1995.

6   키네마준포 영화총합연구소キネマ旬報映畫総合研究所 편, 『일본 영화의 국제 비즈니스日本
    映畫の國際ビジネス』, 키네마준포샤, 2009.

7   사토 마사아키佐藤正明, 『태양은 다시 떠오른다: 영상 미디어의 세기陽はまた昇る 映像メディ
    アの世紀』, 분게이슌주, 2002.

3장 음악

1   모리 마사토森正人, 『대중음악사 재즈, 록부터 힙합까지大衆音樂史ジャズ、ロックからヒップ·ホップ
    まで』, 주오코론신샤, 2008.

2   쇼바야시 마사유키正林眞之, 『가난한 모차르트와 부자 푸치니貧乏モーツァルトと金持ちプッチー
    ニ』, 선라이즈퍼블리싱, 2018.

3   에노모토 미키로榎本幹朗, 『음악이 미래를 데려온다音樂が未來を連れてくる』, DU BOOKS,
    2021.

4   사토나카 데쓰히코里中哲彦, 『첫 아메리카 음악사はじめてのアメリカ音樂史』, 지쿠마쇼보,
    2018.

5   히가시 미치오東理夫, 『엘비스 프레슬리: 세상을 바꾼 남자エルヴィス・プレスリー 世界を變えた男』, 분게이슌주, 1999.

6   우라히사 도시히코浦久俊彦, 『138억 년의 음악사138億年の音樂史』, 고단샤, 2016.

7   〈도요게이자이東洋經濟〉 온라인, 「엔터테인먼트계의 신이 말하는 '역추세 매매 성공론'エンタメ界の神樣が語る『逆張り成功論』」, 2014년 7월 9일.

8   군지 사다노리軍司貞則, 『나베프로 제국의 흥망ナベプロ帝國の興亡』, 분게이슌주, 1995.

9   호시노 요헤이星野陽平 『연예인은 왜 점점 밀려날까?藝能人はなぜ干されるのか?』, 로쿠사이샤, 2014.

10   오타니 요시오大谷能生 외, 『쟈니스 연구! 쟈니스 문화론ジャニ研! ジャニーズ文化論』, 하라쇼보, 2012.

11   마쓰우라 마사토松浦勝人, 「진상. 매출의 70%를 차지하는 고무로 데쓰야의 '결별'眞相. 賣り上げ7割を占める小室哲哉との『決別』」, 〈뉴스픽스 이노베이터스 라이프Newspicks Innovetors Life〉, 2018년 7월 9일.

12   SPEEDA.

13   에노모토 미키로榎本幹朗, 『음악이 미래를 데려온다音樂が未來を連れてくる』, DU BOOKS, 2021.

14   스벤 칼손Sven Carlsson・요나스 레이욘휘부드Jonas Leijonhufvud, 이케가미 아키코池上明子 역, 『스포티파이, 새로운 콘텐츠 왕국의 탄생Spotify 新しいコンテンツ王國の誕生』, 다이야몬도샤, 2020.

4장 출판

1   휴먼미디어ヒューマンメディア, 『일본과 세계의 미디어 콘텐츠 시장 데이터베이스日本と世界のメディア×コンテンツ市場データベース』.

2   오다 미쓰오小田光雄, 『출판업계의 위기와 사회 구조出版業界の危機と社會構造』, 론소샤, 2007.

3   마스다 히로미치增田弘道, 「미국 만화 시장은 일본의 10분의 1, 세계의 만화 시장을 살펴보다」, ITmedia 비즈니스 온라인 2012년 9월 12일, https://www.itmedia.co.jp/makoto/articles/1209/12/news013.html.

4   모토키 마사히코元木昌彦, 『주간지는 죽지 않고週刊誌は死なず』, 아사히신문출판, 2009.

5   오노 시게루大野茂, 『선데이와 매거진サンデーとマガジン』, 고분샤, 2009.

6   니시무라 시게오西村繁男, 『안녕, 내 청춘의 『소년 점프』さらば, わが青春の「少年ジャンプ」』, 겐

토샤, 1997.

7 사토 다쓰오佐藤辰男, 『KADOKAWA의 미디어믹스 전사: 서브 컬처의 창조와 발전
KADOKAWAのメディアミックス全史 サブカルチャーの創造と發展』, KADOKAWA, 2021.

8 가도카와 하루키, 『우리 투쟁わが鬪爭』, 가도카와하루키사무소, 2016.

5장 만화

1 프레데릭 L. 숏Frederik L. Schodt, 히구치 아야코樋口あやこ 역, 『일본 망가론: 일본 망가에
빠진 미국인의 열혈 망가론ニッポンマンガ論 日本マンガにはまったアメリカ人の熱血マンガ論』, 마루샤,
1998.

2 오쓰카 에이지大塚英志, 『전후 만화의 표현 공간: 기호적 신체의 속박戰後まんがの表現空間
記號的身體の呪縛』, 호조칸, 1994.

3 지바 데쓰야, 『지바 데쓰야가 말하는 '지바 데쓰야'ちばてつやが語る「ちばてつや」』, 슈에이
샤, 2014.

4 데즈카 마코토手塚眞, 『데즈카 오사무: 알려지지 않은 천재의 고뇌手塚治蟲 知られざる天才
の苦惱』, 아스키 미디어웍스, 2009.

5 데즈카 오사무, 『전부 데즈카 오사무!ぜんぶ手塚治蟲!』, 아사히신문사, 2007.

6 데즈카 오사무, 『전부 데즈카 오사무!』, 아사히신문사, 2007.

7 다케미야 게이코竹宮惠子, 『소년의 이름은 질베르少年の名はジルベール』, 쇼가쿠칸, 2016.

8 시모쓰키 다카나카霜月たかなか, 『코믹 마켓 창세기コミックマーケット創世記』, 아사히신문출
판, 2008.

9 다카하시 메이진, 『다카하시 메이진의 게임 35년사高橋名人のゲーム35年史』 포푸라샤,
2018.

10 시부야 롯카쿠澁谷直角, 『정본 코로코로 폭전!! 1977~2009 『코로코로 코믹』 전 역사
定本コロコロ爆傳!!1977-2009「コロコロコミック」全史』, 아스카신샤, 2009.

11 덴패미니코게이머電ファミニコゲーマー, 2016년 4월 4일 「전설의 만화 편집자 마시리토는
게임업계에서도 위인이었다! 도리시마 카즈히코가 말하는 'DQ'·'FF'·'크로노 트
리거' 탄생 비화傳說の漫畫編集者マシリトはゲーム業界でも偉人だった!鳥嶋和彦が語る「DQ」「FF」「クロノ·トリガ
ー」誕生秘話』, https://news.denfaminicogamer.jp/projectbook/torishima/3.

12 나쓰메 후사노스케夏目房之介, 『만화 세계 전략: 카모네기화하는 산업マンガ世界戰略 カモネ
ギ化するマンガ産業』, 쇼가쿠칸, 2001.

13 일본 총무성, 인터넷상 해적판 사이트로의 억세스 억제 방책에 관한 검토회インターネ

ット上の海賊版サイトへのアクセス抑止方策に關する檢討會, 2021.

14 호리부치 세이지,『싹트는 미국: 미국인은 어떻게 MANGA를 읽게 되었는가萌えるア
メリカ 米國人はいかにしてMANGAを讀むようになったか』, 닛케이BP, 2006.

6장 TV

1 와타나베 데쓰야渡邊哲也,「전파 이용료의 거대 이익…TV 방송국은 이동통신사의
11분의 1」, Business Journal 2017년 11월 17일, https://biz-journal.jp/2017/11/
post_21406.html.

2 이케다 노부오池田信夫,『전파 이권電波利權』, 신초샤, 2006.

3 이시미쓰 마사루石光勝,『TV 번외지: 도쿄 12채널의 기적テレビ番外地 東京12チャンネルの奇
跡』, 신초샤, 2008.

4 아리마 데쓰오有馬哲夫,『니혼TV와 CIA: 발굴된 '쇼리키 파일'日本テレビとCIA 發掘された「正
カファイル」』, 신초샤, 2006.

5 니혼TV방송망日本テレビ放送網 편,『텔레비전탑 이야기: 창업의 정신을, 지금テレビ塔物語
―創業の精神を, いま』, 1984.

6 니혼TV방송망 편,『텔레비전탑 이야기: 창업의 정신을, 지금』, 1984.

7 오마에 겐이치大前研一,「당신이 '니혼게이자이신문 사장'이라면 어떻게 할까?」
https://mine.place/page/65ce501e-75c4-4ba5-a19f-b49f863b9d29.

8 사카이 마사오境政郎,『그렇게 후지 네트워크는 탄생했다そして, フジネットワークは生まれた』,
후소샤, 2020.

9 기마타 후유木俣冬,『모두의 아침 드라마みんなの朝ドラ』, 고단샤, 2017.

10 가스가 다이치春日太一,『왜 시대극은 멸망하는가なぜ時代劇は滅びるのか』, 신초샤, 2014.

11 기타우라 히로유키北浦寬之,「대형 영화 회사의 초기 TV 산업 진출: TV 영화 제작을
중심으로」, 니카와 다케시谷川建司 편,『전후 영화의 산업 공간: 자본·오락·흥행戰後映
畫の産業空間 資本·娛樂·興行』 제9장, 신와샤, 2016.

7장 애니메이션

1 애니메이션 비즈니스 저널,「세계로 서비스되는 애니메이션, 일본 프로그램의 시
장점유율은 24%로 국가별 2위」, http://animationbusiness.info/archives/13194.

2 일본동영상협회 조사.

3 나카가와 유스케中川右介,『애니 대국 건국기 1963~1973: TV 애니를 이룩한 선구자

들アニメ大國建國紀 1963-1973 テレビアニメを築いた先驅者たち」, 이스트프레스, 2020.

4 닐 개블러Neal Gabler, 나카타니 가즈오中谷和男 역, 『창조의 광기 월트 디즈니創造の狂氣 ウォルト・ディズニー』, 다이야몬도샤, 2014.

5 사타카 마코토佐高信, 『음수사원: 미디어의 주모자, 도쿠마 야스요시飲水思源 メディアの仕掛人、德間康快』, 긴요비, 2012.

6 지브리의 세계, 「스즈키 도시오가 말하는 흥행 수입 100억 엔을 넘어도 손익분기점에 도달하지 못하는 스튜디오지브리의 실정」, 2013년 11월 14일, https://ghibli.jpn.org/report/sui-toku/.

7 로런스 레비, 이노쿠치 고지 역, 『PIXAR: 세계 제일의 애니메이션 기업의 지금껏 알려지지 않았던 돈 이야기』, 분쿄샤, 2019.

8장 게임

1 다네 기요시多根清史, 『교양으로서의 게임사敎養としてのゲーム史』, 지쿠마쇼보, 2011.

2 DIAMOND online, 「소년 점프 전설의 전 편집장이 말하는 '도리야마 아키라를 둘러싼 사내 정치'少年ジャンプ傳説の元編集長が語る『鳥山明をめぐる社內政治』」, 2018년 2월 24일, https://diamond.jp/articles/-/161028.

3 하타케야마 겐지畠山けんじ, 구보 마사카즈久保雅一, 『포켓몬 스토리ポケモン·ストーリー』, 닛케이BP, 2000.

4 나카야마 아쓰오中山淳雄, 「'포켓몬'은 지금까지 얼마를 벌었나? 가장 상업적으로 성공한 캐릭터를 탄생시킨 '일본적인 끈기'」, 비즈니스+IT, 2023년 3월 2일, https://www.sbbit.jp/article/cont1/107978.

5 하타케야마 겐지畠山けんじ·구보 마사카즈久保雅一, 『포켓몬 스토리ポケモン·ストーリー』, 닛케이BP, 2000.

6 「특집 게임프리크의 30년 역사」, 『주간 패미통週刊ファミ通』, 2019년 5월 9일 발매호.

7 블레이크 J. 해리스Blake J. Harris, 나카 다쓰시仲達志 역, 『세가 vs. 닌텐도: 게임의 미래를 바꾼 패권 전쟁セガvs.任天堂ゲームの未來を變えた覇權戰爭』, 하야카와쇼보, 2017.

8 케빈 매니Kevin Maney, 『메가 미디어의 충격メガメディアの衝擊』, 도쿠마쇼텐, 1995.

9 PwC, 「Perspectives from the Global Entertainment & Media Outlook 2021-2025」, https://www.pwc.com/gx/en/entertainment-media/outlook-2021/perspectives-2021-2025.pdf.

9장 스포츠

1   이노우에 쇼이치井上章一, 『한신 타이거즈의 정체阪神タイガースの正體』, 오타출판, 2001.

2   「프로야구의 이면을 엿보다プロ野球をうらからのぞく」, 『선풍旋風』, 1948년 7월호.

3   히로세 도시아키廣瀬俊朗, 『럭비를 지적으로 관전하기 위한 길잡이ラグビー知的觀戰のすすめ』, KADOKAWA, 2019.

4   다자키 겐타田崎健太, 『덴쓰와 FIFA 축구에 몰려드는 남자들電通とFIFAサッカーに群がる男たち』, 고분샤, 2016.

5   로널드 앨솝Ronald Alsop·빌 애브럼스Bill Abrams, 메구로 쇼이치로目黒昭一郎 역, 『월스트리트 저널판 마케팅 칼럼집: 도전하는 발상ウォールストリート・ジャーナル版 マーケティングコラム集―挑戰する發想』, 한큐 커뮤니케이션스, 1989.

6   콘래드 브루너Conrad Brunner, 야마시타 기요히코山下淸彦·구로카와 게이코黑川敬子 역, 『아디다스 진화하는 쓰리 스트라이프アディダス 進化するスリーストライプ』, 소프트뱅크 크리에이티브, 2006.

7   에즈라 고야江面弘也, 『서러브레드 비즈니스, 람타라와 일본 경마サラブレッド・ビジネス ラムタラと日本競馬』, 분게이슌주, 2000.

8   히라타 다케오平田竹男·나카무라 요시오中村好男 편, 『톱 스포츠 비즈니스의 최전선 2009, 꿈의 직업으로 향하는 길トップスポーツビジネスの最前線 2009, ドリーム・ジョブへの道』, 고단샤, 2009.

9   나미키 유타竝木祐太, 『일본 프로야구 개조론日本プロ野球改造論』, 디스커버21, 2013.

10 일본방송협회日本放送協會 편, 『방송 50년사放送五十年史』, 일본방송출판협회, 1977.

지은이 소개

나카야마 아쓰오 中山淳雄

엔터테인먼트 사회학자
Re엔터테인먼트 대표이사

1980년 도치기현에서 태어났다. 도쿄대학 대학원 수료(사회학 전공). 캐나다 맥길대학 MBA 수료. 리크루트 스태핑, DeNA, 딜로이트 컨설팅을 거쳐 반다이남코 스튜디오 소속으로 캐나다, 말레이시아에서 게임 개발·아트 회사를 설립했다. 2016년부터 부시로드 인터내셔널 사장으로 싱가포르에 주재하며 일본 콘텐츠(카드게임, 애니메이션, 게임, 프로세스, 음악, 이벤트)를 해외에 소개했다. 와세다대학 비즈니스스쿨 비상근 강사, 싱가포르 난양공과대학 비상근 강사를 역임했다. 2021년 7월 엔터테인먼트 경제권 창출과 재현성을 추구하는 주식회사 Re엔터테인먼트를 설립했다. 현재는 엔터테인먼트 기업의 IP 개발·해외화를 위한 컨설팅을 진행하는 동시에 벤처 기업의 사외 임원(플롯 사외이사, 캬라아트CHARA-ART 사외감사), 대학에서 연구·교육(게이오기주쿠대학 경제학부 방문연구원, 리쓰메이칸대학 게임연구센터 객원연구원), 행정 자문·위원(경제산업성 콘텐츠 IP 프로젝트 주임) 등의 활동을 하고 있다.

저서로는 『최애 이코노미』, 『오타쿠 경제권 창세기』, 『엔터테인먼트의 거장』, 『왜 소셜 게임만이 돈을 버는가』, 『자원봉사 사회의 탄생』, 『모든 뜨는 것들의 비밀』 등이 있다.

Re엔터테인먼트 홈페이지: https://www.reentertainment.online/
트위터: https://twitter.com/atsuonakayama

옮긴이 소개

김지영

이화여자대학교 국어국문학과를 졸업하고 동 대학 통역번역대학원에서 번역학 석사 학위를 받았다. 현재 출판 번역 에이전시 유엔제이에서 도서 전문 번역가로 활동하고 있다. 옮긴 책으로는 『파국』, 『잔잔한 파도에 빠지다』, 『당신이 나를 죽창으로 찔러 죽이기 전에』, 『요괴의 아이를 돌봐드립니다』 시리즈, 『분실물 가게』 시리즈, 『도깨비 놀이』 시리즈 등이 있다.

김유선

경북대학교에서 심리학과 일어일문학을 공부하였고, 일본 노래 가사를 번역하며 번역가의 꿈을 꾸었다. 이후 작가 플랫폼에 합격하여 작가로서 활동한 경험을 바탕으로 누군가가 읽는 글로서의 가치를 생각하는 번역문을 작성하려 노력하고 있으며, 현재는 출판 번역 에이전시 유엔제이에서 문학 번역가로 활동하고 있다.

심지애

이화여자대학교 통역번역대학원에서 한일 통번역을 공부했다. 삼성전자, 네이버 클라우드 등 기업 인하우스 통번역사를 거쳐 다양한 현장에서 프리랜서 통번역사로 왕성하게 활동하다 더 넓은 세상의 유익하고 재밌는 책을 소개하고자 출판 번역에 뛰어들었다. 현재 출판 번역 에이전시 유엔제이에 소속되어 일본어 전문 통번역사로 활발하게 활동하며 좋은 책 발굴과 매끄러운 번역에 힘쓰고 있다.

모든 뜨는 것들의 비밀
─엔터테인먼트의 탄생과 진화

2023년 7월 25일 초판 1쇄 인쇄
2023년 8월 14일 초판 1쇄 발행

지은이 나카야마 아쓰오

단행본 총괄 권현준
편집 고명수 엄귀영 석현혜 윤다혜
마케팅 정하연 김현주 안은지
제작 나연희 주광근

표지디자인 말리북
본문디자인 스튜디오 포비
조판 홍영사
교정 허지혜
인쇄 영신사

펴낸이 윤철호
펴낸곳 ㈜사회평론
등록번호 제10-876호(1993년 10월 6일)
전화 02-326-1182(대표번호), 02-326-1543(편집)
주소 서울시 마포구 월드컵북로 6길 56 사평빌딩
이메일 editor@sapyoung.com

ⓒ 나카야마 아쓰오, 2023

ISBN 979-11-6273-305-9(03300)